CATALOGUE

RAISONNÉ

DE L'ŒUVRE

DE

SEBASTIEN LE CLERC,

CHEVALIER ROMAIN,

Deſſinateur & Graveur du cabinet du Roi.

Diſpoſé par ordre hiſtorique, ſuivant l'année où chaque piece a été gravée, depuis 1650 juſqu'en 1714. Avec la vie de ce célebre Artiſte.

Par CHARLES-ANTOINE JOMBERT.

SECONDE PARTIE.

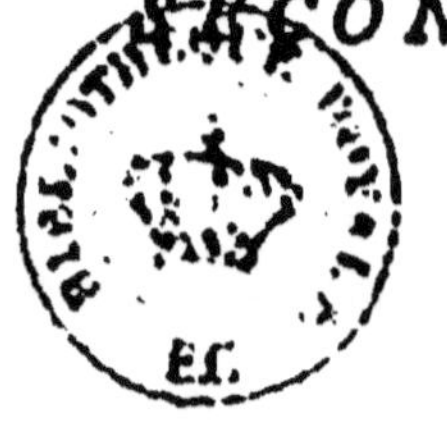

A PARIS, RUE DAUPHINE,

Chez L'AUTEUR, Libraire du Roi pour l'Artillerie & le Génie, à l'Image Notre-Dame.

―――――――――

M. DCC. LXXIV.

Avec Approbation, & Privilege du Roi.

Page 1, *ajoutez à la suite de la note qui est au bas :* On a aussi ajouté à ces dernieres épreuves, autour du cartel où sont les armes de M le Clerc, le cordon de l'ordre & la croix de chevalier Romain, avec une couronne de comte au-dessus du même cartel.

Page 41, N°. 56. Un hermite dormant, *lisez*, le prophète Elie dormant.

Page 42, *lignes* 10 & 11 du N°. 57, de 19 pouces par le haut & de 11 pouces de large par le bas, *lis.* de 19 lignes par le haut, & de 11 lignes de large, par le bas.

Page 44, *planche* 14, & les moines tâchant d'en arrêter les progrès, *lis.* ne pouvant en arrêter, &c.

Page 45, *pl.* 25, la provision ayant un jour manqué, *lis.* la provision de bled ayant, &c.

Page 84, *pl.* 6, *chant VI*, rapportés par les ts qui flo paroissent, &c. *lis.* rapportés par les flots qui paroissent, &c.

Page 102, *ligne 6 du* N°. 90, que toute l'estampe, *lis.* & que toute l'estampe.

Page 132, *ajoutez ce qui suit à la note* 2 *qui est au bas de cette page :* on en voit de fort mauvaises épreuves usées & retouchées, sans le chiffre des pages, mais il faut y prendre garde : c'est une supercherie de quelque marchand d'estampes qui ayant acquis les planches de cette suite après avoir servi aux deux éditions, l'une *in-quarto*, l'autre *in-douze*, en a fait effacer le chiffre des pages, dans le dessein de les faire passer pour des premieres épreuves. Il est facile de reconnoître cette tromperie au mauvais état des planches ; on apperçoit même encore à plusieurs quelques vestiges des chiffres des pages qui ont été mal effacés.

Page 160, *ligne* 13 *de la pl.* 24, avant qu'elle ait été coupée, *lis.* avant qu'elle eût été coupée.

Page 170, *à la suite de la note qui termine cette page, ajoutez ce qui suit :* Cet Ingénieur a aussi gravé un frontispice & quelques vignettes pour le grand *cours d'architecture de François Blondel*, *in-folio*, 1680. Ce frontispice représente la porte Saint-Denis, à Paris, qui est, comme on sait, de la composition de cet architecte célebre, & un de ses chef-d'œuvres.

Page 197, *ligne* 8 *du* N°. 112, *ajoutez ce qui suit :* Ce plan a été ensuite coupé par le haut ; & alors le cuivre ne se trouve plus avoir que 4 pou. 7 lig. de hauteur, sur la même largeur que ci-dessus.

Ibid. lignes 10 & 11 *du même* N°. chez M. Jombert, le petit plan tout seul, *lis.* Chez M. Jombert, deux épreu- de ce plan, l'une tronquée, l'autre non tronquée.

Page 265, *ajoutez cette note au bas de la page, à l'occasion de la pl.* 2 *du* N°. 160 : (2) Chez M. Jombert cette es- tampe se trouve tirée derriere le titre que voici : *Offices pour les sept jours de la semaine :* ensemble, l'office de la conception, les pseaumes, l'office des morts, les hymnes, vêpres & complies, les quatorze allégresses, *l'obsecro,* l'oraison des trente jours, &c. A Metz, chez François Bouchard, sur la place d'armes, près la grande église. L'année a été emportée en coupant la marge par le bas.

Page 296, *ligne* 4 *de la note* (1) *au bas de la page,* & le connetable de Momorency, *lis.* de Montmorency.

*P*age 3, N°. 189, dialogue entre l'abbé, &c. *lif.* dialogues entre l'abbé, &c.

Page 17, N°. 198, *ligne* 2 *de la planche* 1, que la celle de M. de la Vrilliere, *lif.* que celle de M. &c.

Page 45, *pl.* 20, la bataille de Palerme, *lif.* la bataille navale de Palerme.

Page 46, après l'article des conquêtes du Roi, *ajoutez* ce qui fuit :

Dans le cabinet de M. Brochant il y avoit les deffeins originaux par le Clerc, de quatorze conquêtes du Roi, gravées par Chatillon, dont douze encadrées en bordure dorée & deux en feuilles ; le deffein de la quinzieme manquoit : ces quatorze deffeins repréfentoient Orfoy, Burick, Rhinberg, Doesbourg, Utrecht, l'ouvrage à corne de Maeftricht, Dinant, Huy, Aire, Cambray, la citadelle de Cambray, Saint-Omer, Fribourg en Brifgaw, & la citadelle d'Ypres.

Ces deffeins ont été vendus deux à deux avec leurs bordures dorées, depuis 72 liv. jufqu'à 78 liv. la paire.

Catalogue des eft. du cabinet de M. Brochant, par J. B. Glomy. *In-douze.* Paris. 1774. Pages 62, art. 305, & 74, art. 354.

Page 47, *lignes* 15 & 16, font détaillés avec un art & des détails infinis, *lif.* font exprimés avec, &c.

Page 56, *lignes* 8 & 9, les tapifferies, *ajoutez*, du Roi.

Page 59, *ajoutez à la fin du difcours qui termine la page :* dans la bordure, qui n'eft formée que par un fimple trait aux premieres épreuves, & qui eft de deux traits aux dernieres.

Page 60 *ligne* 15 *du* N°. 221, *ajoutez*, & dans la bordure formée d'un double trait aux dernieres épreuves.

Page 76, N°. 231, de l'empereur Marc-Antonin, *lif.* de l'empereur Marc-Aurele Antonin.

Page 95, *ligne* 3 *de la pl.* 2 *du* N°. 243, en capitales, *lif.* en deux lignes de petit caractere, la premiere en romain, la feconde en italique.

Page 96, *ligne* 4, en capitales, *lif.* en une ligne de romain.

Ibid. ligne 24, dont nous avons parlé ci-devant (page 57 note 1) *ajoutez*, tome premier.

Ibid. lig. anté-penult. de Heinekem, *lif.* de Heineken.

Page 97, *effacez les lignes* 8 & 9 & *mettez à la place l'addition fuivante :*

Ce titre eft gravé au bas de l'eftampe, en deux lignes, dont une de très-groffe bâtarde, plus forte que celle de la planche premiere de ce numéro. La façade eft auffi deffinée fur une plus grande échelle.

Au-deffous du titre eft une échelle de 100 aulnes Rhinlandiques, & plus bas la mefure d'une de ces aulnes, qui a 23 pouces de notre pied de Roi ufité en France.

Le cuivre fur lequel cette grande & magnifique façade eft gravée porte 14 pou. 7 lig. de haut, fur 35 pou. 5 lig. de long. C'eft la plus grande planche de tout l'œuvre de le Clerc.

On peut voir ces quatre eftampes dans l'œuvre de ce maitre chez M. Jombert, qui les tient de la générofité de M. le baron de Heineken. C'eft le feul œuvre où ces quatre pieces rariffimes fe trouvent raffemblées.

Page 111, *art.* 2. *Paffage du Granique.* Outre les différences indiquées pour cette planche, lignes 7, 8, & 9, *ajoutez* ce qui fuit :

Autres différences dans les têtes des principales figures fur le devant, & dans la forme des nuages dans le ciel, à la partie gauche de l'eftampe : elles font fi confidérables que M. Glomy n'a pas héfité d'affurer que ce font deux planches différentes. Il eft certain cependant (& M. Glomy en eft convenu depuis) que ces changemens & corrections font faits fur la même planche, dont M. le Clerc n'a effacé que quelques parties & a laiffé fubfifter tout le refte. *Catalogue de M. Brochant, page* 38, *art.* 195 & 196.

Page 112, *à la fin de l'art.* 157, des batailles d'Alexandre, *ajoutez* ce qui fuit :

A la vente de M. Brochant, en mars 1774, les fix planches de cette fuite, avant la lettre, ont été vendues 78 liv. Les mêmes, avec la lettre, en 8 pl. parce que le paffage du Granique étoit double, avant & avec la lettre ; & la famille de Darius, auffi double, l'épaule

claire & l'épaule ombrée, ces 8 épreuves (dis-je) ont
été vendues 48 liv. Une autre suite des mêmes batailles
en fix pieces feulement, avec la lettre, mais bonnes
épreuves, la famille de Darius étant avec l'épaule fans
ombre , a été vendue 21 liv. *Catalog. de M. Brochant,*
page 38, *art.* 194, 195, *&* 196.

Page 118, *ligne* 4, *en commençant par le bas,* autant de
débit qu'il comptoit en faire, *lif.* qu'il comptoit en avoir.

Page 153, *ligne* 12, chez M. Paigon , *lif.* chez M. Paignon.

Ibid. ligne 16, eſt gravée par Simonneau, *ajoutez,* d'après
le même deſſein.

Page 154, *ligne* 16, gravé par Simonneau , *ajoutez* , d'a-
près le deſſein de Coypel.

Ibid. ligne 34, gravé par Simonneau, *ajoutez,* d'après le
Clerc.

Page 156, *ligne* 1, par Simonneau , *ajoutez* , d'après
Coypel.

Ibid. ligne 35, par Benoiſt Audran , *ajoutez* , d'après le
Clerc.

Page 157, *ligne* 19, *effacez :* le fond eſt ombré. *Cette*
phraſe ſe trouvant répétée deux lignes plus bas.

Page 159 , *ligne anté-penult. du diſcours ,* (1) , *lif.* (2).

Page 160, *ligne* 11, compoſée de même, *ajoutez,* par le
Clerc.

Ibid. ligne 13, *effacez le mot* totalement, *qui devient une*
répétition inutile.

Page 169, *ligne* 11, chez M. Paignon , *lif.* chez M;
Guyot.

Page 175, *ligne* 1 *de la pl.* 63, vue en face, *ajoutez,* la
tête de profil.

Ibid. ligne 6 *de la même pl.* 63, diametre 2 pou. 4 lig. *lif.*
diametre 2 pou. 9 lig.

Ibid. ligne 8 *de la même p!.* deſſinée plus en grand & ombrée , &c. *lif.* de même grandeur , & ombrée , &c.

Page 180 , *à la fin de l'alinea de la pl.* 81, *ajoutez,* mais
manquée à l'eau-forte , ce qui fait qu'elle n'a point
fervi.

Page 199 , *lignes* 4 *&* 5 *de la note au bas de la page ,* (qu'il
avoit pris pour ſa deviſe, *lif.* (qu'il avoit pris pour em-
blême.

Page 216, *ligne* 1, *Récapitulation des* 97 *médailles*, lis. *Récapitulation des* 100 *médailles*, &c.

Page 219, *entre les lignes* 17 & 18, *ajoutez la médaille suivante :*

1676. Prise de Condé. *Victoris clementia.* Petite, au simple trait.

Page 221, *après la ligne* 12°, *ajoutez les deux médailles suivantes :*

. . . . Benedictus Jehovah qui dedit quietem. Grande, au simple trait.

. . . . Hilares animo de toto illo bono. Grande, au simple trait.

Il n'y a point d'année marquée à ces deux dernieres médailles, & l'on n'en connoit point le sujet.

Page 247, *ligne* 13, au bas de celle-ci, *lis.* au bas de la copie de celle-ci.

Page 248, *ligne derniere*, quinze dames blanches. *lis.* quatorze dames blanches, &c.

Page 249, *ligne* 6, ombrées, *lis.* en bas.

Page 254, *ligne* 6 *de la pl.* 31, grandeur 1 pou. 1 lig. *lis.* 1 pou. 1 lig.

Page 296, *ligne* 5 *des notes*, paroit faire, *lis.* pourroit faire, &c.

Page 316 *ligne* 26, de la doite, *lis.* de la droite.

Page 317, *ligne* 10, ainsi ils ne doivent, *lis.* ainsi elles ne doivent.

Page 319, *ligne* 32, attribués, *lis.* attribuées.

Page 331, *ligne* 4 *en comptant par le bas*, Bordure en passe-partout, *lis.* Bordures en passe-partout.

Page 335, *ligne* 15, cul-de-lampe de l'hist. *lis.* culs-de-lampe.

Page 338, *ligne* 8 *de la lettre* F, Famile (la sainte), *lis.* Famille.

CATALOGUE

RAISONNÉ

DE L'ŒUVRE

DE

SEBASTIEN LE CLERC.

1684.

187. Oraison funebre de la Reine de France, par l'abbé de la Chambre. *In-quarto.* Paris. 1684.

† 1. Fleuron du titre. Un grand ange volant, tenant d'une main une trompette & une couronne, & qui soutient de l'autre le portrait de la Reine dans un médaillon rond porté aussi par deux génies ailés. On lit au-dessus, sur une banderolle : [1] *Vir ejus lzudavis eam.* Proverb. S. le Clerc f. ✕

Haut. 3 pou. 9 lig. long. 4 pou. 6 lig.

Chez Madame la présidente de Bandeville on voit le

[1] Ce même fleuron a servi aussi en 1685 pour le titre du panégyrique du Chancelier le Tellier, par M. Bossuet. On a seulement effacé le portrait de la Reine pour y substituer celui de M. le Tellier, & on a changé l'inscription pour la Reine en celle-ci : *vir immortalitata dignus.*

Part. II.   A

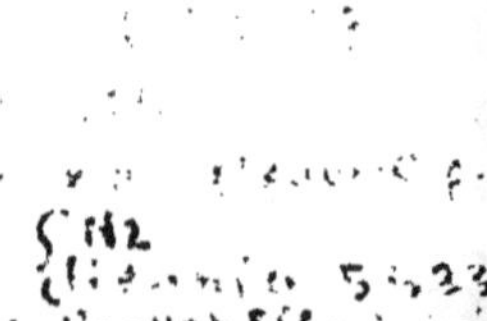

deſſein original pour ce fleuron de l'oraiſon funebre de la Reine, où il y a deux grands anges aſſis ſur des nuages, tenant un médaillon dans lequel eſt tracé le portrait de la Reine. Au-deſſus du portrait eſt une couronne de cinq étoiles lumineuſes, avec une grande légende pour l'inſcription. Ce deſſein eſt un peu différent de la gravure.

Haut. du deſſein 2 pou. 9 lig. long. 5 pou.

+2. Vignette qui repréſente la principale façade du Louvre revêtue de tentures de deuil, avec les armes de la Reine en grand au-deſſus de la porte, & ſur le ſoubaſſement ſervant de piedeſtal aux colonnes du périſtyle. On lit au bas : *& atram laureatis foribus induet veſtem. S. le Clerc ſ.*

Haut. 2 pou. 7 lig. long. 4 pou. 1 lig.

+3. Grande lettre D où l'on voit dans le fond un petit mauſolée au haut duquel eſt une couronne royale. Au bas, des Vertus qui pleurent, & ſur le devant deux vaſes ou urnes qui jettent une flamme ; le fond eſt tendu de grandes draperies noires. Cette petite eſtampe eſt deſſinée & gravée avec beaucoup d'eſprit.

Diametre 1 pou. 9 lig. en quarré.

Chez M. Jombert on voit un deſſein de fleuron pour une oraiſon funebre de la Reine, fait par le Clerc au crayon rouge, avec un lavis d'encre de la Chine par deſſus, qui n'a pas été gravé. C'eſt un tombeau terminé en cul-de-lampe par le bas, aux deux côtés duquel ſont deux Vertus qui pleurent ; dans le milieu un médaillon où eſt le portrait de la Reine, avec une couronne au-deſſus. Le fond eſt tendu d'une draperie qui n'eſt qu'eſquiſſée.

Haut. de ce deſſein 3 pou. long. 4 pou. 6 lig.

✗ +188. Oraiſon funebre de Henry de Bourbon, Prince de Condé, prononcée par le pere Bourdaloue, le 10 décembre 1683, dans l'égliſe des Jéſuites de la maiſon Profeſſe. *In-quarto.* Paris. Cramoiſy. 1684.

+1. Le fleuron du titre. La Religion aſſiſe ſur des nuages & rayonnante de lumiere, qui porte l'écu des armes de ce prince ſur une table ovale. S. le Clerc.

Haut. du fleuron 2 pou. 9 lig. long. 4 pou. 1 lig.

Chez M. Paignon 2 épreuves avec différence dans l'o-
vale porté par la Religion : sur l'une il y a les armes de
Condé, & sur l'autre un calice, & au-dessus une hostie
rayonnante.

2. Une vignette représentant la chapelle où est la sé-
pulture des princes de cette maison dans l'église des Jé-
suites de la rue Saint-Antoine. *S. le Clerc f.*

Haut. 2 pou. 7 lig. long. 4 pou. 1 lig.

3. Petite lettre M, derriere laquelle est une Minerve
assise : le tout renfermé par une bordure un peu forte.

Grand. de la lettre avec sa bordure 13 lig.

Les vignettes, lettres grises & fleurons de ces oraisons funebres se trouvent communément dans les œuvres de le Clerc, mais dispersées en différens endroits &
sans aucun ordre.

189. Dialogue entre l'abbé de Choisy & l'abbé
de Dangeau sur l'existence de Dieu. *In-douze.*
Paris. Cramoisy. 1684.

1. Vignette où l'on voit un abbé en robe de chambre,
assis dans une salle sur un lit de repos, & un autre abbé
en grand manteau assis à côté de lui sur une chaise, le chapeau sous le bras. Au travers des vitres de la fenétre on apperçoit le château de Versailles & son avant-cour.

Haut. de chacune de ces quatre planches 1 pou. 9 lig.
long. 2 pou. 6 lig.

2. Vignette où l'on voit un abbé assis sur une chaise dans
une chambre, au coin de sa cheminée, où il y a du feu,
& un autre abbé debout, contre la cheminée, en manteau, qui converse avec lui. Dans le lointain au travers de
la fenétre, une vue du château de Versailles. *Le Clerc.*

3. Vignette où l'on voit deux abbés en soutane, le
chapeau sur la tête, qui se promenent dans un parterre dont
l'allée est bordée d'ifs. Dans le lointain on voit au milieu
d'une place un château considérable qui ressemble assez
aux Invalides. *S. le Clerc f.*

4. Vignette où l'on voit deux abbés en soutane, le
chapeau sur la tête, qui se promenent sur le bord d'une

grande riviere. Dans le lointain, à droite, un village que l'on croit Auteuil, proche Paris. *S. le Clerc f.*

X 190. La vie des prédestinés, par le pere Rapin, *In-quarto.* Paris. Cramoisy. 1684.

+ 1. Une vignette repréfentant des faints & des faintes dans une prifon, auxquels plufieurs anges montrent la gloire célefte qui les attend. C'est une des mieux touchées & des plus fpirituelles de le Clerc. Sur un rayon qui part du ciel, dans l'angle fupérieur à gauche eft écrit : *gloria hæc eft omnibus fanctis.* Pfalm. *S. le Clerc.*

Haut. 2 pou. 2 lig. long. 3 pou. 7 lig.

Chez Madame de Bandeville, chez MM. Paignon & Jombert, deux épreuves de cette vignette, l'une avant la lettre, l'autre avec la lettre.

+ 2. Petite lettre N ou l'on voit la Religion affife, rayonnante de lumiere : elle tient de la main droite un calice avec une hoftie au-deffus, & de l'autre une croix.

+ 191. Grande eftampe connue fous le nom du Mai des Gobelins, avec une infcription, à droite, au haut de l'eftampe, & 16 vers françois au bas. Le nom de le Clerc eft fur le côté, à gauche. On lit au bas, au-deffous des 16 vers : fe vendent à Paris, chez l'auteur, aux Gobelins, & chez E. Gantrel, rue S. Jacques, à l'image S. Maur. Avec privil. du Roi [1].

---

[1] A l'œuvre de le Clerc, qui eft dans le cabinet de M. le Normant du Coudray, amateur très-curieux & très-inftruit dans la connoiffance des livres & dans celle des eftampes, demeurant à Orléans, lequel m'a été d'un grand fecours pour la compofition de ce catalogue, on voit une épreuve de cette planche avant les feize vers gravés au bas, avant la petite femme, &c. avant l'infcription du haut de l'eftampe, & même avant la légende ou banderolle où devoit être gravée cette infcription. Cette épreuve eft unique, & il ne s'en trouve point de pareille dans aucun autre œuvre de le Clerc qui foit venu à ma connoiffance.

Haut. du cuiyre avec la lettre 10 pou. 7 lig. long. 13
pou. 9 lig.

Il y a plufieurs différences à remarquer dans les épreuves
de cette eftampe. La plus confidérable eft une femme à côté
de la portiere d'un carroffe, à gauche, fur le devant de l'eftampe, qui a été ajoutée après coup par le Clerc & qui ne fe
trouve point aux premieres épreuves. Il y a auffi à droite,
fur le devant, dans la partie ombrée, un homme qui retient par la bride un cheval qui fe cabre, & un petit garçon
à côté de lui; aux premieres épreuves ils ont le chapeau
fur la tête, au lieu qu'aux dernieres, ils ont la tête nue.
A droite, fur le premier plan, au-devant d'un mur ombré,
il y a une porte ouverte d'où vient le jour, avec quatre
marches, fur lefquelles monte un ouvrier. Aux premieres
épreuves cet homme regarde devant lui, & aux autres il a
la tête retournée pour regarder derriere lui. Il y a auffi des
différences dans la légende qui voltige à droite, au haut
de l'eftampe, & dans les infcriptions qui y font gravées.
Aux premieres épreuves la légende ou banderolle eft fort
large & fort longue, fur un ciel uni, ombré d'une feule
taille horifontale, & l'infcription y eft gravée en trois
lignes fort courtes, & en gros caracteres : aux dernieres
épreuves la légende eft beaucoup plus étroite & plus courte,
elle eft placée fur des nuages épais & très-ombrés, & l'infcription eft en trois lignes fort longues & en très-petits caracteres. Enfin la derniere différence confifte dans l'adreffe
de l'auteur & de Gantrel, qui fe voit aux bonnes épreuves,
telle qu'on l'a rapportée ci-deffus, au lieu qu'aux dernieres,
où eft l'infcription étroite & en petits caracteres, le nom &
l'adreffe de Gantrel font entiérement effacés de la planche.

Au cabinet des eftampes du Roi il y a une épreuve avant
la petite femme à côté de la portiere du carroffe. Chez
MM. Paignon, Jombert, & l'avocat Lachey, il y a trois
épreuves, l'une avant la femme, la feconde avec la
grande infcription & les gros caracteres, la troifieme avec
la petite infcription & les trois lignes en petits caracteres.

Chez M. Jombert on voit le deffein original d'un projet
de M. le Clerc, pour un Mai permanent à ériger en maçonnerie, dans la cour des Gobelins; il eft tracé à la
plume, & lavé à l'encre de la Chine. C'eft un monument

A iij

d'architecture & de sculpture, dont le soubassement forme un piedestal de 21 pieds de haut. Au-dessus est un grand médaillon ovale, entouré de palmes, où l'on voit la Vertu foulant aux pieds l'Ignorance & l'Envie : au-dessous du médaillon est l'Histoire qui écrit sur le dos du Tems. Le haut de ce monument est terminé à peu près comme celui qu'on voit dans l'estampe, & toute cette composition forme un trophée à la louange du Roi & de M. le Brun, directeur de tous les travaux, arts, & manufactures des Gobelins, élevé de 84 pieds au-dessus du pavé de la cour.

Haut. de ce dessein 22 pou. larg. 10 pou. 4 lig.

+192. Vignette très-longue & très-étroite formant une espece de trophée au haut d'une très-grande planche en hauteur, divisée en 100 quarrés longs, renfermant chacun 30 carreaux [1].

La vignette porte 11 pou. 3 lig. de longueur sur 2 pou. de haut. C'est une tête de soleil rayonnante au-dessus de deux grandes L fleuronnées, accompagnées de trophées militaires de chaque côté. Au-dessous est écrit : *hinc securitas.* Au bas de cette grande planche divisée par carreaux est écrit sur une banderolle : *Ludovico Magno, offerebat humill. obsequentiss. ac fideliss. subdit. F. J. J. Souhaitty. A°. Dni* 1684. *Le Clerc f.*

Haut. de toute la planche 18 pou. 2 lig. larg. 11 pou. 3 lig.

+193. La grande harpe mystérieuse, ornée de feuillages & de fruits, avec les armes du Roi au haut, & diverses figures allégoriques en sculpture sur le bois qui en forme le contour.

Au lieu de cordes, le dedans de cette harpe est rempli par des lignes perpendiculaires traversées à angles droits

---

[1] Il y a apparence que cette planche, ainsi que la suivante, étoit destinée à expliquer au Roi les principes de l'art steganographique, & que tous ces quarrés dévoient être remplis par des chiffres pour des écritures occultes.

par d'autres lignes horifontales , ce qui forme une infinité
de carreaux dans lefquels il y a des chiffres qui vont de
fuite depuis 1 jufqu'à 24, de haut en bas , de bas en haut ,
de gauche à droite , &c. Au haut eft écrit : *facramentum
regis abfcondere bonum eft*. Il y a quantité d'autres fen-
tences & devifes de tous les côtés de cette harpe : en bas
eft écrit fur un piedeftal quarré : *optimo principi , fapientif-
fimoq. regum, Ludovico Magno, orb. vict. & pacificator.
artium omn. reftitutor. P. P. femver fel. ac aug. deditiff.
fubdit. pofuit. anno* MDC LXXXIIII. Œt. 45. Regn.
triumph. atq. incomparab. XLII [1]. Le Clerc fecit. Ri-
cher fcr.

+194. Très-grande vignette au haut de laquelle
eft écrit : *Fide & obfequio* , & lettre S.

+1. Vignette où l'on voit Louis XIV debout, appuyé fur fa
canne, ayant fur la tête un chapeau à grand plumet, de grands
cheveux longs & frifés , une cravate, un nœud de rubans
fur l'épaule droite , une écharpe en ceinture , des hauts-
de-chauffe avec force rubans , & une épée au côté. M. Colbert eft debout devant lui , qui lui préfente un papier :
M. de Louvois eft plus loin , dans le fond de la falle , qui
en lit un autre. Au travers de la fenêtre on apperçoit les
cours du château de Verfailles. Au-deffous de la figure de
Louis XIV eft écrit : *nil fine te*. Et plus bas , dans l'angle
à gauche : *S. le Clerc f*. Cette vignette eft entourée d'une
forte bordure d'ornement : elle a été gravée , ainfi que la
lettre S qui fuit , pour le pere Souhaitty.

Haut. avec la bordure 4 pou. 1 lig. long. 10 pou. 4 lig.

+2. Très-grande lettre S où l'on voit Alexandre prêt à
couper avec fon épée le nœud gordien attaché fur une colonne, à gauche de l'eftampe. Dans le lointain , le grand
prêtre , & une multitude de foldats. Au bas eft écrit : *fic
mea dextera folvet*. Le Clerc.

---

(1) Cette infcription , & les armes du Roi qu'on voit au haut de
cette eftampe font voir qu'elle a été préfentée au Roi par le P. Souhaitty,
auteur de cette piece emblématique , Laquelle, ainfi que la précédente,
paroît une table fteganographique pour inftruire fur la maniere d'écrire
en chiffres.

Haut 2 pou. 7 lig. larg. 2 pou. 6 lig.

Il y a quelque différence dans le pavé du temple, dont plusieurs carreaux ont été marbrés après coup par le Clerc.

Au cabinet des estampes du Roi, deux épreuves, l'une avant la lettre, (c'est une espèce d'eau-forte) l'autre avec la lettre, avant que le pavé soit marbré. Chez Madame de Bandeville, MM. Paignon, Jombert, Rousset, &c. deux épreuves, avant le marbre sur le pavé & avec le pavé marbré.

+195. Allégorie à la louange de Louis XIV, représentant Hercule & Alexandre, avec cette devise : *plures non capit orbis.*

Cette estampe a été imaginée par le pere Souhaitty, pour faire sa cour au glorieux monarque. On y voit, à gauche, Hercule achevant d'assommer avec sa massue l'hydre dont il a coupé les têtes. Au milieu, le globe terrestre aux armes de France : à droite, Louis XIV, sous la figure d'Alexandre, qui se repose la main appuyée sur ce globe : aux deux côtés des lauriers qui croissent. Au-dessus une tête de Phœbus avec de grands cheveux, répandant la lumiere, dont les rayons forment trois cercles. Au haut, sur une banderolle qui voltige est écrit : *plures non capit orbis.* En bas, au-dessous des figures : *quo justior alter nec pietate fuit nec bello major & armis.* Le Clerc f.

Au bas de cette estampe on a ajouté une autre planche où est gravée l'inscription suivante.

La devise héroique de Louis le Grand. Le soleil avec ce mot : *plures non capit orbis.*

Grands & vastes esprits qui par vos nobles veilles
Découvrez à nos yeux tant d'augustes merveilles,
En avez-vous connu d'égales au Soleil ?
Allez, courez, cherchez sur la terre & sur l'onde,
Trouvez-y des héros comme lui sans pareil.
Vous chercherez en vain : IL N'EN EST QU'UN AU MONDE.

                        F. *Souhaitty.*

Haut. de l'estampe toute seule 8 pou. 6 lig. larg. 7 pou. 6 lig.

Haut. de l'eſtampe avec l'inſcription ajoutée au-deſſous
ſı pou. 4 lig.

Il y a pluſieurs différences conſidérables à cette eſtampe.
1°. Aux premieres épreuves, qui ſont extrèmement rares,
Alexandre tient une large épée nue de la main droite, qui
eſt appuyée ſur le globe terreſtre, & il regarde en l'air :
on voit à ſon côté le fourreau, ſans épée. Hercule a un
carquois ſur l'épaule gauche, Cette premiere épreuve eſt
ordinairement avant la lettre. 2°. Aux ſecondes épreuves,
Alexandre qui regarde toujours en haut, n'a plus d'épéo
à la main, mais le fourreau à ſon côté eſt toujours vuide :
Hercule eſt coëffé d'une peau de lion : il a encore le carquois ſur l'épaule, & l'on voit diſtinctement ſes deux
jambes. Le globe terreſtre eſt éclairé en deſſus, & la terre
n'y eſt diſtinguée de la mer que par de ſimples traits fort
légers. 3°. Aux troiſiemes épreuves, l'épée d'Alexandro
eſt remiſe dans ſon fourreau : il ne regarde plus en haut,
mais devant lui. Hercule, dont on voit encore les deux
jambes, n'a plus de carquois ſur l'épaule, ſa tête eſt changée,
& l'on voit ſes cheveux au lieu de la peau du lion : la tête
du ſoleil a moins de cheveux des deux côtés des joues ; les
rayons qui en partent ſont diviſés en trois cercles lumineux diſtincts l'un de l'autre, & il y a des petites langues
de feu qui partent du ſecond cercle. Sur le globe terreſtre,
la terre eſt diſtinguée de l'eau par une ombre formée par
de petits points. 4°. Enfin aux quatriemes & dernieres
épreuves, une groſſe fumée ſortant d'une des têtes de
l'hydre, paſſe derriere la jambe gauche d'Hercule, & lui
cache entiérement la jambe droite : il y a des ombres ajoutées au bouclier ſur lequel Alexandre eſt monté, ainſi
qu'au drapeau qui eſt au deſſous du bouclier, & des ombres
fortifiées à divers autres endroits de l'eſtampe.

Au cabinet des eſtampes du Roi, une ſeule épreuve
N°. 2. Chez Madame de Bandeville, les quatre épreuves
différentes, détaillées ci-deſſus. Chez M. Paignon, cinq
épreuves, ſavoir les quatre ci-deſſus, & une cinquiemo
retouchée. Chez M. Jombert, les N°. 2, 3, & 4. Manque
la premiere, qui eſt la plus rare.

+496. Petits payſages, vues, & ſujets de figures

très-agréables & très-variés, deſſinés & gravés
pour l'inſtruction de M. le Marquis de Courtenvaux.

+1. Le titre ſur une draperie portée par deux enfans nuds,
au bas de laquelle ſont les armes de Colbert. On lit ſur
cette draperie : à M. le Marquis de Courtanvaux , Secretaire d'état , par ſon très-humble ſerviteur le Clerc. A
Paris , chez Audran , rue S. Jacques , &c. [1]
Haut. du titre 2 pou. 1 lig. long. 2 pou. 8 lig.
Différence dans la tête de l'enfant , à droite , qui a été
changée par le Clerc après les premieres épreuves.

+2. Parterre de jardin au milieu duquel eſt un baſſin & un
jet d'eau. Dans le fond , deux pavillons qui ſe communi-
quent par une terraſſe portée ſur des arcades à jour. Plus
loin , une grande façade de bâtiment dont on n'apperçoit
que le haut.
Haut. 1 pou. 11 lig. long. 2 pou. 4 lig.

+3. A droite & à gauche , deux pavillons d'un édifice
régulier dont on voit la réflexion dans l'eau qui eſt ſur
le devant de l'eſtampe. Dans le lointain , un très-beau bâtiment à deux étages , gravé tres-légerement.
Haut. 1 pou. 7 lig. long. 2 pou. 3 lig.

+4. Le milieu eſt occupé par le frontiſpice d'un pavillon
quarré , à ſix colonnes d'ordre Corinthien , vu de face ,
porté ſur un ſoubaſſement élevé de trois marches , &
terminé par un grand fronton. On voit de grands arbres
derriere , & dans le fond un beau jardin.
Haut. 1 pou. 8 lig. long. 2 pou. 3 lig.

+5. Petit palais très-régulier vu dans le lointain , ayant un
avant-corps à quatre colonnes dans le milieu , dans le goût
des maiſons de plaiſance de Palladio , avec une baluſtrade
& deux pavillons qui en accompagnent l'entrée ſur le devant.
Haut. 1 pou. 7 lig. long. 2 pou. 3 lig.

+6. Petit payſage dont l'horiſon eſt très-bas. Sur le devant

---

[1] Il faut avoir cette ſuite avec l'adreſſe d'Audran , & non avec
celle de Jeaurat , qui n'a été poſſeſſeur de ces planches qu'après la mort
de M. le Clerc , en 1715.

une grande riviere ; dans le lointain, un quai foutenu fur des arcades, & des bâtimens derriere, parmi lesquels on diftingue une tour quarrée à plufieurs étages, & un colifée de forme circulaire.

Haut. 1 pou. 7 lig. long. 2 pou. 4 lig.

+7. Un plan de fortification repréfentant un fort à cinq baftions, en perfpective cavaliere, ou à vue d'oifeau.

Haut. 1 pou. 7 lig. long. 2 pou. 5 lig.

8. Veftiges d'un ancien édifice à deux rangs d'arcades.

Haut. 1 pou. 7 lig. long. 2 pou. 4 lig.

+9. A gauche, des veftiges du colifée, ou de quelque autre édifice circulaire, fur le bord d'une riviere : à droite, diverfes fabriques dans le lointain.

Haut. 1 pou. 7 lig. long. 2 pou. 3 lig.

+10. Sur la gauche, les ruines d'un pont dont on ne voit que deux arches, dans la demi-teinte ; avec des terraffes fur le devant : des maifons dans le lointain.

Même grandeur.

+11. A gauche, fur le fecond plan, un pont fur une riviere, bâti moitié en pierre moitié en bois. A droite, fur le devant, un quai dont les terres font foutenues par un mur conftruit en arcades avec des contre-forts. On voit des ruines d'anciens édifices élevés au-deffus.

Même grandeur.

+12. A gauche, une grande arche de pierre fur laquelle eft appuyé un pont de bois : on voit au-deffous une riviere qui ferpente : dans le lointain un autre pont en pierre, où l'on apperçoit une grande & une petite arche.

Haut. 1 pou. 7 lig. long. 2 pou. 5 lig.

+13. A gauche, un pont de bois, vu en fuyant de gauche à droite : fur le milieu du pont une croix de bois : un pavillon avec une porte aux deux extrêmités du pont.

Haut. 1 pou. 7 lig. long. 2 pou. 3 lig.

+14. A gauche, fur le devant, les murs d'une forterefse, & une groffe tour accompagnée de tourelles. A droite, une riviere très-large : dans le lointain, à droite, une montagne fort haute.

Même grandeur.

+15. A gauche, un pignon au bas duquel eft une petite arche, & une maifon au haut de laquelle eft un donjon;

le tout renfermé par un petit mur de clôture, fur le bord
de l'eau. Dans le lointain, tout le fond eſt occupé par
une grande enceinte de planches & de pieux ; au-delà de
cette enceinte un payſage très-léger.

    Haut. 1 pou. 8 lig. long. 2 pou. 4 lig.

    ✝16. A droite, un grouppe de maiſons : à gauche une petite
arcade fur un ruiſſeau, & des montagnes dans le lointain.

    Haut. 1 pou. 7 lig. long. 2 pou. 3 lig.

    ✝17. A droite, un grouppe de maiſons diverſement ſituées ;
au milieu eſt un grand mur fort haut, percé d'une grande
arcade ſurbaiſſée, avec des barrieres des deux côtés de cette
ouverture : à gauche, la campagne, & un payſage fort
éloigné.

    Même grandeur.

    ✝18. A gauche, fur le devant, partie d'un pignon de
maiſon fortement ombré : à droite & dans le fond, une
place, & des maiſons diverſement conſtruites.

    Haut. 1 pou. 8 lig. long. 2 pou. 3 lig.

    ✝19. A gauche, fur le devant, une tour quarrée très-
ombrée, avec une porte percée à jour. A droite, quelques
maiſons de payſans. Dans le fond, un mur percé d'une
grande arcade ſurbaiſſée avec une petite porte à côté.

    Même grandeur.

    ✝20. A droite, fur le devant, une ſuite de maiſons ran-
gées fur une même ligne parallele au plan du tableau : à
gauche, un petit bout d'horiſon.

    Haut. 1 pou. 7 lig. long. 2 pou. 3 lig.

    ✝21. Sur le devant, un cabaret ou une hôtellerie, pro-
che d'une barriere, à l'entrée d'un chemin. A droite, de
l'eau, & au-delà une vaſte campagne.

    Même grandeur.

    ✝22. A gauche, une petite fabrique de maiſons avec de
grands arbres derriere, au milieu un puits. Dans le lointain, à droite, des montagnes.

    Haut. 1 pou. 7 lig. long. 2 pou. 4 lig.

    ✝23. A gauche, fur le devant, un grouppe de maiſons de
payſans & un moulin à eau. A droite, une riviere, & au-
delà, une montagne ſinguliérement eſcarpée, fur laquelle, à droite, on voit un pont de bois.

    Haut. 1 pou. 7 lig. long. 2 pou. 3 lig.

124. Le milieu est occupé par un grouppe de maisons : tout le reste est rempli par une forêt d'arbres de haute-futaie.

Haut. 1 pou. 7 lig. long. 2 pou. 3 lig.

125. A gauche, un terrein élevé & escarpé sur lequel sont plusieurs maisons & des arbres. A droite, deux paysanes, en casaquin, vues par le dos, & quelques arbres plus loin, devant elles.

Haut. 1 pou. 4 lig. long. 2 pou. 4 lig.

126. Tout le devant est occupé par un grand rocher percé à jour, formant une espece d'arcade. Dans le lointain, à droite, une montagne escarpée, sur le haut de laquelle est bâtie une maison. A gauche, une plaine très-étendue.

Haut. 1 pou. 7 lig. long. 2 pou. 4 lig.

127. A gauche, sur le devant, un tronc d'arbre mort, fortement ombré, ainsi que le bout de terrasse qui le porte. Plus loin, un très-joli paysage, avec une tour quarrée. A droite, une grande riviere, des barques portant un mât, & une ville dans le lointain.

Haut. 1 pou. 7 lig. long. 2 pou. 3 lig.

128. A gauche, un bouquet d'arbres & partie d'une ter-rasse, très-ombrés. A droite, de fort belles maisons, & de grands arbres derriere : sur le devant, de l'eau & un petit pont de planches dans le lointain.

Même grandeur.

129. A droite & à gauche, sur le devant, une forêt très-ombrée, séparée par une petite riviere, avec un pont de planches au-dessus. Dans le lointain, une continuation de la même forêt & une maison gravées très-tendre.

Haut. 1 pou. 7 lig. long. 2 pou. 4 lig.

130. A droite, un grouppe de grands arbres sur le bord d'une grande riviere qui serpente & qui s'étend au loin dans une plaine très-vaste.

Haut. 1 pou. 8 lig. long. 2 pou. 4 lig.

131. Au milieu, sur le devant, un grouppe de grands arbres sur une terrasse qui borde une riviere : à droite, quelques arbres à demi secs. A gauche, de l'eau, & dans le lointain, une ville au pied d'une montagne.

Haut. 1 pou. 9 lig. long. 2 pou. 3 lig.

132. A droite, un homme d'épée, debout, un chapeau

fur la tête, des cheveux courts, un manteau à moitié retrouſſé, vu de profil, allant à gauche, & regardant ſur ſa
droite. Il eſt ſur une terraſſe élevée de pluſieurs marches.
Dans le fond, quelques maiſons & une grande place vuide.

Haut. 1 pou. 9 lig. long. 2 pou. 5 lig.

+33. A gauche, ſur le devant, un payſan debout, allant
& regardant à droite, tenant ſon bâton par le milieu.
Dans le lointain, à droite, une égliſe de village, avec ſon
clocher en tour quarrée.

Même grandeur.

+34. Un cheval tout nud, vu de côté, allant & regardant
vers la droite, ſans ſelle ni bride, avec de grandes cri-
nieres au col, & une longue queue très-ample. Une muraille légerement ombrée, à une ſeule taille, fait le fond
de cette eſtampe.

Haut. 1 pou. 5 lig. long. 2 pou. 3 lig.

+35. Un général d'armée donnant ſes ordres, vu en face,
& ſe retournant vers la gauche, ſon cheval allant & galopant à droite, ſur un fond blanc : il a un chapeau à plumet, & tient un bâton de commandant de la main droite.

Haut. 1 pou. 7 lig. long. 2 pou. 3 lig.

– 36. *Rariſſime.* Un cavalier vu par le dos, ſe retournant
vers la gauche, faiſant caracoler ſon cheval : il tient
comme des deux mains un mouſqueton debout, la croſſe
en bas : le devant du cheval, qui eſt tourné un peu vers la
gauche, eſt ombré : ſon derriere & ſa queue ſont éclairés
& blancs. Le terrein eſt un peu ombré ſous ſon cheval, le
reſte de la planche eſt tout blanc.

Cette eſtampe rariſſime ne ſe trouve que chez Madame
de Bandeville ; elle eſt de même grandeur que les précédentes.

– 37. *Rariſſime.* Petit payſage, où l'on voit, à gauche, une
grande arcade, ſemblable à l'arche d'un ancien pont : on
apperçoit par deſſous une pyramide dans le lointain. A
droite, ſur le ſecond plan, une maiſon de campagne, avec
un mur de clôture ſur le côté. Sur le devant, à droite, des
arbres, derriere leſquels on voit des ruines d'anciens bâtimens [1].

____

[1] Les trente-cinq premieres planches de cette ſuite ſe trouvent

1684.

Cette estampe rarissime ne se trouve que chez Madame de Bandeville. Même grandeur que les autres.

1685.

197. La brillante journée, ou le carousel des galans Maures, entrepris par M. le Dauphin. *In-quarto*. Imprimé à Paris chez la veuve Blageart, 1685. Et se vendra à Versailles le jour de la fête [1].

1. Le frontispice dessiné par Seb. le Clerc, & gravé au trait pour un marchand d'estampes nommé du Rondray. C'est un grand cartel formant dans le-milieu un vuide ovale en hauteur pour y écrire un titre. Autour du cartel sont des trophées militaires, drapeaux, enseignes, &c. & au bas deux esclaves Maures & Africains, tenant chacun par la main un cheval qui galope.

Haut. totale du cuivre avec toute sa marge, 15 pou. 3 lig. larg. 11 pou.

Le dessein original de ce frontispice fait par M. le Clerc au crayon rouge & lavé à l'encre de la Chine, s'est trouvé

---

communément par-tout, mais celles que nous avons cotées pl. 36 & 37 sont si rares que nous ne les avons vues nulle part ailleurs que chez Madame de Bandeville. Les planches de cette suite ne sont point numé-rotés, & nous les avons chiffrées au hasard pour leur donner un ordre quelconque, afin de pouvoir les désigner plus facilement.

Comme les estampes que nous décrirons d'ici à la fin de ce catalogue sont les plus communes & les plus faciles à rassembler; nous n'indique-rons plus les cabinets où nous les avons vues, que quand il s'en trouvera quelqu'une de rare, ou dont il faudra rapporter les différences.

[1] Il n'y a aucune estampe ni vignette dans ce livre, mais c'est l'explication d'une suite d'estampes, en 36 planches au trait, représen-tant les héros de cette fête, tant princes que princesses, bien armés & très-galamment ajustés, montés sur de très-beaux chevaux capara-çonnés, &c. Ces estampes au trait s'imprimoient alors au bistre, & on les enluminoit ensuite proprement avec les couleurs convenables, pour en faire présent aux seigneurs & aux dames de la cour. Il s'en est trouvé une pareille suite très-bien coloriée, à la vente du cabinet de M. Huquier, en 1772, qui a été achetée par M. Joullain fils, avec le livre d'explica-tion ci-dessus, 95 livres 19 sols, quoiqu'il n'y eût que trente-une feuilles ou estampes, ainsi enluminées, au lieu de 36 au moins qu'il auroit fallu pour qu'elle fût complette.

1685.

à la vente du cabinet de M. Huquier, faite en novembre
1772, & a été acheté 19 liv. par M. Famas, amateur,
connu par son gout pour les beaux arts. Ce dessein porte
13 pou. 2 lig. de haut sur 9 pou. 3 lig. de large.

2. Grand cartel pour écrire le titre, formé par une
chaine de quinze écus ou boucliers de différentes formes
propres à recevoir les armes des chevaliers de cette fête,
entre-mêlés avec des palmes & des branches de laurier.
Dessiné par le Clerc, & gravé au trait pour du Rondray.

Haut. totale du cuivre 14 pou, 8 lig, larg. 10 pou. 3 lig.

Le dessein original de le Clerc, lavé à l'encre de la
Chine, est dans le cabinet de M. Paignon d'Ijonval.

3. Grand cartel dont le vuide du milieu est formé par
une bordure quarrée, terminé par le haut par un petit
cartel ovale propre à recevoir des armes, avec deux lions
pour supports, & des drapeaux, enseignes, & autres attributs militaires. Aux deux côtés de la bordure sont deux
grandes palmes mortantes. Au bas deux autres palmes, &
deux cornes d'abondance d'où sort une grande quantité de
pieces de monnoie. dessiné par le Clerc & gravé pour la
même suite.

Haut. de l'estampe 11 pou. 6 lig. larg. 8 pou. 7 lig.

4. Grand cartel quarré dont les angles sont échancrés
par le haut, & terminé en bas par une partie circulaire en
forme de miroir. Il est entouré de toutes sortes d'instrumens de musique. Au haut, on voit une lyre accompagnée
de trompettes, hauts-bois, & autres instrumens à vent:
sur les côtés, des instrumens à cordes & autres : en bas
divers masques pour le bal, au milieu desquels est un
masque de dieu fleuve. Le vuide du cartel est rempli par
une draperie tendue pour recevoir une inscription. Le
tout dessiné par le Clerc & gravé au simple trait pour cette
même suite.

Haut. totale du cuivre 14 pou, 7 lig. larg. 10 pou.

5. Grand cartel en hauteur, enrichi des attributs de la
paix & des arts; le milieu est vuide; en haut, on voit
sur un tableau quarré long, la Paix assise, accompagnée
de la Justice & de l'Abondance. C'est une copie d'une des
vignettes de la description de la galerie de Versailles, par
Rainssant en 1687, dont nous parlerons ci-après (N°.
215.

215. Pl. 5.). Tous les ornemens de ce cartel font deſſinés
par le Clerc, pour cette même ſuite, & la planche eſt
gravée ſeulement au trait, comme les précédentes.

Haut. totale du cuivre 14 pou. 6 lig. larg. 9 pou. 6 lig.

6. Grand cartel en hauteur, accompagné des attributs de
la guerre, dont le milieu eſt vuide pour quelque inſcription. On voit au haut un tableau quarré long repréſentant
la Guerre avec toutes ſes horreurs, aſſiſe dans un char
emporté par deux chevaux fougueux, qui renverſent tout
ce qu'ils rencontrent. C'eſt une copie d'une des vignettes de
la deſcription de Verſailles par Rainſſant, en 1687, dont
nous parlerons ci-après (N°. 215. Pl. 7.). Le reſte eſt
deſſiné par le Clerc, & le tout eſt gravé au ſimple trait
pour ſervir à la ſuite des galans Maures ci-deſſus.

Haut. totale du cuivre 13 pou. 6 lig. larg. 9 pou. 5 lig.

Cette ſuite ſe trouve ſeulement chez MM. Paignon &
Jombert.

✝198. Oraiſon funebre d'Anne de Gonzague de
Cieves, fille de Charles, Duc de Mantoue & de
Nevers, veuve d'Edouard, Prince Palatin, morte
à Paris le 6 Juillet 1684. Prononcée dans l'égliſe
des Carmelites par M. Boſſuet, Evêque de Meaux,
le 9 août 1685. *In-quarto*. Paris. Cramoiſy. 1685.

— 1. Vignette repréſentant un tombeau, &c. C'eſt la même
que la celle de M. de la Vrilliere (N°. 169.). On a ſeulement effacé les grandes armes du milieu, qui étoient ſur un
manteau ducal, & la couronne au-deſſus, pour y ſubſtituer le chiffre de la Princeſſe, formé d'un G & d'un
C, ſur une draperie, avec un bonnet électoral au-deſſus.
— 2. Fleuron du titre pour l'oraiſon funebre ci-deſſus. C'eſt
le même qui avoit déjà ſervi pour l'oraiſon funebre de la
Reine de France, par Fléchier, en 1684 (N°. 186.
Pl. 1.), avec cette différence que les armes de la Reine &
la couronne royale qui étoit au deſſus ont été effacées,
pour y ſubſtituer celles de la Princeſſe avec le bonnet électoral au-deſſus, & que les deux figures principales ſont ici
uſées & retouchées.

Part. II.   B

1685.

—199. Deux petites lettres grises pour des oraisons funebres, qui ne sont point venues à notre connoissance.

—1. Petite lettre M derriere laquelle on voit une couronne royale au haut d'une espece de mausolée, couvert d'un grand tapis, avec un sceptre & une branche de laurier en sautoir, au bas. Le fond est rempli par une grande tenture parsemée de fleurs-de-lys. Le tout est entouré d'une petite bordure d'ornement.

Haut. 1 pou. long. 13 lig.

Chez Madame de Bandeville. Chez MM. Paignon, Jombert, du Coudray, &c.

—2. Autre lettre M, où l'on voit une cassolette jettant de la fumée, montée sur un pied : au-dessous, deux dauphins, la queue en l'air. Le fond est rempli par une taille égale. Il y a une bordure très-légere autour de l'estampe.

Haut. 14 lig. larg. idem.

Chez M. Jombert.

✗ †200. Traité historique de l'établissement & des prérogatives de l'église de Rome & de ses Evêques. Par M. Maimbourg. *In-quarto.* Paris. Cramoisy. 1685.

†1. Une vignette représentant l'empereur Charlemagne habillé à l'antique, qui accorde à l'église romaine, sous la figure de S. Pierre, les droits & les privileges dont elle a joui depuis. Dans le lointain, une vue de l'ancienne ville de Rome. *S. le Clerc f.*

Haut. 2 pou. 5 lig. long. 4 pou. 1 lig.

Au cabinet des estampes du Roi & chez M. Paignon, deux épreuves, l'une avant l'écriture sur le livre ouvert, l'autre avec. Chez Madame de Bandeville, chez M. Jombert, &c. une épreuve avant l'écriture gravée sur le livre.

†2. Grande lettre P où l'on voit deux clefs en sautoir, liées par un ruban. C'est une copie de celle du supplément à l'histoire des conciles, décrite ci-devant (N°. 180. Pl. 2.), avec cette différence qu'ici les anneaux des clefs sont simples sans aucun ornement, & qu'il y a un fleuron

pendant au-deſſous de l'endroit où les clefs ſont liées enſemble. La bordure qui entoure cette petite eſtampe eſt
auſſi différente, & la lettre eſt un peu plus petite.

Haut. de celle-ci avec ſa bordure 1 pou. 9 lig. larg. *idem.*
Chez M. Jombert ſeulement.

+201. Tombeau de M. Bonneau de Traſſy,
érigé en marbre par François Girardon, dans l'é-
gliſe cathédrale de Tournay.

Haut. du cuivre 12 pou. 6 lig. larg. 7 pou. 7 lig.
Chez M. Paignon deux épreuves, l'une avant l'inſcription au bas de la planche, l'autre avec. On lit auſſi à cette
ſeconde épreuve, dans l'angle inférieur à gauche: *F. Girardon inv. & fecit in marmore.* Il y a en outre quelque différence dans le profil du portrait qu'on voit dans le médaillon.

+202. *Officio della B. Vergine.* In-vingt-quatre
In Venetia. (Paris) 1685 [1]. En ſix planches.

+1. Le frontiſpice: on voit au-deſſus d'un cartel quarré
où eſt écrit le titre ci-deſſus, la ſainte Vierge aſſiſe ſur des
nuages, portant ſur ſes genoux l'enfant Jeſus, & entouré
d'une multitude de petits anges, dont pluſieurs, à gauche,
portent la croix de N. S. *Le Clerc.*

Haut. de chacune de ces ſix planches 2 pou. 6 lig. larg.
1 pou. 6 lig.

+2. On voit ſur cette eſtampe des armoiries qui tiennent

---

[1] Ces ſix petites eſtampes, connues ſous le nom des petites heures
de Veniſe, ſont de la plus grande rareté. Le livre ayant été imprimé à
Paris, en 1685, on en a envoyé toute l'édition à Veniſe, mais le vaiſſeau ſur lequel il étoit chargé ayant péri dans la route, on n'en a pas
réchappé un ſeul exemplaire, ce qui à rendu ce livre extraordinaire-
ment rare, ainſi que les eſtampes, tirées à très-grand nombre, pour
toute l'édition, enſorte que les planches, qui étoient reſtées à Paris, ſe
ſont trouvées totalement uſées. On les a enſuite retouchées, & l'on ren-
contre quelquefois de mauvaiſes épreuves de quelques-unes de ces
planches, avec l'adreſſe de Gallays; mais elles ſont bien différentes des
premieres épreuves.

1685.

toute la planche, dans un grand cartel, terminé en haut par une couronne de comte, & accompagné de guirlandes.

+3. Le roi David assis sur son trône, jouant de la harpe, dans son palais, sa couronne à terre, à côté de lui. Il est à gauche, tourné vers la droite, & regarde en face. On voit dans le fond, un grand sallon orné de colonnes posées sur un étage en soubassement, faisant partie du palais de ce roi.

+4. L'Annonciation. La sainte Vierge est à droite, regardant vers la gauche, à genoux dans le milieu de sa chambre : à gauche un grand ange lui apparoit tout debout, porté sur des nuages avec un petit ange à ses pieds. On voit, dans le fond, à droite, plusieurs petits anges qui voltigent autour de son lit. *S. le Clerc.*

+5. La Nativité de N. S. J. C. La scene se passe dans une étable dont le toit est tout délabré : on y voit une grande multitude d'anges, dont les uns sont en adoration devant le divin enfant, les autres voltigent en l'air & arrivent de tous côtés. *S. le Clerc.*

+6. Un petit crucifix. On voit sur cette planche, à gauche, S. Jean, debout, & la Magdelaine à genoux qui embrasse la croix : à droite, la sainte Vierge & les saintes femmes dans l'affliction. Le ciel ouvert laisse entrevoir les anges qui prennent part à leur douleur. *S. le Clerc f.*

Au cabinet des estampes du Roi, chez Madame de Bandeville & chez M. Paignon, très-belles épreuves de ces six planches. Chez M. Jombert, cette même suite complette, plus deux épreuves doubles des planches 5 & 6 retouchées, avec des différences, & à l'adresse de Gallays. Cette suite est gravée très-spirituellement, & c'est une des plus rares de tout l'œuvre.

+203. Nouvel ordre François de l'invention de Charles le Brun, premier peintre du Roi. A Paris, chez Mariette, rue Saint-Jacques, aux colonnes d'Hercule.

*On voit sur cette planche la colonne ornée de feuilles d'eau, & le chapiteau formé par des palmes & des fleurs-de-lys : au lieu de volutes, ce sont des coqs, & une tête couronnée au lieu de roses. L'entablement consiste en

1685.

ure architrave formée de deux faces, en une frise ornée de modillons très-saillans portés par deux consoles accouplées au-dessus de chaque colonne, avec des bas-reliefs allégoriques aux arts dans l'espace qui reste à la frise entre chaque colonne, & en une corniche ornée de têtes de dauphins à chaque gargouille : à droite est la colonne entiere, au simple trait, & à gauche le plafond de l'entablement, vu en dessous, aussi au simple trait.

Haut. de l'estampe 16 pou. 2 lig. larg. 11 pou. 8 lig.

Chez M. Paignon, épreuve avant la lettre. Chez M; Jombert, deux épreuves, l'une avant toute lettre, l'autre avec la lettre & l'adresse de Mariette (1).

+204. Autre ordre François de la composition de Seb. le Clerc, dessiné & gravé par lui-même [2].

(1) Cette planche est passée dans le fonds du sieur Jombert avec toutes les autres planches d'architecture du fonds de M. Mariette, en 1750.

(2) Cette épreuve rarissime & unique s'est trouvée dans l'œuvre de le Clerc appartenant à M. Huquier, qui l'avoit acheté à la mort de M. l'Abbé le Clerc (fils de notre artiste) supérieur du séminaire d'Orléans. L'extrême rareté de cette piece a déterminé le sieur Jombert à faire l'acquisition de l'œuvre entier à la vente du cabinet de M. Huquier, en 1772, pour ne pas laisser échapper ce morceau précieux. C'est le fruit du loisir & des spéculations de M. le Clerc, qui aux talens supérieurs qu'il avoit pour le dessein & la gravure, joignoit une connoissance profonde des regles de l'architecture, dont il a donné au public un traité complet en 1714. On sçait que Louis XIV, dans le dessein d'éterniser son regne glorieux, fit proposer un prix considérable à tous les artistes de l'Europe, tant peintres qu'architectes & dessinateurs, pour celui d'entre eux qui inventeroit un ordre d'architecture assez différent des cinq autres pour former un sixieme ordre, & qui, par des attributs propres à notre nation, pût mériter le nom d'Ordre François. Les plus habiles artistes firent alors des efforts impuissans pour remporter ce prix. M. le Brun imagina celui qu'on vient de décrire au N°. précédent, & M. le Clerc, en bon patriote, voulant aussi courir la même carriere, produisit la composition qu'on voit sur cette planche. Mais aussi tôt après, la crainte de se trouver en concurrence avec le premier peintre du Roi, qui avoit la direction générale de tous les arts en France, & qui exerçoit un empire absolu sur les artistes des Gobelins, où le Clerc avoit son établissement, le détermina à supprimer totalement cette planche, sans en conserver aucune épreuve. M. le Clerc fils, désapprouvant sans doute les vues politiques de son pere, qui lui faisoient sacrifier le fruit de ses veilles &

1685.

Cette compofition eft beaucoup plus riche & mieux imaginée que celle de M. le Brun. Le fût des colonnes eft orné de canelures Corinthiennes, avec des guirlandes pendantes dans chaque canal de la longueur de deux tiers de module. Les chapiteaux font ornés de grandes feuilles refendues en forme de panaches, avec des tiges de lys entre chaque feuille du premier rang, des cornes d'abondance au lieu de volutes, & une tête de foleil rayonnant à la place de la rofette ou fleuron du milieu.

La frife eft remplie par des trophées de cafques & de boucliers antiques féparés par une efpece de triglyphe en forme de lyre, pofé d'à-plomb au-deffus de l'axe de chaque colonne. Chaque modillon fous la corniche eft orné d'une fleur-de-lys. Dans le larmier, au lieu de mufles de lion, les gargouilles ont une tête de Médufe.

Il y a deux parties de colonnes avec leur chapiteau fous l'entablement : à côté, à droite, on voit toute la colonne dans fon entier, au fimple trait. A gauche, entre les deux colonnes, eft le plan du plafond de l'entablement, vu en deffous, auffi au fimple trait. En bas, à gauche, vers le bord de la planche, on voit le profil ombré du piedeftal pour cet ordre. Il n'y a point de lettre ni aucun nom au bas de cette planche.

Haut. de l'eftampe 16 pou. 3 lig. larg. 12 pou. 1 lig.

+205. Les figures à la mode dédiées à M. le Duc de Bourgogne, petit-fils de Louis le Grand, &c. A Paris, chez G. Audran, rue Saint-Jacques, &c. [1]

---

de fes talens, à l'appréhenfion bien fondée de s'expofer à la jaloufie de fon fupérieur, a fu fouftraire à fes recherches cette épreuve unique pour la conferver : & certes ce n'eft pas une petite fatisfaction pour nous de pouvoir reftituer ce chef-d'œuvre de le Clerc à la mémoire de ce célebre artifte, & d'être l'organe qui doit le tranfmettre à la poftérité.

[1] M. le Clerc a gravé cette fuite en 1685, dans le tems qu'il enfeignoit le deffein à M. le duc de Bourgogne. Il ne fit d'abord que feize morceaux, y compris les armes & la dédicace au Duc de Bourgogne. Plus de dix ans après, il fit le cartouche qu'on voit à la tête de cette fuite, pour y mettre le titre qui n'a point été gravé, & il y ajouta quatre modes plus récentes : c'eft ce qui a occafionné la différence d numéros qu'on voit au bas de ces planches.

1. Dédicace à M. le Duc de Bourgogne : on voit au haut les armes de ce prince dans un cartel avec une couronne au-dessus, & une tête de bélier au bas, posé sur une draperie relevée par les extrémités : au-dessous est la dédicace. Le tout est entouré d'une bordure d'ornement très-riche.

Haut 4 pou. 3 lig. larg. 2 pou. 6 lig.

2. Cartel en hauteur, formé par des enroulemens, avec quelques guirlandes légeres pour le titre, qui n'y a point été gravé.

Haut 4 pou. 3 lig. larg. 2 pou. 7 lig.

3. Pl. cotée 2. Un homme debout, portant l'épée, appuyé sur sa canne, les jambes un peu croisées, tourné en face, regardant à droite, le chapeau sur la tête, la main gauche passée dans son habit qui n'est attaché qu'avec un bouton : cette figure est seule, ainsi que les suivantes, & se détache sur un fond blanc, sans aucune terrasse ni lointain. *S. le C. f.*

Toutes les planches de cette suite ont environ 4 pou. 2 lig. de haut sur 2 pou. 6 lig. de large.

4. Autre pl. cotée 2. On y voit un jeune homme debout, vu en face, la tête de profil, regardant à gauche, avec de grands cheveux, l'habit déboutonné, sans veste, tenant son chapeau de la main droite, pour saluer quelqu'un, l'autre main appuyée sur sa hanche gauche. *S. le Clerc f.*

Il y a quelque différence dans l'ombre portée aux pieds de la figure, par derriere.

5. Pl. cotée 3. Une jeune femme debout, allant à droite & regardant en face, sur la tête une grande coëffe qui lui descend sur les épaules & par devant jusqu'à la ceinture, une échelle de rubans à son corset, une robe retroussée & attachée par derriere, ayant le bras droit nud & pendant, dont elle tient un éventail fermé : elle a de la broderie au bas de sa jupe. *S. le Clerc f.*

Il y a quelque différence dans une petite ombre ajoutée à la tête, sous la coëffe, à côté de l'œil droit, & dans un pli de draperie ajouté par derriere sur la hanche droite.

6. Autre pl. cotée 3. Une demoiselle debout, allant

vers la gauche, regardant presqu'en face, ayant un tablier à falbala, devant elle, une longue jupe, une robe trouſ-fée dont la queue traine par derriere, une coëffure haute : elle tient des deux mains un éventail ouvert. *S. le C. f.*

+7. Pl. cotée 4. Un homme debout, vu par derriere, le chapeau ſur la téte, des cheveux courts, ayant ſur les épaules une redingote dont les bras ſont pendans des deux côtés.

Il y a quelque différence dans la manche pendante du côté gauche, où M. le Clerc a ajouté & étendu des ombres.

† 8. Pl. cotée 5. Une jeune payſanne debout, allant vers la gauche, le viſage tourné en face, la téte & le bras gauche nuds, le haut de la gorge un peu découvert ; elle a quelque choſe dans le devant de ſa robe qui eſt retrouſſée & qu'elle retient des deux mains. *S. le Clerc in. & f.*

Il y a pluſieurs différences, dans les traits du viſage qui ont été changés, ainſi que la diſpoſition des cheveux, y en ayant d'ajoutés le long de ſa joue gauche, & d'autres flottans ſur ſon col : dans des ombres ajoutées ſur le de-vant de ſon corſet, ſous ſon bras gauche, & ſur le devant de ſa robe qui eſt retrouſſée,&c. Enſorte que chez M. Jom-bert on peut voir quatre épreuves différentes de cette méme eſtampe.

+ 9. Autre planche cotée 5. Une dame très-bien ajuſtée avec un mantelet en falbala, en maniere d'écharpe, dont les deux bouts pendent par devant juſqu'au bas de ſa robe : elle eſt debout, marchant & regardant vers la droite, les bras l'un ſur l'autre ; elle tient de la main gauche un éven-tail fermé. *S. le Clerc f.*

+ 10. Pl. cotée 6. Un homme d'épée, debout, vu en face, la main droite appuyée ſur ſa canne, la gauche poſée ſur ſa hanche, au-deſſus de la garde de ſon épée : le cha-peau ſur la téte, de grands cheveux flottans ſur ſes épaules : une cravate, de petites mouſtaches : l'habit déboutonné, une veſte par deſſous, auſſi longue & auſſi ample que l'habit.

Il y a des différences dans ſon habit déboutonné dont les plis ont été augmentés & étendus à pluſieurs repriſes du côté droit & du côté gauche ; dans une poche en long

ajoutée à sa veste avec des boutons & boutonnieres, &
dans des ombres fortifiées à différens endroits.

11. Planche cotée 7. Une vieille femme, vue de profil,
allant & regardant vers la gauche, le bras droit étendu devant elle; le bras gauche sous sa robe qui est retroussée du
côté gauche.

Il y a quelques différences dans de petites ombres ajoutées à la barbe de sa cornette, d'autres changées & étendues
à ses deux bras, le coude du bras gauche qui est ombré,
changé de forme, ainsi que l'ombre portée par la figure,
qui est aussi changée de forme, proche ses pieds, vers la
droite.

12. Pl. cotée 8. Une jeune servante, debout, allant
vers la gauche & regardant en face, renfermant quelque
chose dans son tablier qui est relevé & qu'elle tient des
deux mains. Par dessous on apperçoit son jupon & les
basques de son casaquin, S. le Clerc f.

Il y a des différences dans la tête de la figure qui a été
changée à plusieurs reprises, ainsi que sa chevelure & sa
coëffure; dans de l'ombre ajoutée sur la bavette de son tablier, & sur le devant du même tablier, qui est relevé; dans
un pli ajouté à son jupon, du haut en bas, à la partie qui
est dans l'ombre, à droite; dans des ombres étendues au
même jupon par devant & sur les côtés, ainsi qu'aux basques de son casaquin. Enforte qu'il en faut au moins trois
épreuves, pour avoir toutes ces différences, ainsi qu'on
les remarque chez M. Jombert.

13. Pl. cotée 9. Un homme debout, vu en face, enveloppé dans son manteau, qui est très-long, & qui lui
descend jusqu'au bas des jambes : il a sur la tête un chapeau à bords rabattus, de grands cheveux frisés, des mouf-
taches, une cravate; de la main droite, il tient son manteau entr'ouvert par le haut. Le Clerc.

Il y a quelques différences, mais très-peu sensibles, dans
des ombres étendues & adoucies à différens endroits de cette
figure.

14. Pl. cotée 10. Une servante en casaquin, vue par
derriere, allant & regardant à gauche, son premier jupon,
retroussé par devant, tenant un petit chien épagneul sur
son bras gauche,

Il y a quelques différences dans les ombres qui ont été étendues & adoucies à plusieurs reprises, sur le bras droit, sur le devant de la jupe relevée, &c.

+15. Pl. cotée 11. Une laitiere allant & regardant à gauche, ayant sur la tête un pot au lait qu'elle tient de la main droite, la gauche appuyée sur sa hanche. Elle a devant elle un tablier avec une grande poche. Un corset lassé par devant, & un grand mouchoir sur son col & sur ses épaules, dont les pointes lui pendent par devant.

Différences dans la tête, qui a été totalement changée de caractere ; dans des ombres ajoutées sur les pointes de son mouchoir de col, sur la poche de son tablier, aux plis du tablier, au bas de son jupon, au bas de sa jambe gauche, qui étoit indécis aux premieres épreuves & qui a été achevé ensuite & ombré, &c.

+16. Pl. cotée 12. Un jeune paysan, vu en face, le pied gauche monté sur une marche, ayant sur la tête un chapeau à bords rabattus, des cheveux très-courts, sans col ni cravate, l'habit déboutonné, point de veste dessous : il a la main gauche sur sa cuisse, & montre de la droite quelque chose qui est à sa droite. Une muraille, dont une partie est dans l'ombre & l'autre est éclairée, lui sert de fond.

Différences dans la basque pendante de son habit, à son côté droit, qui a été un peu augmentée de largeur, & dans quelques tailles ajoutées sur sa hanche droite.

+17. Pl. cotée 13. Une servante vue en face, en casaquin boutonné par devant, le premier jupon retroussé sous les basques du casaquin. Les bras nuds, le droit appuyé sur sa hanche, & le gauche posé sur son ventre. S. le Clerc f.

Il y a quelques différences dans la forme de ses tetons par dessous son corset, dont la rondeur est mieux exprimée aux dernieres épreuves qu'aux premieres, & dans la partie ombrée de son casaquin, à sa gauche, qui est augmentée d'un pli.

+18. Pl. cotée 14. Un homme vu de profil, allant & regardant vers la droite, son manteau retroussé en partie sous le bras droit : ayant de longs cheveux & le chapeau sur la tête.

Différences dans les cheveux flottans sur les épaules qui

ont été augmentés & allongés ; dans des tailles ajoutées sur le derriere & sur le côté du manteau retroussé.

+19. Pl. cotée 15. Une jeune dame assise de côté sur sa chaise : tournée en face, le bras droit appuyé sur le dos de sa chaise, la main gauche avancée sur sa cuisse droite, paroissant rêveuse & pensive. Elle a sur les épaules un mantelet noué par devant sur sa gorge, le capuchon relevé sur sa tête lui sert de coëffure : sa chaise est appuyée contre une table couverte d'un grand tapis. Dans le fond de sa chambre on voit un tableau de paysage renfermé dans un lambris de menuiserie.

Différences dans les traits du visage qui ont été un peu adoucis, & dans l'ombre du bas de sa jupe au-dessous du genou droit, dont les tailles ont été aggrandies & fortifiées.

+20. Pl. cotée 16. Un homme debout, vu en face, un chapeau sur la tête, de longs cheveux qui lui reviennent par devant des deux côtés de la cravate, ayant des moustaches, un grand manteau sur les épaules, un corset très-court, au-dessous duquel on voit sa chemise ; des hauts-de-chausse formant une espece de jupon court, garnis de longs rubans à la ceinture & au bas : il a le bras droit appuyé sur la hanche ; le gauche, qui porte son manteau, est étendu & posé sur un appui.

Il y a des différences dans les plis & les ombres du manteau, qui sont étendus & augmentés de tailles à plusieurs endroits.

+21. Pl. cotée 17. Un manant debout, vu en face, la tête nue, des cheveux courts, sans col ni cravate, l'habit déboutonné, sans veste dessous, tenant son chapeau dans ses deux mains qui sont pendantes & les doigts croisés. Il a le genou droit un peu plié & paroit avoir l'épaule droite appuyée contre une muraille partie éclairée & partie ombrée.

Il y a une différence considérable dans les basques pendantes de son habit dont les plis ont été changés de forme, à celle qui est dans l'ombre, à son côté gauche, & l'on a ajouté des tailles à celle de son côté droit, qui est éclairé : il y a aussi des tailles ajoutées à son chapeau & à l'ombre portée à ses pieds par la muraille.

Pour appercevoir toutes les différences marquées ci-

1685.

deſſus, il faut avoir juſqu'à trois & quatre épreuves de la même eſtampe, comme on les voit chez M. Jombert, où cette ſuite ſe monte à 46 épreuves différentes, parmi leſquelles il y en a beaucoup avant les chiffres au bas de la planche.

Chez Madame de Bandeville & chez M. Paignon, il y en a ſeulement deux ſuites complettes, ce qui fait 42 épreuves. Au cabinet des eſtampes du Roi, une ſeule épreuve de chacune.

1686.

206. Hiſtoire des Croiſades. *in-quarto*. Paris. 1686.

Un frontiſpice, qui eſt le même que celui de l'empire Ottoman, par Briot. *In-quarto*. Imprimé en 1670, dont nous avons donné ci-devant la deſcription (N°. 97. Pl. 1). M. le Clerc y a fait divers changemens, dans pluſieurs figures ſur le devant, qu'il a ſupprimées, parce qu'elles ne convenoient plus pour ce ſujet-ci.

207. Oraiſon funebre de Michel le Tellier, Miniſtre d'Etat, Chancelier de France, mort le 28 octobre 1685, prononcée le 28 mars 1686, dans l'égliſe de l'hôtel royal des Invalides, par M. Fléchier. *in-quarto*. Paris. Cramoiſy. 1686.

Fleuron du titre. C'eſt le même que celui de l'oraiſon funebre de la Reine de France, par la Chambre (N°. 187. Pl. 1). On a ſeulement effacé le portrait de la Reine pour y ſubſtituer celui du Chancelier, gravé au burin par Roullet. Et l'on a écrit ces mots ſur la légende au-deſſus du portrait : *vir immortalitate dignus*.

208. Eſtampe repréſentant S. Jean l'évangeliſte, que l'on enleve pour le jetter dans une chaudiere pleine d'huile bouillante, par ordre de l'empereur, à la porte Latine [1]. Deſſinée par le Clerc, gravée par Ben. Audran.

____

[1] Dans les commencemens, cette planche a ſervi également pour

Haut. de l'eſtampe ſeule 8 pou. 9 lig. larg. 7 pou.

Au cabinet des eſtampes du Roi & chez M. Jombert, on voit au bas cette inſcription : *la confrairie de S. Luc, & S. Jean porte Latine, érigée à Paris au couvent des R. P. Cordeliers, par les marchands graveurs, imprimeurs, & enlumineurs en taille douce, ce ſolemniſe le vendredi 18 octobre, feſte de S. Luc, &c.* Avec la petite planche de S. Luc tirée ſur la grande, au haut de l'eſtampe.

Chez Madame de Bandeville l'inſcription eſt changée : on y voit : *la confrairie de S. Jean porte Latine, &c. ſe ſolemniſe le jeudi 6 mai, &c* : & au bas, eſt gravé ſur l'eſtampe même, au-deſſous d'une marche qui eſt ſur le devant : *cette planche a été donnée par Ignace Antoine.* 1686.

Chez MM. Paignon & Jombert, trois épreuves différentes. L'une avec le petit S. Luc, & avec la premiere inſcription rapportée ci-deſſus, pour la fete de S. Luc. La ſeconde avec la ſeconde inſcription pour la fete de S. Jean porte Latine & ſans la petite eſtampe : au bas de celle-ci, chez M. Jombert, eſt écrit à la plume, ſur l'eſtampe même : *G. Audran f. Le Clerc in. C. Auguſtin Mariette.* La troiſieme épreuve avec l'inſcription : *cette planche a été donnée, &c.* gravée ſur l'eſtampe même.

Haut. de la petite eſtampe de S. Luc tirée au haut de la grande 17 lig. long. 18 lig.

209. La vie de N. S. par M. de S. Real. *in-quarto.* Seconde édition. 1686. Paris.

f. 1. Vignette où l'on voit, à gauche, Adam & Eve, nuds,

---

la confrairie des maitres peintres, le jour de S. Luc, & pour celle des maitres imprimeurs en taille douce, le jour de S. Jean Porte-Latine; c'eſt ce qui a occaſionné la différence des inſcriptions que l'on voit au bas de cette eſtampe, gravées ſur une bande de cuivre qui ſe tiroit au-deſſous de l'eſtampe en même tems que la planche où eſt le ſujet décrit ci-deſſus. Lorſqu'elle devoit ſervir pour les maitres peintres, on ajoutoit au haut de l'eſtampe, dans la partie ombrée, une autre eſtampe très-petite, dont le cuivre eſt quarré par le bas, & à pans coupés par en haut, entourée d'une bordure d'ornement. Cette petite eſtampe repréſente S. Luc dans ſon atelier, peignant la Sainte Vierge, inſpiré par deux petits Anges qui voltigent derriere lui.

chassés du paradis terrestre. le serpent à leurs pieds. Au milieu de l'estampe le prince des ténebres qui en s'enfuyant laisse tomber son sceptre & sa couronne : on voit son trône dans le fond. A droite, la mort dont la faulx est cassée en plusieurs endroits. Toute l'estampe est éclairée par un rayon de lumiere qui part du ciel, avec ces mots écrits sur une légende qui voltige : *princeps hujus mundi efficietur.* S. le Clerc f.

Haut. 1 pou. 9 lig. long. 4 pou.

C'est une des plus belles & des plus rares vignettes de l'œuvre de le Clerc, mais il est très-difficile de la trouver bonne épreuve.

+2. Cul-de-lampe pour la fin du livre. C'est le triomphe de la croix. On la voit rayonnante de lumiere, élevée sur un trophée considérable d'armes antiques & de débris du paganisme.

Haut. du cuivre 3 pou. 8 lig. long. 4 pou. 1 lig.

Au cabinet des estampes du Roi, chez Madame de Bandeville, chez MM. Paignon & Jombert, la vignette & le fleuron.

†210. Saint Paulin, Evêque de Nole. Poëme par M. Perrault, de l'Académie Françoise. *in-octavo.* Paris. Coignard. 1686.

+1. Vignette de l'épitre dédicatoire à M. Bossuet, évêque de Meaux. On y voit l'Etude & la Religion qui soutiennent une mitre au-dessus des armes de ce prélat. Dans le fond, à droite, une bibliotheque : plus loin, à gauche, une chapelle & un autel.

Il y a une petite différence dans la mitre, au milieu de laquelle M. le Clerc a ajouté une pierre précieuse.

Haut. 1 pou. 2 lig. long. 2 pou. 10 lig.

†2. Vignette du premier chant. On y voit Trasimond, gendre de Gontaire, roi des Vandales, à cheval, revenant de la chasse. Une veuve à genoux présente à ce général S. Paulin pour être captif à la place de son fils.

Haut. de cette vignette & des cinq autres 1 pou. 7 lig. long. 3 pou.

Il y a plusieurs différences dans des ombres portées sur

le rivage derriere la tête de la veuve & derriere celle du
cheval de Trasimond : dans la tête de la même veuve qui
est changée : dans des tailles ajoutées au bras & aux vête-
mens de S. Paulin, &c. *S. le Clerc.*

¹3. Vignette du second chant. On voit à droite Dieu qui
apparoit à S. Paulin dans les jardins de Trasimond qu'il
cultivoit en qualité d'esclave jardinier.

¹4. Vignette du troisieme chant. Elle représente le songe
de Gontaire, roi des Vandales, que l'on voit, à droite,
couché dans son lit.

¹5. Vignette du quatrieme chant. On y voit Euric & saint
Paulin admirant ensemble la magnificence & la beauté de
l'architecture du palais de Gontaire. *S. le Clerc.*

6. Vignette du cinquieme chant. Les habitans de Nole
viennent chercher S. Paulin dans sa solitude, & le forcent
d'accepter l'évêché de leur ville. *S. le Clerc.*

7. Vignette du sixieme & dernier chant. Entrée triom-
phante de S. Paulin au retour de sa captivité, accompagné
de tous les esclaves qu'il avoit délivrés, dans la ville &
l'église cathédrale de Nole. *Seb. le Clerc.*

Au cabinet des estampes du Roi, chez Madame de Bandeville, chez M. Paignon, les sept vignettes ci-dessus.
Chez M. Jombert, outre ces sept estampes, double épreuve
des deux premieres, avec les différences indiquées.

¹211. **L'invocation & l'imitation des Saints
pour tous les jours de l'année & pour les principaux mysteres.** *in-seize.* En quatre parties. A
Paris, chez Audran, rue S. Jacques. La premiere
édition en 1686. La seconde en 1687, &c.

Chez M. Paignon, dessein original lavé à l'encre de la
Chine & très-fini, d'un frontispice pour cet ouvrage, par
Seb. le Clerc. On voit dans le ciel, en haut, la Sainte-
Trinité assise, & la sainte Vierge à genoux, entourée d'une
gloire. Au dessous d'elle, les prophetes, les apôtres, &
les autres saints & saintes. Sur le devant, les quatre peres
de l'église, &c, le tout sur des nuages. Le nom de le Clerc
est écrit au bas.

Haut. de ce dessein 7 pou. 7 lig. larg. 5 pou. 6 lig.

JANVIER.

1 La Circoncifion de N. S. J. C.
2 S. Macaire, anachorete.
3 Sainte Genevieve, vierge.
4 S. Gregoire, év. de Langres.
5 S. Edouard, roi d'Angleterre.
6 L'Epiphanie de N. Seigneur.
7 S. Lucien d'Antioche, martyr.
8 Le B. Laurent Juftinien.
9 S. Julien, martyr, & fainte Bafiliffe, vierge.
10 S. Guillaume, évêque de Bourges.
11 Saint Theodofe le cenobiarque.
12 Saint Arcade, martyr.
13 Saint Hilaire, évêque de Poitiers.
14 S. Julien Sabas.
15 Saint Paul, hermite.
16 S. Honorat, évêque d'Arles.
17 Saint Antoine, abbé.
18 Sainte Prifque, vierge & martyre.
19 Saint Pontien, martyr.
20 Saint Sebaftien, martyr.
21 Sainte Agnès, vierge & martyre.
22 Saint Vincent, martyr.
23 Saint Jean l'Aumonier.
24 Saint Thimotée, évêque & martyr.
25 La Converfion de faint Paul.
26 Sainte Paule, veuve.
27 Saint Jean Chryfoftome.
28 Saint Julien de Cuence.
29 Saint Conftance, évêque & martyr.
30 Sainte Aldegonde, vierge.
31 Sainte Marcelle, veuve.

FEVRIER.

1 Saint Ignace, évêque & martyr.
2 La Purification de la fainte Vierge.
3 Saint Biaife, évêque & martyr.
4 Saint Nicolas Studite, moine.
5 Sainte Agathe, vierge & martyre.

6 Sainte

1686.

6 Sainte Doróthée, vierge & martyre.
7 Saint Romuald, abbé.
8 Saint Paul, évêque.
9 Saint Nicephore, martyr.
10 Sainte Scholaſtique, vierge.
10 *bis.* S. Guillaume, duc d'Aquitaine. → n'est pas dans [l'°s H, 1357
11 Saint Severin, abbé.
12 Sainte Eulalie de Barcelone, vierge & martyre.
13 Saint Martinien, hermite.
14 Saint Valentin, martyr.
15 SS. Fauſtin & Jovite, martyrs.
16 Sainte Julienne, vierge & martyre.
17 S. Theodule & S. Julien, martyrs.
18 Saint Simeon, évêque de Jéruſalem.
19 Saint Sadoth, évêque & martyr.
20 Saint Eucher, évêque.
21 Le bienheureux Pepin, duc de Brabant. → Rd 2
22 La chaire de S. Pierre à Antioche.
23 Sainte Milburge, abbeſſe.
23 *bis.* S. Lazare, moine. → n'est pas dans [Des H.137
24 Saint Matthias, apôtre.
25 Saint Taraiſe, patriarche.
26 Saint Neſtor, évêque de Perge & martyr.
27 Saint Leandre, évêque.
28 Saint Romain, ſolitaire.
29 Pluſieurs ſaints d'Alexandrie.

MARS.

1 Saint Aubin, évêque d'Angers.
2 Le bienheureux Charles-le-Bon, comte.
3 Sainte Cunegonde, impératrice.
4 Saint Lucius, pape & martyr.
5 Saint Phocas, martyr.
6 Sainte Colette, vierge.
7 Saint Thomas d'Aquin.
8 Sainte Françoiſe de Pontians,
8 *bis.* S. Felix, évêque. → n'est pas dans [les H.1357
9 Les quarante Martyrs.
10 Saint Codrat, martyr.

Part. II.   C

11 Saint Euloge, prêtre & martyr.
12 Saint Gregoire, pape.
13 Sainte Euphrasie, vierge.
14 Sainte Mathilde, reine.
15 Sainte Matrone, martyre.
16 Saint Abraham, ermite.
17 Sainte Gertrude, vierge.
18 Saint Cyrille, évêque de Jérusalem.
19 S. Joseph, époux de la sainte Vierge.
20 Saint Vulfran, archevêque.
20 bis. Saint Joachim.
21 Saint Benoît, abbé.
22 Sainte Catherine de Suede.
23 Saint Victorien & deux autres martyrs. Le Clerc s.
23 bis. S. Othon, confesseur.
24 Saint Pigmanien, martyr.
25 L'Annonciation de la sainte Vierge.
26 Saint Ludger, évêque.
27 Saint Jean d'Egypte, solitaire.
28 Saint Gontran, roi.
29 Saint Armogaste, évêque.
30 S. Jean Climaque.
31 Sainte Balbine, vierge.

AVRIL.

1 Saint Hugues, évêque.
2 Saint François de Paule.
3 Saint Richard, évêque.
4 Saint Zozime, solitaire.
5 Saint Vincent Ferrier.
6 Saint Celestin Ier, pape.
7 Saint Aphrate, anachorete.
8 Saint Edesse, martyr.
9 Saint Acace, évêque.
9 bis. Sainte Casilde. 9 Avril.
10 Saint Macaire, évêque d'Antioche.
11 Saint Leon, pape.
12 Saint Sabas, martyr.
13 Saint Justin, martyr.
14 Sainte Liduvine, vierge.

15 Sainte Basilisse & sainte Anastasie.
16 Sainte Encratide, vierge & martyre.
17 Saint Etienne, abbé.
18 Saint Apollone, martyr.
19 S. Elphege, archevêque & martyr.
20 Saint Theotime, évêque.
21 Saint Anselme, archevêque.
22 Sainte Opportune, vierge.
23 Saint George, martyr.
24 Saint Alexandre, martyr.
25 Saint Marc, évangeliste.
26 Saint Basilée, évêque & martyr.
26 *bis.* S. Marcellin, pape & martyr.
27 Saint Anthime, évêque & martyr.
28 Sainte Theodore, vierge & martyre.
29 Sainte Catherine de Sienne.
30 Saint Maxime, martyr.

MAY.

La fête de la Résurrection de N. S.
1 Saint Philippe, apôtre.
2 Saint Athanase, évêque.
3 L'invention de la sainte croix.
4 Sainte Monique, veuve.
5 Saint Hilaire d'Arles.
6 Saint Jean Damascene.
7 S. Stanislas, évêque & martyr.
8 S. Victor, soldat & martyr.
9 Saint Gregoire de Nazianze.
10 Saint Gordien, martyr.
11 Saint Mayeul, abbé.
12 Saint Epiphane, évêque.
13 Saint Jean le solitaire.
14 Saint Pacôme, abbé.
15 Sainte Dympne, vierge & martyre.
16 Saint Domnole, évêque.
17 Sainte Restitue, vierge & martyre.
18 Saint Eri, roi de Suede.
19 Saint Pierre Celestin.
20 Saint Bernardin de Sienne.

21 Saint Hospice, reclus,
22 Sainte Julie, vierge & martyre.
23 Saint Guibert, confesseur.
24 SS. Cance, Cantien, & Cantianille, martyrs.
25 Saint Zenobe, évêque de Florence.
26 Saint Philippe de Neri.
27 Saint Bede, prêtre.
28 Saint Germain, évêque de Paris.
29 Saint Maximin, évêque de Treves.
30 Saint Gautier, abbé.
31 SS. Donatien & Rogatien, martyrs.
31 *bis* Sainte Petronille, vierge.

JUIN.

La feste de l'Ascension de N. S.
La feste de la Pentecoste.
La feste du Saint-Sacrement.
1 Saint Pamphile, martyr.
2 Saint Erasme, évêque & martyr.
3 Sainte Clotilde, reine.
4 Saint Quirin, évêque & martyr.
5 S. Boniface, archevêque & martyr.
6 Saint Norbert, évêque.
7 Saint Paul de Constantinople.
8 Saint Medard, évêque.
9 Les SS. Prime & Felicien, martyrs.
10 Sainte Marguerite, reine.
11 Saint Barnabé, apôtre.
12 Saint Onufre, solitaire.
13 Saint Anthoine de Padoue.
14 Saint Basile le grand, évêque.
15 Les SS. Vite, Modeste, & Crescence,
16 Sainte Lutgarde, vierge.
17 Saint Avite, abbé.
18 Saint Leonce, martyr.
19 Les SS. Gervais & Protais, martyrs.
20 Saint Silvere, pape & martyr.
21 Le bienheureux Louis Gonzague.
22 Saint Paulin, évêque.
23 Sainte Ediltrude, reine.

14 Saint Jean-Baptiste.
15 Saint Profper, confeffeur.
16 Saint Pelage, martyr.
17 Saint Ladiflas, roi d'Hongrie.
18 Saint Irenée, évêque & martyr.
19 Saint Pierre & faint Paul, apôtres.
30 Saint Martial, évêque.

JUILLET.

1 Saint Gal, évêque.
2 La vifitation de la fainte Vierge.
3 Saint Anatole, évêque.
4 Sainte Berthe, abbeffe.
5 Sainte Zoé, martyre.
6 Saint Goar, prêtre & ermite.
7 Saint Pantene, philofophe.
8 S. Aquilas & fainte Prifcille.
9 Saint Cyrille, évêque & martyr.
10 Sainte Félicité & fes fept enfans.
11 Saint Jean, évêque de Bergame.
12 Saint Jean Galbert, abbé.
13 Saint Eugene, évêque & martyr.
14 Saint Bonaventure, évêque & cardinal.
15 Saint Jacques, évêque.
16 Saint Euftate, évêque.
17 Saint Alexis, confeffeur.
18 Sainte Symphrofe & fes fept enfans.
19 Saint Arfene, folitaire.
20 Sainte Marguerite, vierge & martyre.
21 Saint Victor, martyr.
22 Sainte Marie Magdeleine.
22 bis. Sainte Magdelaine penitente, dans fa grotte.
23 Sainte Brigitte, veuve.
24 Sainte Chriftine, vierge & martyre.
25 S. Jacques le majeur, apôtre.
26 Sainte Anne, mere de la fainte vierge.
27 Saint Pantaleon, martyr.
28 Les faints martyrs d'Egypte.
29 Saint Loup de Troye.
30 Les SS. Abdon & Sennon, martyrs.

C iij

1686.

31 Saint Germain d'Auxerre.

AOUST.

1 Saint Pierre dans les liens.
2 Saint Étienne, pape & martyr.
3 Sainte Marane & sainte Cyre, sœurs.
4 Saint Dominique, confesseur.
5 Sainte None, mere de S. Gregoire de Nazianze.
6 Les SS. martyrs Juste & Pasteur.
7 Saint Victrice, évêque.
8 Saint Hormisdas, martyr.
9 Les SS. Secondien & Marcellien, martyrs.
10 Saint Laurent, martyr.
11 Saint Alexandre, évêque.
12 Sainte Claire, vierge.
13 Sainte Radegonde, reine.
14 Sainte Athanasie, veuve.
15 L'Assomption de la sainte Vierge.
16 Saint Simplicien, évêque.
17 Le bienheureux Carloman, prince.
18 Sainte Helene, impératrice.
19 Les SS. Timothée, Agape, & Thecle.
20 Saint Bernard, abbé.
21 Saint Privat, évêque.
22 Saint Symphorien, martyr.
23 Saint Sidoine Apollinaire, évêque.
24 Saint Ouen, évêque.
25 Saint Louis, roi de France.
26 Saint Genes, martyr.
27 Saint Cesaire, archevêque.
28 Saint Augustin, évêque.
29 Saint Merri, abbé.
30 Saint Fiacre, confesseur.
31 Saint Aidan, évêque.

SEPTEMBRE.

1 Saint Leu, évêque de Sens.
2 Saint Lazare.
3 Saint Remacle, évêque.
4 Sainte Ida, veuve.

1686.

5 Saint Victorin , solitaire.
6 Saint Eleuthere , abbé.
7 Saint Clou , prêtre & confesseur.
8 La naiſſance de la ſainte Vierge.
9 Saint Omer , évêque.
10 S. Nicolas de Tolentin.
11 S. Paphnuce , ſolitaire & évêque.
12 S. Syre & S. Juvence , évêques.
13 Saint Maurille , évêque.
14 L'exaltation de la croix.
15 Saint Porphyre , comédien.
16 S. Cyprien , évêque & martyr.
17 S. Lambert , évêque & martyr.
18 Saint Forgel , martyr.
19 Les SS. martyrs Pelée & Nile.
20 Sainte Faute & S. Evelaſe , martyrs.
21 S. Matthieu , apôtre & évangeliſte.
22 S. Maurice & ſes compagnons.
23 Sainte Thecle , vierge.
24 Saint Gerard , évêque & martyr.
25 S. Firmin , évêque & martyr.
26 S. Cyprien & ſainte Juſtine , martyrs.
27 S. Coſme & S. Damien , martyrs.
28 Sainte Euſtoquie , vierge.
29 Saint Michel , archange.
30 Saint Jerôme , docteur de l'égliſe.

OCTOBRE.

1 Saint Remi , archevêque.
2 Saint Leger , évêque & martyr.
3 S. Maximien , évêque & martyr.
4 S. François d'Aſſiſe.
5 S. Placide & ſes compagnons.
6 S. Bruno , fondateur des Chartreux.
7 Les SS. Sergius & Bacchus , martyrs.
8 Sainte Pelagie , pénitente.
9 Saint Denis , premier évêque de Paris.
10 Saint Cerboney , évêque.
11 Saint Gomer , confeſſeur.
12 S. Willerid , évêque.

13 Saint Venant, abbé.
14 S. Fortunat, évêque.
15 Sainte Therese, vierge.
16 Saint Gal, abbé.
17 Les SS. Martinien & Saturien, martyrs.
18 Saint Luc, évangeliste.
19 S. Aquilin, évêque.
20 Saint Artene, martyr.
21 Saint Hilarion, abbé.
22 S. Marc, évêque & martyr.
23 S. Severin de cologne.
24 S. Magloire, martyr.
25 SS. Crepin & Crepinien, martyrs.
26 SS. Rogatien & Felicissime, martyrs.
27 Saint Frumente, évêque.
28 S. Simon & S. Jude, apôtres.
29 Saint Narcisse, évêque.
30 Saint Serapion, évêque.
31 Saint Quentin, martyr.

NOVEMBRE.

1 Tous les Saints.
2 La commémoration des morts.
3 Saint Marcel, évêque.
4 Saint Charles, cardinal.
5 Saint Malachie, archevêque.
6 Saint Leonard, confesseur.
7 Saint Willebrod, évêque.
8 Saint Godefroy, évêque.
9 Saint Theodore, martyr.
10 Saint Juste, évêque.
11 Saint Martin, évêque.
12 Saint Martin, pape & martyr.
13 Saint Brice, évêque.
14 S. Laurent, primat d'Irlande.
15 S. Maclou ou Malo, évêque.
16 Saint Esme, évêque.
17 Saint Gregoire de Tours.
18 Saint Ode, abbé.
19 Sainte Elisabeth de Hongrie.

20 Saint Edmont, roi & martyr.
21 La préſentation de la ſainte Vierge.
22 Sainte Cecile, vierge & martyr.
23 Saint Clement, pape & martyr.
24 S. Pourcain, abbé.
25 Sainte Catherine, vierge & martyre.
26 S. Pierre Alexandrin, martyr.
27 Saint Maxime, évêque.
28 Saint Etienne le jeune.
29 Saint Saturnin, évêque & martyr.
30 Saint André, apôtre.

DECEMBRE.

1 Saint Eloy, évêque.
2 Saint Pierre Chryſologue.
3 Saint Eloque, abbé.
4 Sainte Barbe, vierge & martyre.
5 Saint Sabas, abbé.
6 Saint Nicolas, évêque.
7 S. Serve & ſainte Victoire, MM.
8 La conception de la ſainte Vierge.
9 Sainte Gorgonie.
10 Sainte Eulalie, vierge & martyre.
11 Saint Daniel, ſtylite.
12 Les SS. Epimaque & Alexandre, martyrs.
13 Sainte Lucie, vierge & martyre.
14 S. Nicaiſe & ſainte Eutropie, MM.
15 Saint Valerien, évêque & martyr.
16 Saint Adon, archevêque.
17 Sainte Olympiade, veuve.
18 Saint Gatien, évêque.
19 Saint Nemeſe, martyr.
20 Saint Philogone, évêque.
21 Saint Thomas, apôtre.
22 Saint Iſchirion, martyr.
23 Saint Servule.
24 Sainte Tarſille, vierge.
25 La nativité de N. S.
26 S. Etienne, premier martyr.
27 S. Jean, apôtre & évangeliſte.

28 Les SS. Innocens.
29 S. Thomas, archevêque de Cantorbie.
30 S. Sabin, évêque & martyr.
31 Saint Silveftre, pape.

Toutes les eftampes de cette fuite fe montent à 379 petits fujets : elles ont chacune 1 pou. 5 lig. de haut fur 1 pou. 9 lig. de long.

Elles fe trouvent communément par tout, mais comme il y en a eu beaucoup d'éditions, & qu'à celle de 1721 chez Chereau & Lamelle, les planches ont été retouchées & défigurées au point de ne pouvoir plus y reconnoitre la touche fpirituelle de le Clerc, on fent affez que ces dernieres & mauvaifes épreuves ne doivent point trouver place dans un œuvre de ce maitre, & qu'il faut les avoir de l'édition de 1686, ou au moins de celle de 1687, quand on ne peut pas trouver des premieres épreuves, avant ces éditions.

✗ 212. Les conquêtes du Roi en 28 pieces, gravées par le Clerc, ou par Chatillon, d'après les deffeins de le Clerc [1]. Plus deux grandes bordures en hauteur fervant de paffe-par-tout à ces planches. 1

Bordure en forme de paffe par-tout propre à recevoir chacune de ces 28 eftampes. Au haut eft un ovale en travers deftiné à renfermer le plan de la ville ou de la bataille. Au deffous, un grand quarré pour le principal fujet, foit fiége ou bataille, laiffant un vuide de 8 pou. 4 lig. de haut fur 9 pou. 7 lig. de longueur. Au bas du fujet un petit cartel ovale, pour le nom de la ville affiégée ; & au-deffous un grand quarré long, formant une efpece de piedeftal ou de foubaffement dont le milieu eft vuide, pour y

---

[1] Quelques amateurs peu éclairés, ou peu délicats dans leur choix, joignent dans l'œuvre de le Clerc, aux 28 pieces de cette fuite, dix autres planches deffinées & gravées par Jean Dolivar, H. Colin, Daniel Marot, &c. repréfentant le paffage du Rhin, Maftricht, Befançon, Dole, fortie de la garnifon de Dole, &c. mais il ne faut avoir que des yeux pour juger que ces dix pieces ne doivent point entrer dans l'œuvre de notre artifte.

inscrire le récit abrégé du siége ou de la bataille gagnée.
Au haut de cette grande bordure, aux deux côtés de l'o-
vale où est le plan, sont deux Renommées assises, celle à
gauche tenant une trompette d'une main, & ayant l'autre
appuyée sur un enroulement [1], celle à droite tenant
deux trompettes, une de chaque main. Aux deux côtés
de la bordure, des trophées d'armes & d'instrumens militaires : au bas deux esclaves nuds enchaînés.

Haut. totale du cuivre 16 pou. 1 lig. larg. 13 pou. 10 lig.

Autre bordure en hauteur, servant de passe-par-tout.

Au haut de celle-ci est un cartel octogone en largeur,
pour le plan du siége ou de la bataille, en petit. Au-dessous
une grande bordure quarrée pour le sujet principal, dont
le vuide a 8 pou. 4 lig. de haut sur 9 pou. 9 lig. de long.
Au bas, un grand cartel dont le vuide est ovale en longueur, pour le récit historique du sujet. Au haut, des
deux côtés du cartel octogone, sont deux Renommées
assises sur des trophées de drapeaux & enseignes militaires :
dont l'une à droite sonne de la trompette, & celle à gauche la tient posée sur son genou gauche, le pavillon en
l'air.

Haut. totale du cuivre 16 pou. 3 lig. larg. 13 pou. 11 lig.

1. Orsoy, assiégé par le Roi en personne, & pris le 3
juin 1672. Dessiné par le Clerc, gravé par Chatillon.

2. Burick, pris par le vicomte de Turenne, le 3 juin
1672. Dessiné par le Clerc, gravé par Louis Chatillon.

3. Rhinberg, pris par le Roi, le 6 juin 1672. Dess. par
le Clerc, gravé par Louis Chatillon.

Chez M. Paignon, dessein original de ce siége, par le

____

[1] Chez Madame de Bandeville, chez M. Paignon, & chez M. le
Normant du Coudray, à Orléans, on voit au siége de Rées, où cette
bordure est employée, une différence considérable dans le haut de la
bordure, où sont deux Renommées assises ; elles tiennent chacune une
trompette d'une main, & l'autre est appuyée sur des enroulemens, aux
épreuves ordinaires : au lieu que dans celles-ci, qui sont les premières
épreuves, leur main est appuyée sur des cornes d'abondance d'où sortent en quantité des couronnes, des médailles, des pieces de monnoie d'or & d'argent, des épées, des bâtons de maréchal de France, &
des colliers des ordres du Roi. Aux épreuves ordinaires, ces cornes
d'abondance sont changées en enroulement, & ces richesses de toute
espece, en palmes & en diverses couronnes passées dans des branches
de laurier.

1686.

Clerc, au crayon rouge, lavé par deſſus à l'encre de la Chine, de même grandeur que la gravure.

+4. Rées pris par le prince de Condé, le 8 juin 1672. Deſſiné & gravé par le Clerc. —

Chez M. le N. D. C. à Orléans, on remarque pluſieurs changemens faits ſur cette planche, tant pour la fuméo qui fort des canons de la ville, que ſur le devant de la terraſſe qui eſt beaucoup moins ombrée dans l'épreuve qu'il poſſede. Mais la différence la plus conſidérable eſt celle de la bordure dont nous avons fait mention ci-deſſus (note 1 de la page précédente).

+5. Le fort de Schenck, aſſiégé & pris par le vicomte de Turenne, le 19 juin 1672. Deſſiné & gravé par le Clerc.

6. Doesbourg aſſiégé & pris par le Roi, le 21 juin 1672. Deſſiné par le Clerc & gravé par Chatillon.

7. Utrecht livrée au marquis de Rochefort, le 24 juin 1672. Deſſinée par le Clerc, gravée par Chatillon.

+8 Nimegue aſſiégée & priſe au bout de huit jours par le vicomte de Turenne, le 8 juillet 1672. Deſſinée & gravée par le Clerc.

9. La priſe de l'ouvrage à corne de Maſtrich, par le Roi, le 27 juin 1673. Deſſiné par le Clerc, gravé par Chatillon.

+10. Grey aſſiégé & pris en cinq jours par le Duc de Navailles, le 28 février 1674. Deſſiné & gravé par le Clerc.

+11. La bataille donnée . Sinthzheim dans le Palatinat par le vicomte de Turenne, contre le Duc de Lorraine & le comte de Caprara, le 16 juin 1674. Deſſinée & gravée par le Clerc.

12. Salins aſſiégé & pris en huit jours par le duc de la Feuillade, le 22 juin 1674. Deſſiné par le Clerc, gravé par Louis Chatillon.

+13. La bataille de Seneſſe donnée par le prince de Condé contre l'armée des confédérés, le 10 août 1674. Deſſinée & gravée par le Clerc.

Chez M. le N. D. C. à Orléans, épreuve avant l'ombre miſe ſur un des brancards du fourgon qui eſt à gauche ſur le devant de l'eſtampe : avant des ombres ajoutées & fortifiées ſur tous les devants des terraſſes, ſur le ſecond plan, & en divers autres endroits de l'eſtampe.

14. Messine secourue par le duc de Vivonne, le 11 février 1675. Dessinée & gravée par le Clerc.

Chez Madame de Bandeville, le dessein original de cette planche, par le Clerc, au crayon rouge, avec un léger lavis d'encre de la Chine par dessus le crayon.

15. Dinant pris par le maréchal de Crequi, le 19 mai 1675, & son château dix jours après. Dessiné par le Clerc, gravé par Louis Chatillon.

16. Huy rendu au marquis de Rochefort, le premier juin 1675, & son château pris six jours après. Dessiné par le Clerc, & gravé par L. Chatillon.

17. Agousta, assiégé & pris par le maréchal de Vivonne, le 17 août 1675. Dessiné & gravé par le Clerc.

18. Bouchain assiégé & pris par le duc d'Orléans, le 11 mars 1676. Dessiné & gravé par le Clerc.

19. La bataille navale donnée près d'Agouste, le 22 avril 1676, où M. du Quesne vainquit l'amiral Ruiter, qui mourut peu de jours après de ses blessures. Dessinée & gravée par le Clerc.

20. La bataille de Palerme, où le duc de Vivonne défit & brûla les deux flottes Espagnole & Hollandoise dans le port de Palerme, le 2 juin 1676. Dessinée & gravée par le Clerc.

21. Aire assiégé & pris en cinq jours par le maréchal d'Humieres, le 31 juillet 1676. Dessiné par le Clerc, gravé par Louis de Chatillon.

Chez M. Paignon, dessein original de ce siége, par le Clerc, au crayon rouge, lavé par dessus à l'encre de la Chine : même grandeur que l'estampe.

22. L'Escalette, place forte assiégée & prise en quinze jours, par le duc de Vivonne, le 8 Novembre 1676. Dessinée & gravée par le Clerc.

23. Cambray assiégé & pris par le Roi en personne, le 5 avril 1677. Dessiné par Seb. le Clerc, gravé par Louis Chatillon.

24. La bataille de Cassel donnée par le duc d'Orléans contre le prince d'Orange, le 11 avril 1677. Dessinée & gravée par le Clerc.

Chez M. le N. D. C. à Orléans, une épreuve avant les tailles & les ombres qui ont été passées sur la majeure

1686.

partie de l'estampe : c'est une espece d'eau-forte.

25. Dehors de la citadelle de Cambray prise par le Roi au bout de dix jours de tranchée, le 20 avril 1677. Dessiné par le Clerc, gravé par L. Chatillon.

26. Saint Omer assiégé & pris par le duc d'Orléans, le 10 avril 1677. Dessiné par le Clerc, gravé par L. de Chatillon.

27. Fribourg en Brisgaw assiégé par le maréchal de Crequy, & pris en sept jours de tranchée, le 17 novembre 1677. Dessiné par le Clerc, gravé par Louis Chatillon.

28. La citadelle d'Ypres assiégée & prise par le Roi, le 25 mars 1678. Dessinée par le Clerc, gravée par Chatillon [1].

Chez M. l'avocat Lachez, dessein original par le Clerc de ce siége, lavé à l'encre de la Chine.

Haut. du dessein 8 pou. 6 lig. long. 9 pou. 9 lig.

Chez le même, dessein original par le Clerc du siége de Cordt sur l'Escaut, qui n'a pas été gravé, lavé à l'encre de la Chine.

Haut. du dessein 8 pou. 6 lig. long. 9 pou. 8 lig.

1687.

4213. Réception du Roi à l'hôtel-de-ville de Paris, aprés avoir remercié Dieu dans l'église cathédrale de N. D. pour le rétablissement de sa santé, le 30 janvier 1687.

Il y a six médaillons sur cette planche, dessinés & gravés par le Clerc. Dans celui d'en-haut, qui est tout seul, on voit le portrait de Louis XIV, âgé de près de 40 ans, tourné de profil, regardant vers la droite. Au rang qui est au-dessous, on voit dans le médaillon, à gauche,

----

[1] Comme il n'y a eu que deux passe-par-tout pour ces 28 planches, & qu'il a fallu que chacune servît à 14 siéges différens, on pense bien que si ces 28 pl. ont été usées & retouchées, les deux passe-partout l'ont été bien davantage : c'est pourquoi il seroit nécessaire, pour la beauté d'un œuvre de le Clerc, d'avoir une premiere épreuve de chacune de ces deux planches tirée avant qu'elle ait servi de passe-partout, comme on en voit une chez M. Paignon.

le Roi au retour de l'église cathédrale de Paris, marchant à pied le long d'une haie de cent Suisses armés de hallebardes. Dans le médaillon, à droite, le Roi arrivant en carrosse à l'hôtel-de-ville. Dans le rang au-dessous on voit, à gauche, le Roi harangué par les officiers de ville, avant que d'entrer dans l'hôtel-de-ville : à droite, le repas dans la grande salle du même hôtel, où le Roi est traité par la ville, & servi par les officiers de ville. Dans le dernier médaillon, qui est tout seul en bas, au quatrieme rang, en lit l'inscription suivante : *Ludovico Magno quod solutis in æde Dei paræ pro restituta salute votis, in basilica Parisiensi trasfecto & ædil. ministrantib. publice epulari voluerit. XXX Januar. MDCLXXXVII.* &c. Au-dessous de ces six médaillons est une très jolie vue de la ville de Paris prise du pont royal, où les lointains sont détaillés avec un art & des détails infinis.

Haut. de la planche 13 pou. 10 lig. larg. 9 pou. 6 lig.

Il y a une copie de cette estampe faite par Ertinger, dont les figures reviennent du même sens, qui est imitée à pouvoir s'y tromper.

Cette estampe se trouve communément par tout : chez M. Jombert on voit à côté la copie d'Ertinger. Chez M. Paignon, le dessein original de cette estampe par le Clerc, lavé à l'encre de la Chine, extrémement précieux pour le fini, détaillé comme la gravure, & de même grandeur.

+214. Monument érigé à la gloire du Roi dans l'hôtel-de-ville de Troyes. MDCLXXXVII.

C'est un médaillon dans lequel est le portrait du Roi, porté par un corps d'architecture accompagné de trophées & de médailles, de la composition de François Girardon, sculpteur célebre, originaire de Troyes, dessiné & gravé par le Clerc. On voit écrit dans la table, au-dessous du médaillon, sept vers françois qui commencent ainsi :

 C'est ce Roy si fameux dans la paix, dans la guerre,
  Qui seul fait à son gré le destin de la terre, &c.

Au-dessous, en trois lignes, plus petits caracteres, est la dédicace de Girardon, & au bas de l'estampe, l'adresse

du marchand en une feule ligne ; & le nom de S. le Clerc
à droite, au deſſus des quatre denticules qui terminent
ce monument par en-bas.

Haut. du cuivre 7 pou. 10 lig. larg. 5 pou. 3 lig.

Il faut avoir cette eſtampe avant le titre en capitales qui
eſt au haut de la planche, avant les trois lignes de la dédicace, avant le nom de le Clerc, & avant l'adreſſe de
Martinot, au bas de la planche.

Au cabinet des eſtampes du Roi, trois épreuves différentes. 1°. Avant toutes lettres. 2°. Avec la lettre, mais
avant les trois lignes de la dédicace. 3°. Avec ces trois
lignes & les ſept vers au-deſſus, ſans le titre, ſans le nom
de le Clerc, & ſans l'adreſſe de Martinot.

Chez Madame de Bandeville, MM. Paignon & Jombert, deux épreuves ſeulement, avant le titre en capitales,
avant les trois lignes de la dédicace, avant le nom de le
Clerc & l'adreſſe de Martinot, & avec toutes ces choſes.

X †215. Deſcription des tableaux de la galerie de
Verſailles, par Rainſſant. *in-quarto* Paris. Muguet.
1687.

†1. Fleuron du titre. On y voit les armes du Roi ſoutenues par des ailes, accompagnées d'un trophée de
palmes, de lauriers, de couronnes, de trompettes, &
autres attributs de la victoire.

Haut. du cuivre du fleuron 2 pou. 2 lig. long. 4 pou.
4 lig.

†2. Le même fleuron deſſiné plus en grand & gravé par
le Clerc, avec beaucoup de changemens, formant une
vignette *in-quarto*, dont le fond eſt ombré, & entourée d'un
ſimple trait. Derriere le trophée eſt un ſoubaſſement ou
arriere-corps d'architecture, ombré d'une taille, & portant une ombre à deux tailles croiſées ſur le fond, du côté
gauche.

Quoique cette vignette repréſente le même ſujet que le
fleuron ci-deſſus, toute la compoſition en eſt changée, &
les palmes, trompettes, branches de lauriers, couronnes, &c, ſont grouppées autrement ici.

Haut. de cette vignette 2 pou. 6 lig. long. 4 pou. 9 lig.

Cette

Cette vignette rariſſime ne ſe voit que chez M. le Normant du Coudray, à Orléans.

3. Vignette du commencement du livre. On y voit le médaillon du Roi attaché au piedeſtal d'un obéliſque, environné de quantité de figures allégoriques aux ſciences & aux arts. Dans le fond on voit une partie du château de Verſailles : deſſiné par le Brun & gravé par le Clerc.

Haut. 2 pou. long. 3 pou. 9 lig.

Différences dans l'ombre ajoutée ſur le ciel, à droite : dans des arbres & une figure ajoutés au tableau qui eſt ſur un chevalet, à droite : dans le pavé du devant de l'eſtampe qui eſt ombré par compartimens : dans des ombres ajoutées à la tête & au bras de la Minerve qui eſt debout à côté du médaillon du Roi : dans des tailles ajoutées ſur le livre & ſur le bras de l'Hiſtoire qui écrit, vers la gauche de l'eſtampe, &c.

4. Lettre A accompagnée de deux palmes liées enſemble par un ruban dont les bouts voltigent. Le fond eſt ombré d'une ſeule taille, & le tout eſt entouré d'une légere bordure d'ornement.

Grand. 13 lig. en quarré.

5. Vignette du ſallon de la paix. On voit ici cette déeſſe bienfaiſante aſſiſe, tenant d'une main une thiare papale, & de l'autre une corne d'abondance. A ſes côtés ſont la Religion & la Juſtice : plus loin des enfans repréſentant les arts. *C. le Brun in. S. le Clerc.*

Haut. 1 pou. 11 lig. long. 3 pou. 8 lig.

Différences dans une ſtatue élevée ſur un corps d'architecture, à droite, qui a été effacée aux dernieres épreuves : dans des ombres ajoutées ſur la draperie au-deſſus de la principale figure : dans des tailles ajoutées dans le ciel, qui a été ombré à différentes repriſes.

Chez M. Jombert on voit quatre épreuves différentes de cette vignette.

Chez M. Paignon, deſſein original de le Clerc, au crayon rouge, lavé par deſſus à l'encre de la Chine, de même grandeur que la gravure.

6. Lettre C : on y voit le ſoleil rayonnant de lumiere, dans ſon char, tiré ſur des nuages par trois chevaux attelés de front : le tout entouré d'une petite bordure.

Part. II.   D

Grand. 13 lig.

+7. Vignette du fallon de la guerre : on y voit cette déeſſe meurtriere, l'épée à la main, le bouclier au bras gauche, le caſque en tête, emportée dans un char par deux chevaux fougueux, qui renverſent tout ce qu'ils rencontrent, & paſſent par deſſus des corps morts ou expirans, au milieu des flammes & des débris des monumens les plus ſacrés. C. le Brun in. S. le Clerc ſculp.

Haut. 1 pou. 11 lig. long. 3 pou. 8 lig.

Différences dans des ombres fortifiées & d'autres ajoutées ſur les fumées & à divers endroits de l'eſtampe. Chez Madame de Bandeville, il y en a une épreuve qui paroit une eau-forte par comparaiſon avec les épreuves ordinaires.

Chez M. Paignon, deſſein original par le Clerc, au crayon rouge, avec un lavis par deſſus, à l'encre de la Chine, même grandeur que la gravure.

+8. Lettre I. repréſentant une Renommée volant par les airs, & ſonnant de la trompette, le tout entouré d'une bordure d'ornement.

Haut. 14 lig. larg. 13 lig.

Chez M. Paignon, deux épreuves différentes de cette lettre griſe, dont l'une paroit une eau-forte, tout y étant gravé à une ſimple taille, au lieu qu'il y a par-tout des tailles croiſées dans l'autre.

+9. Cul-de lampe d'un bouclier antique ſur lequel on voit le chiffre du Roi : il eſt ſurmonté d'un caſque ouvert, vu en face, avec deux épées en ſautoir.

Haut. du cuivre 2 pou. 9 lig. long. 3 pou. 3 lig.

+10. Autre cul-de-lampe d'un bouclier aux armes de France, ſurmonté d'une couronne royale & de deux palmes en ſautoir.

Même grandeur.

Cette ſuite, une des plus curieuſes de l'œuvre de le Clerc, ſe trouve par-tout, mais éparpillée de côté & d'autre. Au cabinet des eſtampes du Roi, il y a une épreuve de chaque planche. Chez Madame de Bandeville, deux épreuves des deux vignettes de la paix & de la guerre. Chez MM. Paignon & Jombert, trois épreuves de chacune.

Chez M. Paignon, on trouve dans l'œuvre de le Clerc un trait gravé de la moitié de la galerie de Verſailles, vue

dans sa longueur, dessinée très en petit. Le cuivre porte
9 pou. 9 lig. de haut sur 12 pou. de long. Cette estampe
provient du cabinet de M. Potier, & elle fait partie de
l'art. 470 du catalogue de sa vente, faite en 1757 ; elle est
annoncée comme une piece de le Clerc fort rare. Malgré
cette autorité, il est fort douteux qu'elle soit gravée ni
même dessinée par cet artiste.

116. Histoire métallique de la république de
Hollande, par Bizot. *In-folio*. Paris. Horthe-
mels. 1687.

1. Le frontispice formé par un grand corps d'architecture décoré de quatre colonnes d'ordre Corinthien, accouplées deux à deux sur le même piedestal, portant un
entablement avec un soubassement en attique au-dessus, sur
lequel sont les portraits des cinq Stadhouders de cette république, dans des médaillons. Le tout est terminé par un
grouppe d'attributs de la Hollande, désignée par deux
lions tenant un faisceau de fleches, accompagnés d'étendarts & d'armes de différente espece : l'entablement & les
entre-colonnes sont ornés de sept médaillons où l'on voit
les armes des sept provinces unies. Au milieu de ce corps
d'architecture est la Hollande, sous la figure d'une femme
assise, élevée sur un piedestal circulaire, tenant un sceptre
couronné du chapeau de la liberté. Aux deux côtés, sur
les deux piedestaux qui portent les colonnes couplées, sont
deux bas-reliefs [1] : sur celui qui est à gauche on voit un
combat de cavalerie, & des bataillons d'infanterie dans
une plaine, avec une ville dans le fond : sur celui qui est
à droite, on voit dans le lointain une ville assiégée, &
cinq bombes en l'air, prêtes à tomber sur cette place. Sur
le devant deux cavaliers & quantité de soldats à pied.

---

[1] Ces deux bas reliefs qui ont chacun 8 lig. de haut sur 16 lignes
de long, se voient dans l'œuvre de le Clerc, chez Madame de Bandeville, coupés de l'estampe ci-dessus, & mis à part comme deux
vignettes très-rares ; mais ils appartiennent au frontispice ci-dessus
dont ils font partie.

1687.

Ce frontispice est dessiné par le Clerc & gravé par Lalouette, à la réserve des deux bas-reliefs sur les piedestaux & des lointains, qui sont gravés par le Clerc.

Haut. 10 pou. 9 lig. larg. 7 pou. 1 lig.

Chez M. Jombert, le dessein original de cette estampe; par le Clerc, lavé à l'encre de la Chine, de même grandeur que la gravure : les 14 médaillons sont blancs, & il n'y a rien de dessiné sur les piedestaux où devroient être les bas-reliefs. M. Jombert tient ce dessein de la générosité de M. Joullain fils, à qui il appartenoit, & qui lui en a fait présent.

2. Vignette de l'épître dédicatoire, où l'on voit, à droite, une Minerve ailée, assise, tenant une couronne de lauriers au-dessus d'un cartel où sont les armes de Colbert. Le fond représente le bombardement de Gênes. Au-dessus est écrit: *Genua fulminata*. Dessiné par le Clerc. Le devant de l'estampe est gravé par Lalouette, & le fond, par le Clerc.

Haut. 2 pou. 3 lig. long. 5 pou. 7 lig.

3. Grande lettre M pour l'épître dédicatoire. On voit derriere un beau trophée d'armes de toute espece sur un fond sablé ou pointillé. Il y a autour une large bordure enrichie de fleurs-de-lys & de coquilles de l'ordre de Saint Michel.

Grandeur 2 pou. 1 lig. en quarré.

4. Vignette du commencement du livre, où l'on voit les confédérés des états de Hollande qui présentent un écrit à Marguerite d'Autriche, gouvernante des Pays-Bas sous Philippe II, roi d'Espagne. Dessinée par le Clerc, gravée par Lalouette.

Haut. 2 pou. 3 lig. long. 5 pou. 7 lig.

5. Vignette où l'on voit à gauche, sur le devant, le dieu Mars à demi-couché par terre, le coude droit appuyé sur un tambour. Plus loin, vers la droite, des génies ailés qui s'arment & se préparent au combat. Au-dessus de Mars on lit : *miratur telis æmula tela suis*. Dessinée par le Clerc, gravée par Lalouette.

Haut. 2 pou. 3 lig. long. 4 pou. 6 lig.

Différence dans le drapeau porté par un génie, à droite, ombré d'une seule taille : aux premieres épreuves ce dra-

peau eſt blanc : on y a enſuite gravé des fleurs-de-lys ; enfin on y a ſubſtitué le lion de la Hollande.

Chez M. Paignon, trois épreuves avec ces différences.

6. Grande lettre T. Le fond repréſente un port de mer.
A gauche, l'angle ſaillant d'un baſtion, dans la demi-
teinte. A droite, partie d'un grand vaiſſeau, armé de ſes
agréts. Il y a autour une bordure d'ornement aſſez large.

Grand. 2 pou. 1 lig.

7. Grand cul-de-lampe à la fin de la premiere partie :
ſur le devant, une femme aſſiſe, repréſentant la Hollande,
tenant d'une main l'écu des armes de la ville d'Amſterdam,
& de l'autre une branche de laurier. Les deux lions Bel-
giques ſont à ſes côtés. Dans le lointain, on voit le port &
la ville d'Amſterdam, capitale de la Hollande, aſſiégée par
terre & par mer. Deſſiné par le Clerc, qui a gravé le fond
de cette eſtampe, le reſte eſt gravé par Lalouette. Au haut
eſt écrit : ſalutem & cives ſervare potens.

Haut. du cuivre 6 pou. 3 lig. larg. 5 pou.

Différence dans le ciel qui eſt tout blanc aux premieres
épreuves & qui eſt ombré d'une taille aux épreuves ordinaires.

Chez Madame de Bandeville, deux épreuves, l'une
avant aucune lettre, & le ciel tout blanc, l'autre avec la
lettre gravée ſur la légende, au haut de la planche, & le
ciel ombré.

8. Petit cul-de-lampe formé par un cartel entouré de
drapeaux, ancres, rames, &c. Le dedans du cartel repréſente un combat entre quelques vaiſſeaux. Ce fond paroit deſſiné par le Clerc. Cependant cette derniere piece eſt
douteuſe. Au haut ſur une légende eſt écrit : tuta ſalus bello.

Haut. 3 pou. 7 lig. long. 4 pou. 4 lig.

Les autres culs-de-lampe, ainſi que les médailles &
autres ornemens dont ce livre eſt rempli à chaque page,
n'étant ni deſſinés ni gravés par le Clerc, ne doivent point
trouver place dans ſon œuvre.

✗ †217. Les annales de Toulouſe, par la Faille.
En deux volumes *in-folio*. Toulouſe. Colomyez.
1687. 1701.

1687.

1. Fleuron du titre pour le tome I [1]. Une Minerve assise par terre, le coude droit appuyé sur les armes de Toulouse, tenant de la main gauche un grand étendart aux armes de France. Au haut est écrit : *Palladium Tolosanum.* Le Clerc f.

Haut. du cuivre 2 pou. 4 lig. long. 4 pou.

2. Vignette pour l'épitre dédicatoire à M. Gaspard de Fieubet. On voit ses armes dans un médaillon, avec cette devise : *fortiter ad alta.* Aux deux côtés du médaillon, deux grandes figures assises, dont l'une à droite représente la Prudence avec des livres ouverts à ses pieds; l'autre, à gauche, la Justice tenant dans ses mains la balance & l'épée : on voit un lion couché à côté d'elle. *S. le Clerc f.*

Haut. 2 pou. 3 lig. long. 5 pou. 10 lig.

3. Lettre C dont le fond est ombré d'une seule taille. Sur le devant, deux génies s'amusent avec un mouton porté en l'air sur une draperie attachée par les deux bouts au haut de l'estampe, qui est entourée d'une bordure d'ornement formée par un ruban tortillé.

Grand. 1 pou. 8 lig. en quarré.

4. Cul-de-lampe à la fin de l'épitre dédicatoire : c'est un grand ange femelle debout & habillé, les bras & les jambes nuds, tenant des deux mains deux écus, dans lesquels il y a à gauche les armes de France, & à droite celles de la ville de Toulouse. *S. le Clerc f.*

Haut. 2 pou. long. 2 pou. 4 lig.

5. Cul-de-lampe de la fin de la préface : on y voit la Justice assise sur un trône porté sur des nuages, tenant la balance d'une main & l'épée de l'autre [2]. *S. le Clerc f.*

6. Vignette de l'abrégé de l'histoire de la ville de Toulouse : on y voit des guerriers à cheval qui partent pour la campagne, & qui sont déjà hors des murs de la ville. Dans le lointain, on fait un sacrifice pour la prospérité de leurs armes. *S. le Clerc f.*

Haut. 2 pou. 3 lig. long. 5 pou. 10 lig.

---

(1) Ce même fleuron a servi aussi au titre du tome II, mais la planche est usée & retouchée à ce second volume.

(2) Ce même cul-de-lampe a servi aussi à la fin de l'abrégé de l'ancienne histoire de la ville de Toulouse, dans le même ouvrage.

1687.

47. Lettre L au-deſſous de cette vignette. A droite, ſur
le devant, une groſſe tour ronde, élevée ſur un terrein
environné d'eau, & terminée par le haut, par trois petites
tourelles. Plus loin, à gauche, on voit une partie d'une
pareille tour. Le tout renfermé dans une bordure d'ornement.

Grand. 1 pou. 8 lig. en quarré.

48. Vignette de la premiere partie des annales. On y voit
un roi de France aſſis ſur ſon trône, environné de ſes
miniſtres : un homme en robe à genoux, la tête nue, lui
prête ſerment de fidélité ſur le livre des évangiles. Dans le
fond la reine aſſiſe ſous un dais, une baluſtrade devant elle.

Haut. 2 pou. 3 lig. long. 5 pou. 10 lig.

Chez Madame de Bandeville, le deſſein original de cette
vignette, par le Clerc, au crayon rouge, avec un lavis à
l'encre de la Chine par deſſus le crayon.

49. Lettre S de deux petits anges, dont l'un eſt aſſis &
l'autre debout, tenant la banniere de Toulouſe, qui eſt
une croix fleuronnée ſur un plateau rond, emmanchée au
bout d'un long bâton. Il y a autour une légere bordure
d'ornement.

Grand. 1 pou. 8 lig.

410. Cul-de-lampe pour la fin de la premiere partie des
annales. Ce ſont deux petits anges tout nuds aſſis ſur deux
cornes d'abondance, d'où ſortent des fruits. Ils tiennent
un cartel aux armes de Toulouſe, entouré de branches de
laurier.

Haut. 2 pou. 8 lig. long. 2 pou. 10 lig.

411. Vignette de la diſſertation ſur l'or de Toulouſe. On
y voit les Romains qui pêchent au fond du lac de Toulouſe tous les vaſes d'or & d'argent que les habitans de
cette ville y avoient jettés par le conſeil de leurs augures.

Haut. 2 pou. 3 lig. larg. 5 pou. 10 lig.

412. Lettre M couverte d'un manteau ducal, avec un
faiſceau d'armes des Romains tout debout. Le tout entouré d'une bordure d'ornement.

Grand. 1 pou. 8 lig.

413. Cul-de-lampe de deux enfans aſſis en regard au
pied d'un grand vaſe très-riche, tenant chacun une eſpece
de banniere, au haut de laquelle eſt la croix de Toulouſe

D iv

sur un plateau ovale. Au pied du vase, sont des enroulemens d'où pend une draperie, avec une fleur-de-lys.

Haut. 2 pou. 7 lig. larg. *idem.*

 14. Vignette des titres & actes servant de preuves. On y
voit plusieurs magistrats & ecclésiastiques de la ville de
Toulouse qui viennent faire le serment de fidélité à un
prince entouré de ses gardes. *S. le Clerc f.*

Haut. 2 pou. 3 lig. long. 5 pou. 10 lig.

 15. Grande lettre I surmontée d'une couronne de comte:
le fond est tapissé d'une grande draperie doublée d'hermine. Au pied de l'I est une Minerve assise, tenant une
pique d'une main, & ayant l'autre appuyée sur son bouclier. Le tout est entouré d'une petite bordure.

Grand. 1 pou. 8 lig.

 16. Cul-de-lampe de la fin des titres, qui termine le
premier volume. Sur un plateau porté par deux enroulemens qui se terminent en cul-de-lampe par le bas, on
voit deux enfans, dont l'un part pour la guerre, le drapeau sur l'épaule, l'autre lui dit adieu en pleurant. *S. le
Clerc f.*

Haut. 3 pou. 1 lig. larg. *idem.*

 17. Vignette pour le tome II [1]. Une Minerve assise
tenant sur ses genoux l'écu des armes de Toulouse. A ses
côtés sont huit médaillons remplis par les armes des capi-
touls de cette ville.

Haut. 2 pou. 8 lig. long. 6 pou. 2 lig.

 18. Grande lettre P avec la croix de Toulouse, entourée d'une bordure d'ornemens.

---

[1] Quoique ce second volume n'ait paru que quatorze ans après le
premier, & qu'il y ait une différence totale dans les vignettes de l'un
& de l'autre volume, pour la composition & le goût de gravure, on
a cru devoir ne les point séparer dans ce catalogue, pour ne point trop
contrarier quelques amateurs à qui cet ordre historique que nous avons
adopté ne déplaît déjà que trop, ayant été obligés, pour le suivre, de
séparer les trois volumes de l'histoire sacrée de Brianville, les trois
parties de l'histoire naturelle des animaux, les devises d'avec les tapisseries, &c. C'est un inconvénient que nous n'avons pu éviter ; mais
il sera réparé par une table des matieres, disposée par ordre alphabétique, où ces mêmes objets se trouveront rapprochés & réunis sous
un même article.

Grand. 1 pou. 8 lig.

+ 19. Vignette du tome II. A gauche, on voit une femme qui repousse le tems dans un cabinet où sont des archives. Dans le fond, plusieurs génies font des recherches sur d'anciennes chartes. *S. le Clerc f.*

Haut. 2 pou. 8 lig. long. 6 pou. 2 lig.

— 20. Lettre A avec la banniere & les deux châteaux des armes de Toulouse : le fond est ombré d'une taille perpendiculaire. Le tout entouré d'une bordure. Cette petite estampe est un peu douteuse.

Grand. 1 pou. 8 lig.

+ 21. Vignette pour le second volume. C'est une marche militaire où l'on voit un commandant ou un général à cheval sous un dais porté par huit magistrats en robe, la tête nue, faisant son entrée dans la ville de Toulouse. *S. le Clerc f.*

Haut. 2 pou. 8 lig. long. 6 pou. 2 lig.

— 22. Lettre A avec un manteau ducal & la banniere de Toulouse. Le tout entouré d'une bordure d'ornement.

Grand. 1 pou. 8 lig. en quarré.

+ 23. Vignette destinée pour cet ouvrage, mais qui n'y a point servi. On y voit un grand prêtre que l'on emmene en captivité, précédé d'une femme qui leve les mains vers le ciel, & suivi de plusieurs petits enfans qui pleurent. Il est accompagné de soldats Romains chargés de coffres & de vases précieux. *Seb. le Clerc f.*

Haut. 2 pou. 3 lig. long. 5 pou. 10 lig.

Il y a des différences considérables à toutes les figures qui sont sur le devant, dont les ombres dans les draperies ont été aggrandies & fortifiées aux dernieres épreuves, au lieu qu'aux premieres elles paroissent presque blanches.

Chez Madame de Bandeville, le dessein original de cette vignette, au crayon rouge, avec un lavis d'encre de la Chine par dessus le crayon, par le Clerc. Même grandeur que la gravure.

— 24. Lettre F qui ne paroit point de le Clerc : on y voit un bélier portant sur son dos la banniere de Toulouse. Elle est entourée d'une petite bordure.

Grand. 1 pou. 8 lig.

+ 25. On termine ordinairement cette suite par un mé-

1687.

daillon allégorique au prix de l'académie de Toulouse, connue fous le nom des *Jeux Floraux*. On y voit un auteur, en pofture de fuppliant, préfentant un morceau de poéfie ou d'éloquence à une Mufe qui fe difpofe à le couronner. Elle eft debout fur une eftrade élevée de quelques marches. Le fond eft ombré d'une taille horifontale. Sur la légende eft écrit : *feel des Jeux Floraux de Toulouse* : il n'y a point d'année fur l'exergue. *Le Clerc in. & f.*

Diametre 2 pou. 8 lig.

On voit une grande partie des eftampes de cette fuite dans les œuvres de le Clerc qui font bien conditionnés, comme au cabinet des eftampes du Roi, chez Madame de Bandeville, chez MM. Paignon, Jombert, &c. Mais elle ne fe trouve nulle part complette & les eftampes réunies, que chez M. Jombert, où toutes les eftampes de l'œuvre de le Clerc font arrangées dans le même ordre qu'ici, enforte que celles de chaque fuite fe trouvent réunies fous le même Nº.

+ 218. Grand médaillon repréfentant une façade du Louvre, fuivant le projet du Cavalier Bernin.

Cette médaille, qui a 4 pou. 2 lig. de diametre, eft portée fur un piedeftal ou corps d'architecture terminé en cul-de-lampe, chargé de palmes & de lauriers d'où fortent des ferpens, & de fept médaillons ovales où l'on voit les fept anciennes merveilles du monde. Sur la légende eft écrit : *majeftati ac æternit. Gall. Imperii facrum.*

Haut. du cuivre 8 pou. 4 lig. larg. 6 pou. 8 lig.

1688.

X + 219. Le Manuel d'Epictete, par Coquelin. *In-douze.* Paris. 1688.

Frontifpice repréfentant ce philofophe affis tenant un livre ouvert. Un ange lui ôte le mafque de l'orgueil qu'il avoit fur le vifage, & lui montre la Religion chrétienne, élevée & affife fur des nuages, éclairée & infpirée par le Saint-Efprit, dont les rayons lumineux percent les nuages qui environnent ce philosophe. Au bas, deux petits enfans (Remus & Romulus) allaités par une louve. Dans le lointain, une ville ornée de grands édifices. *C. le Brun in. Le Clerc f.*

Haut. 4 pou. 9 lig. larg. 3 pou.

Différences dans un pot qui a été ajouté après coup aux pieds de la figure principale, & qui ne se voit point aux premieres épreuves. Dans l'écriture, sur le livre que tient la Religion ; aux premieres épreuves, il n'y a rien d'écrit. Dans le titre en capitales, au-dessous du philosophe : *le manuel d'Epictete.* Ce titre, qui se voit aux premieres épreuves, a été effacé & ne se voit plus aux dernieres ; mais alors elles n'ont aucune valeur, la planche étant usée & retouchée.

Au cabinet des estampes du Roi, deux épreuves, l'une avant le pot, & avant la lettre sur le livre, l'autre avec le pot & le livre écrit. Chez Madame de Bandeville, *idem.* Chez M. Jombert, trois épreuves différentes. Chez M. Paignon, quatre épreuves, 1°. avant le pot & avant l'écriture sur le livre. 2°. Avec le pot, avant l'écriture sur le livre. 3°. Avec le pot, l'écriture gravée sur le même livre. 4°. Le titre : *le manuel d'Epictete,* effacé.

+220. L'incrédulité de S. Thomas,

N. S. est à gauche sur le devant, tout debout, dans un grand sallon décoré de pilastres d'ordre Ionique : S. Thomas s'avance pour regarder la plaie que N. S. lui montre à son côté gauche : les autres apôtres sont debout derriere cet apôtre incrédule. *Seb. le Clerc f.*

Haut. 3 pou. 8 lig. larg. 2 pou. 4 lig.

Différences dans la voûte du plafond où l'on a ajouté vers le haut des doubles tailles croisées : dans une ombre portée sur le pilastre Ionique qui est proche de la porte : dans une autre ombre portée à terre par le corps de S. Thomas : dans une ombre fortifiée au bas de la robe de N. S. par derriere : dans les rayons de lumiere dont N. S. est environné, que l'on a changé de forme : dans des doubles tailles le long du devant de l'estampe, sur le terrein qui touche la bordure par en bas.

Au cabinet des estampes du Roi, chez Madame de Bandeville, chez MM. Paignon, Jombert, &c. deux épreuves,
où l'on remarque toutes ces différences.

+221. Le martyre de Saint Etienne.

Il est à genoux sur le devant de l'estampe, regardant en
l'air un petit ange qui descend du ciel avec une palme &
une couronne, tandis que ses bourreaux l'assomment à
coups de pierres, hors de la ville, dont on voit la porte
& les murailles, à gauche, sur le second plan. Dans le
lointain, un temple en rotonde. *S. le Clerc f.*

Même grandeur que la planche précédente.

Différences dans le nuage d'où sort le petit ange ; il
y a des tailles droites pallées sur le fond du ciel entouré de
ce nuage qui étoit blanc auparavant : dans une double
taille croisée, ajoutée à la partie fuyante des murs de la
ville, entre une tour ronde & une quarrée : dans des tailles
ajoutées à la terrasse qui est à la droite du saint, & à divers
autres endroits sur les devants.

On voit par-tout deux épreuves de cette estampe avec
les différences ci-dessus. Chez M. Paignon, il y a de plus
une copie de cette planche.

+222. Les vies des saints, ou les figures des
saints, avec un abrégé de leurs vies, suivi d'une
pratique facile pour les invoquer tous les jours,
&c. A Messieurs des Congrégations de Notre-
Dame érigées dans les maisons de la Compagnie
de Jésus. Grand *in-octavo*. A Paris, chez Etienne
Gantrel, rue Saint-Jacques, à l'image Saint-
Maur. 1689.

JANVIER.

1. *Circuncisio D. N. Jesu Christi.* 1 januarii.
2. *S. Macarii Ægyptii.* 2 jan.
3. *Sanctæ Genovefæ, virginis.* 3 jan.
4. *S. Gregorii, episcopi.* 4 jan.
5. *S. Eduardi, regis Angliæ.* 5 jan.
6. *Epiphania D. N. J. Christi.* 6 jan.

1688.

7. S. Luciani , martyris. 7 jan.
8. S. Laurentii Justiniani. 8 jan.
9. SS. Juliani & Basilissæ. 9 jan.
10. S. Guillelmi , arch. Bitu. 10 jan.
11. S. Theodosii , abbatis. 11 jan.
12. S. Arcadii , mart. 12 jan.
13. S. Godefridi , confessoris. 13 jan.
14. S. Hilarii , episcopi. 14 jan.
15. S. Pauli , eremitæ. 15 jan.
16. S. Honorati , episc. 16 jan.

MARS.

17. S. Albini , episcopi. 1 martii.
18. S. Caroli , conf. 2 martii.
19. Sanctæ Cunegondis , I. 3 mart.
20. S. Casimiri , conf. 4 mar.
21. S. Phocæ , mart. 5 martii.
22. Sanctæ Colettæ , V. 6 martii.
23. S. Thomæ Aquin. 7 mart.
24. S. Felicis , episcopi. 8 mart.
25. Sanctæ Francifcæ. 9 martii.
26. S. Codrati , mart. 10 mart.
27. S. Eulogii , mart. 11 mart.
28. S. Gregorii , papæ. 12 mart.
29. S. Euphrasiæ , V. 13 mart.
30. Sanctæ Mathildis. 14 mart.
31. S. Longini , mart. 15 mart.
32. S. Abrahami , C. 16 mart.

AVRIL.

33. S. Hugonis , episc. 1 aprilis.
34. S. Franc. de Paula. 2 apr.
35. S. Ricardi , epif. 3 aprilis.
36. S. Zozimi , monachi. 4 apr.
37. S. Vincentii , F. conf. 5 A.
38. S. Guillelmi , abb. 6 apr.
39. S. Calliopii , mart. 7 apr.
40. S. Perpetui , episc. 8 aprilis.
41. Sanctæ Casildis , V. 9 aprilis.

1688.

42. *S. Macarii, epifc. 10 aprilis.*
43. *S. Leonis, papæ. 11 aprilis.*
44. *S. Sabæ, martyris. 12 aprilis.*
45. *S. Juftini, mart. 13 aprilis.*
46. *S. Ermenegildi, M. 14 ap.*
47. *Sanctæ Anaftafiæ, M. 15 ap.*
48. *S. Paterni, episcopi. 16 apr.*

MAI.

49. *S. Philippi, apoftoli. 1 maii.*
50. *S. Anaftafii, episcop. 2 maii.*
51. *Inventio S. Crucis. 3 maii.*
52. *S. Monicæ, viduæ. 4 maii.*
53. *S. Hilarii, archiepifc. 5 maii.*
54. *S. Joan. Damafceni. 6 maii.*
55. *S. Staniflai, epifcopi & mart. 7 maii.*
56. *S. Victoris, martyris. 8 maii.*
57. *S. Gregorii Nazianz. 9 maii.*
58. *S. Gordiani, martyris. 10 maii.*
59. *S. Majoli, abbatis. 11 maii.*
60. *S. Epiphanii, epifcopi. 12 maii.*
61. *S. Joannis Silentiarii, epifc. 13 maii.*
62. *S. Pacomii, confefforis. 14 maii.*
63. *S. Dipnæ, virg. & mart. 15 maii.*
64. *S. Peregrini, epifcopi & martyris. 16 maii.*

Chaque planche avec toute fa bordure & l'impreffion en lettres qui y eft renfermée porte 3 pou. de haut fur 1 pou. 8 lig. de large. La petite eftampe qui eft au haut de la même bordure a feulement 14 lig. de haut fur 17 lig. de large, fans y comprendre l'épaiffeur de la bordure.

Il n'y a dans toute cette fuite que les 64 planches ci-deffus qui font deffinées & gravées par le Clerc : toutes les autres, ainfi que les frontifpices du commencement du livre, font inventées & gravées par Pierre le Pautre & par Dolivar, & la plupart font touchées fort fpirituellement.

Au cabinet des eftampes du Roi, les eftampes de cette fuite font des eaux-fortes avant la retouche au burin, avant la lettre, & avant les titres.

Chez M. Paignon, il y a deux fuites complettes des

64 planches, l'une pure eau-forte, l'autre retouchée au burin.

Chez M. Jombert, la suite complette, bonnes épreuves, quoiqu'avec la lettre derriere & 50 premieres épreuves avant la lettre, dont 41 eaux-fortes pures, où la bordure est entiere, avec la place de l'impression restée blanche.

1689.

+223. Deux grands écrans, en l'honneur de Louis XIV, & de M. le Dauphin, son fils.

1. On voit sur cet écran le portrait de Louis XIV, de profil, dans un médaillon couronné de laurier, porté par l'Histoire assise sur un faisceau de palmes, ayant à ses pieds un livre ouvert, avec un aigle & un lion Autour du médaillon est écrit : Louis le Grand, Roi de France, & au bas de l'écran, vers le manche : ECRAN ROYAL. Sur une draperie quarrée tendue au dessous de la figure assise sont huit vers françois, qui commencent ainsi :

> Louis seul occupe mes veilles,
> Et de ce Monarque indompté
> A la face des Dieux je grave les merveilles, &c.

Haut. totale du cuivre 12 pou. 8 lig. larg. 10 pou. 7 lig.

+2. Autre écran où l'on voit le buste du Dauphin, fils de Louis XIV, dans un médaillon porté par la Renommée assise sur des nuages, sonnant de la trompette, entourée de drapeaux & d'étendarts, &c. Autour du médaillon est écrit : Louis, Dauphin de France. Et au bas de l'écran, proche le manche : ECRAN ROYAL. Sur une draperie quarrée, étendue au-dessous des nuages qui soutiennent la Renommée, il y a 13 vers françois qui commencent ainsi :

> Des conquérans fidelle messagere
> Au bruit du coup d'essay de notre jeune Mars
> Qui sçait en fils de maitre affronter les hazars,
> J'ay veu trembler le Rhin, le Danube, & l'Illere, &c (1).

Haut. totale du cuivre 12 pou. 8 à 9 lig. larg. 10 pou.
6 lig.

Au cabinet des estampes du Roi. Chez Madame de Bandeville. Chez MM. Paignon & Jombert, on voit ces deux
écrans royaux, qui sont bien dessinés par le Clerc, mais
qui ne paroissent point gravés par cet artiste.

+224. **Esther**, tragédie tirée de l'écriture sainte ;
par M. Racine. *In-quarto.* Paris. 1689.

Un frontispece où l'on voit cette Reine des Juifs qui s'évanouit entre les bras de ses suivantes en voulant adresser
la parole au roi Assuerus. *Car. le Brun in. S. le Clerc f.*

Haut. de l'estampe avec sa bordure 7 pou. 5 lig. larg. 5
pou. 3 lig.

Différences dans un garde qui est à gauche, sur le devant
de l'estampe. Aux premieres épreuves il a les bras nuds,
& semble avoir trois jambes, y ayant un troisieme pied
qui paroit sous sa robe, entre ses deux jambes : sa robe est
aussi relevée, ensorte que l'on découvre son genou & partie
de sa jambe droite ; au lieu qu'aux dernieres épreuves ses
bras sont recouverts de manches jusques sur le poignet ; le
troisieme pied est effacé, & sa robe est abaissée sur son
genou & couvre une partie de sa jambe droite. Autre différence dans un ovale qui termine par en haut le dossier du
trône d'Assuerus : aux premieres épreuves il n'y a qu'une
petite ombre formée par quelques tailles circulaires, recouvertes par des tailles droites passées par dessus. Aux secondes épreuves ces tailles droites sont effacées, & les
tailles circulaires augmentées & fortifiées : aux dernieres
épreuves, toutes ces tailles & ces ombres sont effacées,
& l'ovale est rempli par une tête de soleil rayonnante.

Au cabinet des estampes du Roi, une seule épreuve avec
le bras nud & avant le soleil sur le dossier.

Chez Madame de Bandeville, chez MM. Paignon &
Jombert, trois épreuves où l'on remarque toutes les différences ci-dessus.

1688, où il fit le siége de Philisbourg, dont il s'empara au bout de
dix-huit jours de tranchée ouverte, & ensuite de tout le Palatinat, à la
tête d'une armée dont Louis XIV l'avoit nommé généralissime.

225. Epitaphe

+225. **Epitaphe & tombeau de M. Berbier du Metz, Lieutenant général d'artillerie, Commandant de la ville & de la citadelle de Gravelines.**

+1. L'épitaphe gravée dans une table quarrée entre deux colonnes d'ordre Ionique; le tout est portée sur une espece de soubassement terminé en cul-de-lampe par le bas; on lit au haut cette inscription : D. O. M. *Hic jacet Claudius Berbier du Metz*, &c. Et en bas: *hoc monumentum &c. exegit ex marmore F. Girardon , & in ære incidit S. le Clerc.*

Haut. du cuivre 11 pou. larg. 7 pou. 6 lig.

+2. Tombeau de M. Berbier du Metz. On voit le portrait en profil de cet officier général, sur un médaillon couronné d'un casque & accompagné de palmes & de drapeaux. Au-dessous du médaillon deux enfans dont l'un est couché , son flambeau renverse, l'autre est debout, pleurant & tenant une horloge de sable. Le tout est appliqué contre un des piliers de l'église paroissiale de Gravelines , où il est enterré. L'inscription qu'on voit au-dessous de son portrait mérite d'être rapportée en son entier.

Siste viator, & imaginem Claudii Berbier du Metz, hujus urbis arcisque præfecti respice & intuere. Quod cernis in vultu vulnus inhonestum [1], *imo honestum & gloriosum, ictus tormenti bellici in obsidione sancti Venantii , an. Dom. M. DCLVII , sic illum decoravit.*

Haut. 12 pou. larg. 7 pou. 5 lig.

Différences dans le profil de la tête du médaillon , & dans sa chevelure qui a été changée de forme , dans des ombres ajoutées aux draperies de son buste , &c.

Chez MM. Paignon & Jombert , deux épreuves de l'épitaphe & du tombeau ; avant les deux lignes en petit caractere, *hoc monumentum*, &c, au bas de l'estampe, & avec ces deux lignes.

Chez Madame de Bandeville, outre ces deux estampes ;

---

[1] M. Berbier du Metz, commandant l'artillerie au siége de Saint-Venant , en 1657 , eut le nés emporté d'un boulet de canon, & en demeura défiguré le reste de sa vie.

on voit le deſſein original du tombeau , avec le portrait de
M. Berbier du Metz , au crayon rouge ſeulement: le reſte
du tombeau eſt ombré d'un lavis d'encre de la Chine par
deſſus le crayon. On y trouve auſſi deux études plus en
grand d'un des enfans de ce tombeau , & d'une des têtes
de mort qui ſont au bas , avec une draperie pendante. Ces
deux études ſont deſſinées au crayon rouge ſeulement , ſans
aucun lavis d'encre de la Chine.

+226. Deux médailles ou pieces de monnoie
fort petites , avec leurs revers , repréſentant des
têtes d'empereurs , vues de profil , tournées de
gauche à droite , avec des inſcriptions grecques.
Les médailles ont chacune 8 lignes de diametre.

La planche contient 14 cercles en ſept rangs , diſpoſés
deux à deux pour y graver la médaille & ſon revers. Les
deux premiers rangs ſont vuides ; le troiſieme eſt rempli
par une médaille & ſon revers. Le quatrieme & le cinquieme rangs ſont vuides. Le ſixieme eſt rempli par une
autre médaille & ſon revers. Le ſeptieme & dernier rang
eſt vuide.

Haut. totale du cuivre 6 pou. 3 lig. larg. 2 pou. 7 lig.

Cette planche n'eſt terminée que par un ſimple trait
à droite & à gauche : il n'y a point de trait ni en haut ni
en bas.

Cette eſtampe rariſſime ne ſe trouve que chez Madame
de Bandeville , je ne l'ai vu nulle part ailleurs.

Les quatre médailles grecques qui ſe voient au cabinet
des eſtampes du Roi , tirées ſur la derniere feuille des
monnoies de France , dont nous avons parlé ci-devant au
N°. 176 , ſe trouvent placées aux deux côtés des quatre
médailles rariſſimes ci-deſſus , dans l'œuvre de le Clerc ,
chez Madame de Bandeville : elles paroiſſent à peu près
de la même main , & faites dans le même tems. Celles-ci
ont 16 lignes de diametre. Je les croirois cependant plutôt d'Ertinger que de le Clerc. La très-petite médaille
erunt duo in carne und , avec ſon revers , eſt placée dans
le même œuvre à la ſuite des médailles du regne de Louis
XIV , N°. 280. Cette derniere a 9 lig. de diametre.

+227. Petit morceau un peu plus grand que les paysages dédiés à M. de Courtenvaux (N°. 196.) sur le devant duquel on voit trois enfans, dont un assis sur une balustrade, qui déroulent une grande pancarte sur laquelle est un plan de fortification. A droite, partie d'un grand vase : à gauche, une porte ornée de quatre colonnes d'ordre Corinthien, terminée par un grand fronton où est un cartel aux armes de Colbert, qui donne entrée dans un grand jardin.

Haut. 2 pou. long. 2 pou. 6 lig.

+228. Quatre têtes dessinées en grand d'après la bosse & d'après nature, dont une commune, deux fort rares, & une apocryphe.

+1. Tête de vieillard, vue de profil, regardant vers la gauche, avec une barbe très-ample qui se joint avec ses cheveux, dessinée d'après la bosse. Celle-ci est commune.

Haut. totale du cuivre 8 pou. 9 lig. larg. 7 pou.

Il y a quelque différence dans la naissance des cheveux & dans plusieurs tailles ajoutées sur le haut & sur le côté de la tête ; il y a aussi deux ou trois traits ajoutés pour annoncer le haut de l'épaule gauche.

Au cabinet des estampes du Roi, chez Madame de Bandevile, & chez M. Paignon, une épreuve. Chez M. Jombert, deux épreuves avec différences.

Chez Madame de Bandeville, le dessein original de cette tête, par le Clerc, au crayon rouge : elle est vue de gauche à droite.

– 2. Grande tête de vieillard, vue presque en face, ayant des cheveux courts & une grande barbe qui regne le long des joues, avec partie des épaules, dont la gauche est fortement ombrée. Le haut du corps est tourné en face, & la tête regarde un peu vers la gauche : cette tête paroit dessinée d'après nature : elle est extrémement rare, ainsi que la suivante.

Haut. du cuivre 8 pou. 8 lig. larg. 7 pou.

E ij

1690.

Il y a quelque différence sur le haut de la tête, où l'on a ajouté plusieurs traits au burin pour annoncer la naissance des cheveux.

Chez Madame de Bandeville & chez M. Paignon, une épreuve. Chez M. Jombert, 2 épreuves avec différences.

+3. Très-grosse tête de femme qui rit, vue de trois quarts, tournée vers la droite : celle-ci semble dessinée d'après la bosse ; il y a une forte ombre le long de son profil, sur la droite de l'estampe. Rarissime.

Haut de la planche 8 pou. larg. 6 pou. 10 lig.

Au cabinet des estampes du Roi. Chez MM. Paignon & Jombert.

4. Tête de jeune homme, regardant en face, avec beaucoup de cheveux mal frisés, & une cravate au col : elle paroit dessinée d'après nature, mais elle n'est point de le Clerc, & c'est mal à-propos qu'on la met dans son œuvre. Cette tête est dessinée & gravée par Nicolas Loire, peintre célebre de l'académie royale, mort à Paris en 1679, dont il est parlé dans *le répertoire des artistes. In folio*, page 23, tome premier. Ce recueil d'estampes se vend chez Jombert, pere.

Haut. 8 pou. 3 llg. larg. 6 pou. 4 lig.

Elle ne se trouve que chez MM. Paignon & Jombert, provenant de l'œuvre de feu M. Huquier, qui prétendoit sans aucun fondement que cette tête étoit de le Clerc.

X   229. Traité de géométrie par Seb. le Clerc. *In-octavo*. Paris. Chez Jean Jombert. 1690 [1].

---

[1] M. Le Clerc, qui, outre les occupations que lui procuroit la gravure, professoit encore diverses parties des mathématiques dans l'académie royale de peinture, ayant résolu de donner au public un traité de géométrie théorique & pratique plus complet & plus étendu que celui qu'il avoit publié en 1669, en un petit volume *in-douze*, auquel il avoit d'abord projetté de faire une continuation, s'apperçut que la petitesse du volume exigeroit un trop grand nombre de planches, & quoiqu'il y en eût déjà au moins quarante-deux de faites, il rejetta toutes les planches gravées sous ce format, pour le faire imprimer de grandeur *in-octavo*. Il prit alors le parti, pour éviter la multiplicité des planches, de faire graver en bois toutes les figures des neuf premiers chapitres, lesquelles n'étant que des traits pour la plupart, n'exigeoient pas une

† 1. Le frontispice, où l'on voit à gauche la Géométrie assise tenant un compas d'une main, & de l'autre un bouclier posé sur son genou gauche, aux armes de M. de Louvois. Derriere elle est un grand livre ouvert, appuyé contre le piedestal d'une colonne où est écrit le commencement de la dédicace de ce livre : *à Monseigneur le Marquis de Louvois*, &c. Le dieu Mars est debout, devant la Géométrie, & soutient de la main droite le même bouclier. Derriere lui on voit un canon. Dans le lointain une forteresse sur le haut d'une montagne. *S. le Clerc f.*

Haut. de l'estampe 5 pou. 6 lig. larg. 3 pou. 5 lig.

Il y a des différences considérables à cette planche. Dans la tête du dieu Mars qui a été changée : c'étoit d'abord un jeune homme, M. le Clerc lui a substitué celle d'un vieillard avec barbe. Cette figure avoit le genou droit nud, ainsi que partie de la cuisse ; le genou & le bas de la cuisse ont été recouverts d'une draperie ou culotte. La ceinture de sa cuirasse a été élargie. La terrasse qu'on voit derriere ses épaules, au-dessus d'un mur d'appui, a été fortement ombrée, ainsi que le terrein où sont les boulets de canon, aux pieds de Mars, derriere un casque qui est à terre : les boulets ont été changés de forme : le terrein sous le canon a été ombré aussi plus fortement, & l'on a passé une troisieme taille sur le mur à hauteur d'appui, qui est derriere la figure de Mars.

Chez MM. Paignon & Jombert, trois épreuves de ce frontispice, avec les différences marquées ci-dessus.

· 2. Nous ne ferons qu'un seul article de toutes les figures gravées en bois, les unes au simple trait, d'autres ombrées, d'après les desseins de le Clerc, au nombre d'environ 300 [1].

---

extrême propreté. Il se contenta de graver lui-même en cuivre celles du dernier chapitre, au nombre de seize, dont la plupart sont des répétitions des 42 planches qu'il avoit gravées anciennement, & qui n'ont point servi. Il y a sur quelques-unes de ces nouvelles planches des paysages de la plus grande beauté.

[1] Quoique ces figures soient très-peu intéressantes par elles-mêmes, & par la maniere dont elles sont gravées, il étoit cependant nécessaire d'en faire mention dans ce catalogue, & elles doivent toutes entrer dans un œuvre complet de le Clerc, puisqu'elles ont été dessinées par cet artiste, pour l'intelligence du livre dont il est l'auteur.

E iij

Chez M. Jombert toutes ces figures en bois font collées & arrangées proprement fur cinq feuilles de grand aigle, entre le frontifpice & les 16 planches en cuivre, dans le même ordre où elles fe trouvent dans le livre.

43. Pl. cotée 219, féparée en trois parties. En haut un faifceau de piquets liés avec un cordeau divifé par toifes avec des nœuds. Au milieu un payfage où l'on voit partie d'un édifice coupé par le haut, avec deux hommes qui élevent une perpendiculaire fur une bafe donnée. En bas un trophée d'inftrumens de mathématique.

Haut. totale du cuivre 5 pou. 6 lig. larg. 3 pou. 3 lig.

Les 15 planches fuivantes font de la même grandeur que celle-ci.

44. Pl. cotée 221, divifée en trois parties. En haut, partie d'un mur & de jardins coupés par le haut. Au milieu, un très-joli château fortifié de baftions à orillons; en bas, une jolie maifon de campagne vue en face avec des jardins derriere, & une terraffe par devant. Le nom de le Clerc eft au bas du payfage du milieu.

45. Pl. cotée 223, divifée en trois. En haut, une forterefle fur le haut d'un rocher efcarpé, avec des tours & des murs crenelés au pied de la montagne, & un mur d'enceinte de l'une à l'autre. Au milieu, fur la droite, plufieurs jolis pavillons quarrés, & de beaux jardins fur le refte de l'eftampe. En bas, une ville fur le bord d'une riviere, avec un grand baftion à orillon, fur la gauche, & un pont de pierre à deux arches, fur la droite, dans la demi-teinte. Le nom de le Clerc eft au bas de ce dernier payfage.

46. Pl. cotée 225, féparée en trois parties. En haut, on voit dans le lointain, à droite, une églife avec un dôme fort élevé. Le refte eft une campagne : fur le devant, deux hommes qui tracent un triangle. Au milieu, une ville fur le bord de la mer, qu'on voit à droite, & un vaiffeau dans le lointain. A gauche, derriere la ville, des rochers très-efcarpés. En bas une riviere qui ferpente à perte de vue : à gauche, au milieu de la campagne, une églife avec deux clochers en tour quarrée : à droite, un château fur le bord de l'eau, & derriere le château, des

montagnes très-escarpées. Le nom de le Clerc est au paysage du milieu.

7. Pl. cotée 226, divisée en trois parties. En haut un
grand pré, divisé en quarrés & en triangles par des lignes
tirées l'une sur l'autre à angles droits. Au milieu le plan
d'un grand château fortifié de tourelles. En bas, le plan
d'un bois entouré de lignes droites, pour en mesurer le
circuit.

8. Pl. cotée 228, divisée en trois. En haut, on voit la
figure du demi-cercle gradué, avec alidades & pinules,
accompagné de son pivot à charniere. Au milieu, le plan
d'une riviere fort large. En bas, un mur formant un angle
rentrant, accompagné d'un pavillon & de deux tourelles.
Au bas de ce mur est un large fossé plein d'eau.

9. Pl. cotée 230, divisée en trois parties. En haut, un
mur formant plusieurs angles, avec un fossé plein d'eau,
au devant. Au milieu, la maniere de mesurer un angle
saillant, dont on ne peut approcher. En bas, la maniere
de mesurer une courtine & ses deux demi-bastions, ayant
un fossé plein d'eau qui empêche d'en approcher.

10. Pl. cotée 233. On voit ici la maniere de prendre
des mesures sur le compas de proportion avec le compas
ordinaire.

11. Pl. cotée 235, divisée en trois. En haut, le plan
d'un mur formant un angle rentrant dont on prend la mesure avec le compas de proportion. Au milieu, la planchette posée sur son pied, & le développement de ses
parties. En bas, une opération pour tirer une ligne sur
le terrein par le moyen de la planchette.

12. Pl. cotée 236, divisée en trois. En haut, un paysage
où l'on voit sur le devant deux hommes qui tracent un
angle sur le terrein. Au milieu, autre paysage où deux
hommes dirigent une ligne tracée sur la planchette, vers
le clocher d'un village. En bas, un paysage où l'on enseigne à mesurer la largeur d'un marais inaccessible.

13. Pl. cotée 238, partagée en trois. En haut, on voit
le plan d'un étang, & comment on peut en prendre la
largeur par le moyen de la planchette. Au milieu, la maniere de tracer sur le terrein un plan de fortification des-

finé en petit fur la planchette. En bas, comment on s'y
prend pour lever le plan d'un baftion par le moyen du
même inftrument.

14. Pl. cotée 241, féparée en deux parties. En haut, on
voit la maniere d'affembler fur une grande table tous les
papiers où l'on a deffiné les baftions dont on a levé le
plan en détail, pour en former celui de la place propofée.
En bas, c'eft une carte topographique, avec une riviere
qui ferpente dans le milieu.

15. Pl. cotée 243, divifée en trois parties. En haut, un
obfervateur qui dirige un rayon vifuel tracé fur fa planchette
vers un lieu élevé, dans le lointain. Au milieu, la maniere de tracer fur le terrein une ligne parallele à un mur
dont on ne peut approcher. En bas, comment on peut
diriger une ligne vers un lieu qu'on ne voit point.

16. Pl. cotée 245, divifée en trois. En haut, la répétition de la figure d'en bas de la planche précédente. Au
milieu, le plan d'une ville fortifiée de murs & de tours
rondes, avec un foffé au devant. En bas, deux hommes,
qui prennent la hauteur d'une maifon à deux étages de
fenêtres, au fimple trait : à droite, la figure de la planchette pofée debout & dans une fituation verticale.

17. Pl. cotée 246, divifée en trois. En haut, deux
opérations pour mefurer la hauteur d'une tour dont on ne
fauroit approcher. Au milieu, la maniere de faire la même
opération fur un terrein inégal & en pente. En bas, comment on peut mefurer la hauteur d'une montagne par plufieurs ftations.

18. Pl. cotée 218, féparée en trois. En haut la même
démonftration pour mefurer par ftations la hauteur d'une
montagne. Au milieu, deux figures qui font voir la maniere de mefurer le talud d'un rempart. En bas, la maniere
de mefurer la hauteur des différens étages d'une maifon.

Les figures de cette fuite font dans le plus grand défordre dans les œuvres de le Clerc les mieux conditionnés, où les 16 planches ci-deffus font coupées en trois
parties & mélées de côté & d'autres, avec d'autres fuites,
comme les Courtenvaux, la petite géométrie de le
Clerc, &c. Elles ne fe trouvent complettes & dans
l'ordre où elles doivent être, que chez M. Jombert.

230. Histoire naturelle des animaux, par MM.
de l'Académie des sciences, IIIe partie [1].

1. Le chameau: dessiné par le Clerc, gravé par Louis
Chatillon. Il est vu de profil, allant vers la gauche, dans
une campagne des plus arides, couverte de roches. Au-
dessus est la partie anatomique de cet animal sur une
draperie dont le haut est confondu avec le cadre de la
planche.

Haut. de la planche 14 pou. 3 lig. larg. 9 pou. 6 lig.

Chez M. Paignon, le dessein original de cet animal,
par le Clerc, avec son anatomie au-dessus, tel qu'on le
voit représenté sur l'estampe. Au haut de ce dessein est
écrit : *le dromadaire :* mais c'est une faute de l'écrivain.
Car sur ce dessein l'animal a les genoux des deux jambes
de devant usés & troués, une grande barbe sous le menton, le nez camus, de longs poils hérissés sur sa bosse,
la queue à longs poils, &c, ce qui ne se voit point au
dromadaire.

†2. Le tigre, dessiné & gravé par le Clerc. Il est vu de
côté, allant vers la droite, dans un paysage, sur le devant
duquel il y a de l'eau ; & dans le fond des arbres, à gauche,
& un bois sur la droite. La partie anatomique est en haut
sur une draperie isolée des quatre côtés.

Haut. du cuivre 14 pou. 5 lig. larg. 9 pou. 3 lig.

†3. La panthere, dessinée & gravée par le Clerc. Elle est
de profil, allant vers la gauche, dans un paysage où
l'on voit, à droite, une baraque avec quelques arbres, à
gauche, des saulx, & une montagne plus loin. On voit

---

[1] On a vu ci-devant (note du N°. 101) que M. Perrault étant
mort en 1688, M. Duverney, chargé de la continuation de cet ouvrage, fit graver par M. le Clerc les douze planches de cette troisieme
suite d'animaux, dessinés d'après nature, pour entrer dans une édition complette qu'il projettoit d'en faire ; cette édition n'ayant pas
eu lieu, les épreuves de ces douze dernieres planches sont devenus
extrêmement rares. Comme elles ont été gravées sur des cuivres plus
petits que les 30 planches des deux premieres parties , il n'a pas été
nécessaire de tronquer celles-ci pour les faire entrer dans l'édition in-
folio ordinaire que l'on projetta alors.

au-deſſus, la partie anatomique de cet animal, conſiſ-
tant en quatre figures ſur une draperie pendante, attachée
par en haut avec deux petits cachets, aux deux angles
ſupérieurs de la draperie.

Haut. du cuivre 14 pou. 4 lig. larg. 9 pou. 3 lig.

4. Le crocodile, vu de profil, allant de droite à gauche,
ſur un terrein aquatique : l'horiſon eſt bordé dans le lointain par de hautes montagnes. Deſſiné par le Clerc, gravé
par Louis Chatillon. Au-deſſus eſt une grande draperie
qui occupe plus des deux tiers de l'eſtampe, ſur laquelle
on voit les développemens anatomiques de cet animal.

Haut. de la planche 14 pou. 3 lig. larg. 9 pou.

Chez M. Paignon, on voit outre la planche ci-deſſus,
trois autres planches de format *in-quarto* en long, pour
la figure du crocodile, & le développement anatomique de
ſes parties.

Haut. de chacune de ces trois planches 7 pou. 8 lig.
long. 10 pou. 2 lig.

†5. Le lezard écaillé, vu de profil, allant vers la gauche, dans un terrein inculte, ſans aucun arbre ni maiſon.
La partie anatomique eſt au-deſſus, en ſix figures, ſur
une draperie, iſolée des quatre côtés, qui n'occupe point
la moitié de la hauteur de la planche. Deſſinée & gravée
par le Clerc.

Haut. du cuivre 14 pou. 5 lig. larg. 9 pou. 3 lig.

6. La marmotte & le loir : la premiere tournée vers la
gauche, & le loir courant vers la droite, ſur un terrein
inégal & montueux : dans le lointain, un petit bout de
plaine à perte de vue. La partie anatomique de ces deux
animaux eſt au-deſſus, ſur une draperie quarrée. Deſſinée
& gravée par le Clerc.

Haut. du cuivre 14 pou. 5 lig. larg. 9 pou. 3 lig.

7. L'ibis ou la cigogne : il y a ſur cette planche deux de
ces oiſeaux, tous les deux tournés vers la gauche, l'un
poſé ſur ſes deux pattes, l'autre ayant la jambe gauche en
l'air : ils marchent ſur un terrein élevé, le long d'une
riviere. Dans le lointain, on voit la mer & un rocher au
milieu. Au haut, ſur une draperie quarrée, ſont diverſes
parties anatomiques de ce même oiſeau : le tout deſſiné
& gravé par le Clerc.

Haut. du cuivre 14 pou. 5 lig. larg. 9 pou. 3 lig.

8. La palette ou cuillere. Cet oiseau est vu de profil, tourné vers la droite, une patte en l'air, dans l'attitude de marcher, se baissant pour prendre avec son large bec quelque chose dans l'eau qui est devant lui. Le reste est un joli paysage où l'on voit une ville dans le lointain. Au haut de la planche, sur une grande draperie, est la tête & le bec de cet oiseau dessinés plus en grand, & quatre autres figures anatomiques : dessiné & gravé par le Clerc.

Haut. de la planche 14 pou. 4 lig. larg. 9 pou. 3 lig.

Chez M. Paignon d'Ijonval, le dessein original de cet oiseau, par le Clerc.

9. La poule sultane, grand oiseau monté sur de fortes pattes, assez hautes, allant & regardant vers la gauche. Cet oiseau est dans un vestibule décoré de colonnes canelées, dont on ne voit que le bas. A droite, un percé laisse voir un jardin planté de grands arbres. Dans la draperie qui est au haut de la planche, il n'y a que trois ou quatre figures anatomiques. Le tout dessiné & gravé par le Clerc.

Haut. du cuivre 14 pou. 6 lig. larg. 9 pou. 5 lig.

10. L'éléphant, vu de profil, allant vers la gauche, dans un paysage désert & inculte. Au-dessus, sur une draperie quarrée, on a exposé une partie de son anatomie. Dessiné par le Clerc, gravé par Louis Chatillon.

Haut. de la planche 14 pou. 6 lig. larg. 9 pou. 5 lig.

11. Seconde planche des développemens anatomiques des différentes parties de l'éléphant, en onze figures dessinées par le Clerc, & gravées par Louis Chatillon.

Haut. du cuivre 13 pou. 11 lig. larg. 9 pou. 1 lig.

12. Troisieme planche de l'anatomie de l'éléphant. On voit au bas le squelette de cet animal, de profil, tourné de droite à gauche, monté sur ses quatre pieds : au-dessus les os de quelques-uns de ses membres & les doigts de ses pieds représentés plus en grand, en six figures. Le tout dessiné par le Clerc, & gravé par Louis Chatillon.

Haut. du cuivre 14 pou. 1 lig. larg. 9 pou. 3 lig.

On voit chez M. Paignon le dessein original par le Clerc, de la planche ci-dessus cotée 11, contenant onze figures relatives à l'anatomie de l'éléphant, disposées de même que sur la planche gravée, & de même grandeur,

1690.

Plus, d'autres développemens de l'anatomie du même animal, qu'on voit sur la planche IIIe, en cinq desseins différens, le tout de la main de le Clerc.

Chez le même, autre dessein original par le Clerc, du rat volant, en deux figures détachées, où l'on voit cet animal singulier couché sur le dos; l'une à la mine de plomb, l'autre lavée à l'encre de la Chine. On lit au haut: dessiné le 16 septembre 1685.

1691.

X +231. **Réflexions morales de l'empereur Marc-Antonin, traduites par André Dacier, avec des remarques. En 2 vol. *in-douze*. Paris. 1691.**

Une petite vignette où l'on voit, à droite, cet empereur assis à côté de sa tente, écrivant sur un papier posé sur une table ronde portée sur un seul pied en balustre. A gauche, une riviere; plus loin, un camp & des soldats. Cette petite estampe est fort rare. S L

Haut. 1 pou. 5 lig. long. 2 pou. 6 lig.

Au cabinet des estampes du Roi. Chez Madame de Bandeville. Chez MM. Paignon, Jombert, & Rousset.

1692.

X 232. **Figures de la passion D. N. S. Jésus-Christ, présentées à Madame la Marquise de Maintenon, par son très-humble serviteur Seb. le Clerc. A Paris, chez G. Audran, rue Saint-Jacques [1].**

---

[1] Il y a des différences considérables à presque toutes les planches de cette suite, que M. le Clerc a retouché, & où il a fait des changemens à diverses reprises, dont nous allons rendre compte en parlant de chacune de ces estampes. Il y en a des suites tirées avec une bordure d'ornement qui encadre chaque estampe, & d'autres sans cette bordure. Comme c'est une espece de passe-par-tout qui a été gravé après coup sur un cuivre à part, & qui s'y ajuste à l'impression, on peut en avoir également des épreuves bonne ou mauvaises, avec ou sans bordure. Cependant cette bordure n'ayant été faite que quelque tems après que cette suite de planches a paru, il est certain que les premieres épreuves doivent être sans bordure. Les plus mauvaises épreuves sont celles où l'on voit un double trait autour de l'estampe, alors on est

1. La planche du titre, où l'on voit les armes de Madame de Maintenon sur un cartel ; aux deux côtés sont deux figures assises : à gauche, la Religion tenant une croix d'une main, & un grand livre ouvert, de l'autre main : à droite, la Charité entourée de plusieurs enfans.

Haut de l'estampe sans la bordure d'ornement 2 pou. 1 lig. long. 3 pou. 2 lig.

Haut. avec la bordure ou le passe-par-tout 2 pou. 9 lig. long. 3 pou. 11 lig.

Différences : aux premieres épreuves on voit écrit au-dessous du cartel où sont les armes : Présentées à Madame la Marquise de Maintenon. M. le Clerc a fait ensuite changer ce titre. Alors, le mot *présentées*, qui étoit en caractere romain, se trouve en italique, assez mal gravé, & séparé en deux parties des deux côtés de la couronne qui est au-dessus des armes : & on lit au-dessous des mêmes armes : A Madame, Madame de Maintenon.

La jambe droite de la Religion qui est posée à terre, étoit d'abord nue & découverte jusqu'au-dessus du mollet : elle a été ensuite couverte d'une draperie au simple trait, sans être ombrée, qui descend jusqu'à terre. La croix que tient la Religion se détachoit en brun de dessus le fond qui étoit plus clair, quoiqu'à deux tailles croisées : ce fond a été ensuite ombré d'une teinte plus forte, en rentrant ces mêmes tailles avec le burin, de sorte que la croix ne s'y distingue plus qu'avec peine.

Chez M. Jombert, le dessein original de cette estampe du titre, lavé à l'encre de la Chine, même grandeur que l'estampe.

2. N. S. arrive au jardin des olives, accompagné de ses disciples.

Différences dans des ombres étendues sur le devant de l'estampe à droite, sous les pieds des apôtres ; d'autres ombres ajoutées dans les masses de maisons qu'on voit

---

certain qu'elles sont usées & retouchées. Sur ces dernieres épreuves, on a substitué l'adresse de Jeaurat, gendre de M. le Clerc, à celle d'Audran, qui est aux anciennes épreuves, tirées du vivant de cet artiste.

dans le fond , du même côté. A gauche , des touches plus fortes dans les arbres.

13. Priere de N. S. au jardin des olives.

14. Agonie de N. S. au jardin des olives.

Différences : des ombres plus fortes dans les terrasses à droite & à gauche , sur le devant de l'estampe. Une masse d'ombre ajoutée derriere un des disciples couché à terre , aussi sur le devant.

15. Judas arrivé au jardin des olives , trahit N. S. par un baiser.

Différences dans des masses d'ombres fortifiées par-tout à cette estampe.

16. N. S. est arrété dans le jardin des olives & emmené par des soldats.

17. Jesus est amené chez Anne , beau-pere de Caïphe.

Différence dans les ombres prolongées & fortifiées dans les deux grouppes de figures sur le devant, à droite & à gauche de l'estampe.

18. Jesus est amené chez Caïphe , grand prêtre des Juifs, & y est renié trois fois par S. Pierre.

Différences dans des ombres prolongées vis-à-vis la porte ronde qui est à gauche , sur le devant.

19. J. C. paroit devant le grand prêtre , & y est accusé sans vouloir se justifier.

Différence dans l'ombre des deux colonnes sur le devant qui a été augmentée & fortifiée , ainsi que celle du grouppe de figures qui se voit à droite dans la demi-teinte.

10. J. C. est amené devant Pilate.

Différence dans les ombres qui ont été fortifiées à l'architecture au-dessus de la tête de Pilate : & aux pieds du soldat assis à terre sur des marches , au bas du tribunal.

11. J. C. paroit devant Herode , roi des Juifs.

Différence dans l'ombre augmentée derriere le tapis qui orne le tribunal d'Herode , à droite. Autres ombres fortifiées dans les figures , à droite & à gauche , sur le premier plan.

12. Herode renvoie Jesus par devant Pilate.

Différence dans une grande masse d'ombre faite apre coup au mur à hauteur d'appui , à droite , sur le devant d

l'estampe, & au mur qu'on voit en retour. Dans des doubles
tailles croisées sur l'ombre à gauche, vers l'angle supérieur de l'estampe.

13. Pilate ayant reconnu l'innocence de J. C. veut le
renvoyer absous, après l'avoir fait fustiger.

Différence dans un pavé ajouté & des ombres fortifiées
sur tous les devants de l'estampe, des entretailles au mur
en face, dans le fond, à gauche, & les joints des pierres
marqués au mur fuyant, aussi à gauche, sur le devant &
dans le fond.

14. Pilate fait fouetter cruellement Jesus, pour appaiser
la fureur du peuple qui demandoit sa mort.

Différence dans les ombres fortifiées à droite & sur le
devant : dans le mur rampant de l'escalier qui a été coupé
& ombré fortement vis-à-vis la tête des deux soldats assis
dans l'angle à droite.

15. J. C. est revêtu d'un manteau de pourpre & couronné d'épines.

Différence dans les ombres qui ont été fortifiées à droite
& à gauche aux masses qui sont sur les devants.

16. Pilate convaincu de l'innocence de Jesus, se lave
les mains devant le peuple.

Différence dans quelques ombres ajoutées sous les pieds
du peuple, à droite.

17. J. C. est présenté devant le peuple.

18. Pilate abandonne au peuple N. S. pour être crucifié.

19. On force J. C. de monter au calvaire en portant sa
croix, & il succombe sous le poids.

Différence. Cette planche a été remontée entièrement
de ton & d'effet, & les ombres en ont été fortifiées par
tout.

Chez M. Paignon, fragment d'un croquis au crayon
rouge de ce portement de croix de N. S, dont la hauteur
est de 2 pou. 6 lig. sur 3 pou. de longueur.

20. Les Juifs contraignent Simon le Cyrenéen de
porter la croix de N. S. jusqu'au sommet du Calvaire.

Différence dans des masses d'ombres mises après coup
sur tous les devants, dans les lointains & dans le ciel,
tant aux terrasses qu'aux figures ; ensorte que l'effet est
tout à fait différent dans les deux épreuves.

421. J. C. est cloué & attaché sur la croix.

Il y a quelques petites différences dans des ombres qui ont été fortifiées sur le terrein à gauche, au devant de l'estampe & dans le ciel, du même côté.

422. On éleve la croix sur laquelle J. C. est attaché.

Différence dans des tailles ajoutées dans le ciel, vers la gauche.

Chez M. Paignon, croquis en hauteur, au crayon rouge, lavé par dessus à l'encre de la Chine, de N. S. attaché sur la croix, que l'on dresse & qu'on éleve avec des cordages, comme il est représenté dans l'estampe ci-dessus.

Haut. de ce dessein 4 pou. 9 lig. larg. 3 pou. 6 lig.

423. La croix étant élevé avec N. S. attaché dessus, on la plante en terre.

Différence dans une forte ombre ajoutée dans le ciel derriere la tête de J. C. : dans quelques ombres fortifiées sur la terrasse, à droite.

424. On crucifie deux voleurs pour accompagner Jesus sur la croix.

Différence dans des ombres & des entretailles ajoutées dans le ciel, à divers endroits : dans une ombre portée par le corps du voleur couché sur la croix, à droite, qui a été étendue & agrandie : dans deux figures, à gauche, sur le devant, assises par terre à côté de deux cavaliers : ces deux figures sont poussées vivement au noir dans les secondes épreuves.

425. J. C. se trouve crucifié entre les deux larrons.

Différence dans des doubles tailles ajoutées dans le ciel derriere la tête de J. C. : & dans les masses d'ombre, à droite, sur le devant de l'estampe.

426. La sainte Vierge, S. Jean, Marie Cleophas, & Marie Magdeleine au pied de la croix de N. S.

427. Jesus expire sur la croix.

Différence dans le ciel dont les ombres ont été fortifiées derriere la croix de N. S.

428. L'ame de N. S. J. C. descend dans les limbes, & en tire les ames des patriarches & des prophetes.

429. Un soldat perce avec sa lance le côté droit de J. C. après sa mort.

Différence

Différence dans quelques ombres fortifiées sur le revers du terrein, à droite, & dans une figure debout à gauche, dans la demi-teinte, sur le devant de l'estampe, qui se voyoit aux premieres épreuves , & qui a été retranchée.

30. Joseph d'Arimathie enfevelit le corps de J. C. & le met dans un fépulchre neuf.

31. Les faintes femmes apportent des parfums pour le corps de Jesus.

32. La réfurrection de N. S. Jefus-Chrift.

33. Premiere apparition de N. S. à fes difciples.

Différences dans des doubles tailles ajoutées dans tout le fond de la falle : dans des ombres prolongées au mur fur la droite , vers le haut : dans des compartimens ajoutés fur le plancher dans toute la falle & fur le devant du tableau.

34. Seconde apparition de Jefus à fes difciples : incrédulité de S. Thomas.

Différence dans des ombres étendues dans le fond de la colonnade , à gauche , à côté d'une petite porte quarrée.

35. J. C. monte au ciel en préfence de fes apôtres & de fes difciples.

Différences dans des ombres fortifiées au terrein , à droite & à gauche , fur le devant de l'estampe.

36. Defcente du Saint-Efprit fur les Apôtres & les difciples de J. C.

Différence dans la tête de la fainte Vierge, qui étoit vue de profil & mal deffinée aux premieres épreuves , & que M. le Clerc a effacée , pour la graver vue de trois quarts & d'un deffein plus agréable. Les fonds d'architecture , ainfi que les figures & les maffes d'ombre fur le devant , ont été fortifiés & augmentés de doubles & triples tailles en quelques endroits.

Cette fuite fe trouve communément affez bonnes épreuves. Au cabinet des estampes du Roi, chez Madame de Bandeville, chez MM. Paignon, on en voit deux fuites complettes , l'une fans la bordure , l'autre avec cette bordure, en paffe-par-tout , & toujours avant le double trait autour de chaque estampe , qui défigne les mauvaifes épreuves. Chez M. Jombert , trois fuites complettes, la premiere fans bordures , premieres épreuves , la feconde

Part. II.   F

fans bordures, avec les différences, la troifieme avec
bordure, premieres épreuves : ces trois fuites font avant
les doubles traits dont on vient de parler.

On connoît plufieurs copies de cette fuite. Une qui eft
paffablement gravée, & dont les figures reviennent à gauche. Elle eft dédiée à Madame d'Orléans, abbeffe de
Chelles, par un nommé Pacot, qui fe dit graveur : elle fe
vend chez Chereau, rue Saint-Jacques. Il y en a une autre
fuite, copiée par Littret, qui eft beaucoup mieux gravée.
Ces 36 planches ont été auffi copiées en Angleterre : on lit
fur le titre : *the paffion of our Saviour*, fans autre écriture;
au lieu des armes de Madame de Maintenon, on voit un
nom de Jefus dans le cartel, & au bas l'adreffe : *Printed
& fold by I. Tinney, at the golden lion, in fleet ftreet.*

1693.

233. Audience donnée par l'empereur de Maroc au fieur de Saint-Olon, ambaffadeur de
France. 1693.

On voit fur cette planche, qui n'eft qu'un croquis gravé
affez mal par feu M. Huquier, d'après un deffein de le
Clerc, l'empereur de Maroc affis par terre fous un grand
veftibule ou portique formé par quatre grandes arcades en
plein ceintre; il y a deux vieillards affis auffi par terre,
à fon côté droit. A gauche, un efclave qui tient un éventail proche de fa tête, pour rafraichir l'air. L'ambaffadeur
eft debout devant lui, le chapeau fur la tête, ayant à la
main fa lettre d'ambaffade : derriere lui, des gentils-
hommes de fa fuite, & des hommes qui apportent des paquets pour des préfens. Au bas, à gauche, eft écrit : *Seb.
le Clerc.*

Haut. de l'eftampe 6 pou. 3 lig. larg. 5 pou. 2 lig.

Chez M. Jombert, le deffein original par le Clerc, de
cette eftampe au crayon rouge, lavé à l'encre de la Chine,
par deffus le crayon. Ce deffein eft d'autant plus intéref-
fant que la gravure que l'on a faite d'après eft très-mal. Il
eft de la même grandeur que l'eftampe.

On voit chez M. Jombert une autre eftampe repréfentant le même fujet, deffinée & gravée par Fr. Ertinger.
Au haut de cette eftampe on voit le titre rapporté ci-

deſſus ; qui nous a ſervi pour conſtater la date de l'eſtampe
d'après le Clerc , & l'époque de cet événement.

Chez M. Jombert on voit un autre deſſein en pendant à
celui-ci , auſſi original de le Clerc & fait au crayon rouge ,
avec un lavis d'encre de la Chine par deſſus. Il repréſente
le meme ambaſſadeur viſitant les écuries de l'empereur de
Maroc , qui eſt monté ſur un cheval , ſur le devant du
deſſein : à droite & à gauche , on voit les chevaux attachés
ſous des portiques en arcades qui s'étendent au loin. Un
petit ruiſſeau ou canal ſépare ces deux corps de bâtimens
derriere leſquels on voit des jardins. Dans le fond , vers la
gauche , on apperçoit une tour quarrée. Ce deſſein eſt de
meme grandeur que le précédent : il y a apparence qu'il
n'a point été gravé.

234. L'écu & le louis d'or frappés à Paris d'a-
près le deſſein de le Clerc, en 1693 [1].

1. L'écu. Le portrait du Roi ſe voit d'un coté avec ſon
inſcription ordinaire : *Ludovicus XIV* , &c. Sur le revers
ſont les armes de France , avec cette légende : *Sit nomen
Domini benedictum.* A.

Diametre 18 lig.

2. Le louis d'or. Il n'y a que le revers de gravé : on voit
un A dans le milieu. Aux quatre côtés quatre fleurs-de-lys
couronnées formant une croix , & entre deux quatre L ;
ſur la légende eſt écrit : *Chrs. regn. vinc. imp.*

Chez M. Jombert ſeulement.

+235. La premiere Vénus , rariſſime. Deſſinée
& gravée par Seb. le Clerc pour M. Potier, en
1693 [2].

---

[1] Après la mort de M. Colbert , M. de Louvois lui ayant ſuccédé
dans la place de ſur-intendant des bâtimens , &c. nomma M. le Clerc
pour faire tous les deſſeins des médailles pour l'hiſtoire du Roi , & pour
en diriger la gravure ſur les poinçons ; c'eſt ſans doute en conféquence
de cette direction que l'écu & le louis d'or ont été frappés , d'après ſes
deſſeins.

[2] M. Potier , célebre amateur d'eſtampes dont on a déjà parlé
(N°. 184) ayant prié M. le Clerc , avec qui il étoit fort lié d'amitié ,
de lui graver pour lui ſeul cette petite eſtampe , eut ſoin de retirer

Vénus est ici repréfentée toute nue , fortant des eaux,
Elle eft affife fur un char en forme de coquille , flottant
fur la mer au gré des vents. De la main gauche elle tient
une pomme , le prix de la beauté : fa droite eft appuyée fur
fa cuiffe gauche. Une longue draperie affez étroite , tenant
lieu de voile , enflée & foutenue par le vent , fert à faire
voguer la déeffe fur l'élément où (felon la fable) elle a pris
naiffance. Un des bouts de cette draperie paffe entre fon
ventre & fon bras droit ; l'autre fort d'un enroulement
qui termine le doffier de fon char.

La tête de la Vénus eft vue de trois quarts , regardant à
droite : fon corps eft dirigé de droite à gauche : fa cuiffe
& fa jambe gauche font alongées fur le devant du char : la
jambe droite eft retirée & cachée en partie par la cuiffe
gauche. La mer qui paroit calme eft gravée très-légerement. A gauche , dans le lointain , on voit proche l'horifon la terre & quelques maifons. L'eftampe eft entourée
d'une petite bordure d'ornement. Au bas , à droite , fur
l'eftampe même , eft écrit : *S. le Clerc.*

Haut. avec la bordure 2 pou. 4 lig. long. 3 pou. 4 à
5 lig.

Cette eftampe rariffime fe trouve au cabinet des eftampes
du Roi. Chez Madame de Bandeville. Chez MM. Paignon,
Jombert , & l'avocat Lachey.

On connoit deux copies affez belles de cette premiere
Vénus : l'une gravée du même fens que l'original , & entourée de la même bordure : on voit au bas deux vers latins :
afpicis ut facili , &c. Sur l'eftampe même , vers l'angle , à
droite , au bas , au-deffus de la bordure , eft écrit *S. le
Clerc inv.* L'autre copie eft retournée de gauche à droite ,
la bordure eft un peu différente , & il y a deux vers françois : *C'eft ainfi que Vénus* , &c. On lit à gauche , au bas

---

d'entre fes mains toutes les épreuves qu'il avoit coutume de fe réferver
en qualité de graveur, pour diftribuer à fes amis & à quelques curieux amateurs de fes ouvrages. M. Potier n'en conferva (dit-on) que
trois ou quatre , qu'il donna à fes meilleurs amis , & fit enfuite dif-
paroître la planche & le reftant des épreuves , fans que jamais on ait
pu la retrouver ni favoir ce qu'il en avoit fait. C'eft ce qui a rendu
cette eftampe d'une fi grande rareté , qu'il n'en exifte aujourd'hui que
cinq ou fix épreuves , & qu'elle a été achetée 103 livres 10 fols par
M. Joullain à la vente du cabinet de M. Potier , en Mars 1757 , avec
neuf autres eftampes de peu de conféquence.

de l'estampe, au-dessous de la bordure : *S. le Clerc inv.*
Celle-ci paroît gravée par Giffart.

M. le Clerc a recommencé la gravure de cette estampe
en 1704, avec quelques différences dont nous rendrons
compte en son lieu (voyez ci-après, N°. 308) : mais
cette seconde Vénus n'est pas à beaucoup près si rare
que la premiere, & n'est pas si estimée.

236. L'apotheose d'Isis [1], grande estampe
en hauteur, où l'on voit tous les préparatifs
d'un grand sacrifice, dans un temple magnifique. Le ciel est rempli de tous les dieux & déesses
de la fabuleuse antiquité.

Haut. du cuivre 12 pou. 6 lig. larg. 8 pou. 1 lig.

M. le Clerc avoit d'abord représenté sur cette estampe
des danseurs & danseuses de l'opéra formant un ballet autour de l'autel que l'on voit au milieu du théatre, mais
il les a effacés ensuite pour y substituer des sacrificateurs &
des prêtresses d'Isis : il a ajouté aux deux côtés de l'autel
quatre grands vases de métal, dont deux sont des callo-
lettes jettant de la fumée odoriférante, & les deux autres
contiennent diverses choses nécessaires pour le sacrifice.
Il a aussi supprimé un grand vase très-riche qui étoit sur
l'autel, orné de guirlandes de fleurs, pour y substituer un
brasier jettant une grande flamme, avec une victime qui s'y
consume : Il y a fait encore plusieurs autres changemens
considérables dont on va rendre compte.

____

(1) Feu M. Huquier prétendoit que le cuivre de cette planche est le
même que celui sur lequel M. le Clerc avoit gravé anciennement l'estampe appellée communément *le tombeau du Roi de Portugal*, &
qui est une vue extérieure du temple de sainte Catherine, en Suede
(Voyez ci-devant N°. 6). Il ajoutoit que M. le Clerc, après s'être
servi long-tems du cuivre de cette estampe, comme d'une pèle, pour
enlever les ordures de son cabinet, lorsqu'on le balayoit, parce qu'il
y avoit une marche pour y descendre, l'avoit fait effacer & repolir
pour graver dessus l'apothéose d'Isis. Si cette anecdote est véritable, il
faut que le cuivrier, en battant ce cuivre, l'ait élargi de quatre lignes,
puisque celui-ci porte 8 pou. 1 lig. de large sur 12 pou. 6 lig. de haut,
& qu'il n'avoit ci-devant que 7 pou. 9 lig. de large, sur 12 pou.
6 lig. de long : ce qui est très-vraisemblable.

Différences dans les cinq épreuves qu'on voit chez M. le Normant du Coudray, à Orléans.

1°. Avant la lettre, avec une place vuide pour les armes, au bas de l'estampe : avec les danseurs ; un grand vase sur l'autel : les fumées sortant des cassolettes en haut, entre les colonnes, très-légerement ombrées.

2°. Avant la lettre : les memes choses restant comme dans l'épreuve précédente , les fumées des cassolettes entre les colonnes beaucoup plus ombrées.

3°. Avant la lettre : les danseurs & le vase supprimés : on a mis à la place un sacrificateur accompagné de plusieurs autres figures : des victimes qu'on amene : le feu brûlant sur l'autel : & nombre d'autres changemens & augmentations. L'espace vuide au bas de l'estampe rempli par des armes.

4°. Avec la lettre ; le pavé entiérement marbré, &c, sans l'adresse d'Audran.

5°. Avec la lettre : avec l'adresse d'Audran en une ligne ajoutée au bas de l'estampe , au dessous de l'éloge de la Princesse de Bournonville. en douze vers françois.

Outre les différences qui caractérisent les cinq épreuves ci-dessus, en voici d'autres que j'ai encore remarqué, aidé des lumieres de M. le Normant, à Orléans [1].

Aux premieres épreuves il y a des tailles croisées dans les nuages au-dessous du trône, sous les pieds de Jupiter & de Junon, où ces nuages sont fortement ombrés. M. le Clerc a ensuite effacé cette forte ombre & les doubles

---

[1] M. le Normant du Coudray, demeurant à Orléans, amateur très-instruit dans la connóissance des livres & des estampes, est extrémément curieux des ouvrages de Sébastien le Clerc, dont il possede un œuvre assez étendu & encore plus intéressant par les raretés qu'on y trouve. Ce savant m'a été d'un grand secours dans les recherches infinies que j'ai été dans le cas de faire, tant pour les dates de chaque estampe de le Clerc, que pour les différences qu'on remarque dans la plus grande partie de ses ouvrages. Je dois à cet amateur zélé l'aveu public des lumieres que j'en ai tiré pour la composition de ce catalogue , que je n'aurois jamais osé entreprendre sans ses encouragemens & ses bons conseils.

tailles croifées, pour ombrer ces nuages plus légerement
& à une fimple taille.

Le Saturne & le Mercure, au-deffous du trône de Jupiter, étoient d'abord éclairés. Le Mercure, qui eft à droite,
a été enfuite ombré plus fortement, & fa tête a été changée.
A d'autres épreuves plus modernes, on voit la même
ombre portée auffi fur Saturne, qui eft à gauche.

Au corps d'architecture qui orne le devant de l'eftampe,
les colonnes qui étoient d'abord toutes unies, ainfi que
celles du fond du théatre, ont été enfuite marbrées. La frife
de l'entablement porté par les colonnes, étoit auffi toute
unie fur le devant du théatre, on y a mis des rinceaux
d'ornement pareils à ceux qu'on voyoit à la frife dans le
fond de la falle. Le percé du milieu, fous une grande arcade, qui étoit clair, a été ombré d'une double taille, ainfi
que la partie fuyante, au-deffous de cette arcade, & le payfage qu'on voit des deux côtés. On a étendu un nuage fur
quelques entrelas de la baluftrade au haut de l'édifice, dans
le renfoncement, fur le côté gauche.

Sur le devant, au bas de l'eftampe, un grand rond fur
le pavé qui étoit tout uni, au devant de l'autel, a été
marbré : on a auffi ajouté des pieces, en carreaux noirs,
dans le milieu des grands carreaux, des deux côtés de ce
rond marbré.

Au cabinet des eftampes du Roi, deux épreuves, l'une
avec les danfeurs, l'autre avec les facrificateurs & la lettre
gravée. Chez Madame de Bandeville, trois épreuves, avec
toutes les différences indiquées dans le catalogue du cabinet de M. le Clerc fils, par M. Joullain fils, fon gendre.
Voyez pages 15 & 16 du catalogue de ce cabinet, in-douze,
imprimé à Paris en 1764.

Chez MM. Paignon & Jombert, & chez l'avocat Lachey, quatre épreuves différentes, où l'on peut remarquer toutes les différences détaillées ci-deffus.

Chez M. Paignon, un deffein original de le Clerc, au
crayon rouge, dont la moitié eft lavée à l'encre de la Chine
par deffus le crayon ; c'eft une premiere penfée de l'apothéofe d'Ifis, avec le vafe au milieu, fur l'autel, & deux
rangs de danfeurs, cinq de chaque côté.

F iv

Haut. de ce deſſein 8 pou. 1 lig. larg. 5 pou. 10 lig.

Chez le même, autre deſſein original de le Clerc ; ſimplement au crayon rouge, d'une décoration théatrale vue en face, dans le goût de la compoſition précédente. On voit au milieu un grand palmier avec des eſclaves attachés au pied de cet arbre. Sur les deux côtés, des danſeurs de l'opera & des guerriers formant un ballet.

Haut. de ce deſſein 8 pou. 1 lig. larg. 5 pou. 10 lig.

1237. *Bibliotheca Telleriana, In-folio.* Paris. Imprim. Royale. 1693 [1].   CLEMENT

1. Vignette où l'on voit, à gauche ſur le devant, une table couverte d'un tapis aux armes de M. le Tellier, archevêque de Rheims. Au-deſſus, un globe terreſtre monté ſur ſon pied : autour de cette table pluſieurs génies qui étudient & qui travaillent d'après des livres. A droite, dans le fond, une vue de cette belle bibliotheque. *Seb. le Clerc f.*

Haut. 2 pou. 7 lig. long. 5 pou. 10 lig.

Chez M. Jombert, deſſein original de le Clerc, lavé à l'encre de la Chine, pour une premiere penſée de cette vignette : ici les armes du prélat devoient être dans un cartel poſé ſur un piedeſtal au milieu du deſſein : à gauche, un groupe d'enfans très-ingénieuſement diſpoſé : à droite, la vue d'une bibliotheque.

Haut. de ce deſſein 2 pou. 4 lig. long. 6 pou. 4 lig.

2. Grande lettre B ornée d'une mitre, avec une croſſe & une croix d'archevêque en ſautoir, d'où pendent les glands du chapeau d'archevêque, à cinq rangs : derriere le tout un manteau ducal doublé d'hermine : l'eſtampe eſt entourée d'une petite bordure.

---

[1] La bibliotheque dont il eſt ici queſtion eſt celle de Michel le Tellier, chancelier de France & miniſtre d'état, mort en 1685. Charles-Maurice le Tellier, ſon fils, archevêque duc de Rheims, premier pair de France, commandeur de l'ordre du Saint-Eſprit, &c. ayant hérité de cette magnifique bibliotheque, en fit faire le catalogue, qui fut imprimé au Louvre en 1693. Ce prélat étant mort en 1710, a légué par teſtament cette même bibliotheque aux chanoines réguliers de l'abbaye de Sainte Geneviere de Paris, pour être rendue publique.

Grandeur 1 pou. 9 lig.

Au cabinet des estampes du Roi, chez MM. Paignon &
Jombert, la vignette & la lettre grise.

† 238. Histoire du Cardinal Ximenès, par M.
Fléchier, *In-quarto*, Paris. Anisson. 1693.

† 1. Fleuron du titre. C'est une belle fleur-de-lys, dont les
trois branches entr'ouvertes laissent voir une grande quantité de grains. Elle est entourée d'une couronne, ou guirlande circulaire formée par des fleurs & des feuillages
liés avec un ruban tortillé autour. *S. L. C.*

Haut. du cuivre 2 pou. 11 lig. larg. *idem.*

Il y a une copie de ce fleuron gravée en bois & assez
bien imitée, de même grandeur, qu'on peut voir dans
l'œuvre de le Clerc, chez M. Jombert.

† 2. Vignette du premier livre. Elisabeth de Castille, reine
d'Espagne, choisit le pere François Ximenès, Cordelier
à Tolede, pour son confesseur, & le nomme à l'arche-
vêché de Tolede, dont elle le fait pourvoir malgré son
opposition. Un petit ange vole au devant de ce moine, &
lui présente les attributs de l'épiscopat.

Haut. de cette vignette & des suivantes 3 pou. 2 lig;
long. 4 pou. 2 lig.

Chez Madame de Bandeville, le dessein original de cette
vignette, fait par le Clerc, lavé à l'encre de la Chine,
avec quelques différences dans la composition.

† 3. Vignette du second livre. Le pape Jules II ayant ac-
cordé à Ferdinand, roi d'Espagne, le chapeau de cardinal
en faveur de l'archevêque Ximenès, ce roi lui en confere
la dignité dans la chapelle de son palais, & lui confie l'ad-
ministration des affaires de l'état.

† 4. Vignette du troisieme livre. Entrée victorieuse du
Cardinal Ximenès dans la ville d'Oran, à la tête des
troupes espagnoles, précédé d'un moine de son ordre, de
taille gigantesque, portant la triple croix, & suivi de quantité d'autres moines montés sur des ânes & sur des chevaux, ceints d'une épée par dessus leurs robes.

5. Vignette du quatrieme livre. Le cardinal Ximenès
recevant les remerciemens des habitans de Tolede & des

députés du sénat pour avoir préservé cette capitale & les principales villes de l'Espagne de la famine dont on étoit menacé.

Différence dans l'épaisseur du premier pilastre, proche du trône de l'archevêque, dont les tailles ont été croisées par d'autres, ainsi que dans les manteaux des députés, dont les ombres ont été fortifiées : il y a eu aussi des doubles tailles ajoutées à divers autres endroits de cette estampe, qu'on ne voit point aux premieres épreuves.

4 6. Vignette du livre V. Le cardinal Ximenès fait assembler des savans & des docteurs pour faire une magnifique édition d'une bible polyglotte, latine, grecque, hébraïque, & chaldaïque. On y travailla pendant 15 ans : ce grand ouvrage fut achevé & imprimé l'an 1520.

† 7. Vignette du sixieme livre. Mort du cardinal Ximenès, l'an 1517, & son mausolée érigé dans le college de Saint-Ildefonse qu'il avoit fondé à Alcala, l'an 1498.

Chez M. Paignon, il y a deux épreuves de cette vignette, avec quelques différences.

4 8. Cul-de-lampe représentant un génie assis sur des nuages, traçant les armes du cardinal Ximenès sur un cartel : il y a une grande draperie derriere ce génie, qui lui sert de fond. *Séb. le Clerc f.*

Haut. du cuivre 2 pou. 10 lig. larg. *idem.*

Différencé dans les carreaux formant les armes de ce prélat, qui étoient d'abord au nombre de 33, & qui ont été agrandies & mis au nombre de 15 carreaux : dans des doubles tailles croisées après coup sur partie de la draperie, derriere le dos de l'enfant.

4 9. Cul-de-lampe, où l'on voit deux enfans assis tenant les attributs de l'archiépiscopat, avec quelques nuages derriere eux. *Séb. le Clerc f.*

Haut. du cuivre 2 pou. 10 lig. larg. *idem.*

4 10. Cul-de-lampe : la Justice assise sur des nuages, vue de profil, tournée & regardant vers la gauche : elle tient la balance de la main droite, & l'épée de la gauche. *S. le Clerc f.*

Haut. du cuivre 2 pou. 3 lig. long. 3 pou. 4 lig.

4 11. Cul-de-lampe où l'on voit deux enfans debout plantant une croix sur un trophée d'armes & de drapeaux de Mahometans. *S. le Clerc f.*

1693.

Haut. du cuivre 2 pou. 6 lig. larg. 2 pou. 5 lig.

12. Cul-de-lampe : la Religion, fous la figure d'une femme, affife dans une efpece de trône où eft une niche en renfoncement : elle eft vue en face, tenant de la main gauche un fceptre, & de la droite, les deux clefs de l'églife. Derriere elle eft une niche & deux piedroits terminés par deux vafes : aux deux cotés du trône, des drapeaux & autres trophées militaires. *S. le Clerc f.*

Haut. du cuivre 2 pou. 3 lig. long. 2 pou. 10 lig.

Au cabinet des eftampes du Roi, chez Madame de Bandeville, chez MM. Paignon & Jombert, cette fuite complette.

1694.

+ 239. Saint Claude à genoux au milieu d'une folitude environnée d'arbres, tourné vers la droite, éclairé par un rayon de lumiere fortant du ciel, du même côté de l'eftampe.

Haut. de l'eftampe feule 2 pou. 11 lig. long. 4 pou.

Quelques amateurs ont cru que cette eftampe repréfentoit N. S. priant dans le defert, mais il eft facile de voir que c'eft S. Claude que M. le Clerc y a repréfenté ; c'étoit d'ailleurs le patron de M. Potier, pour qui elle a été faite originairement. M. Potier, poffeffeur de cette planche, en ayant fait tirer un très-petit nombre d'épreuves, & voulant leur donner le mérite de la rareté, fit effacer le faint Claude & réduifit la planche en l'état où on la voit dans les cabinets des curieux. Long-tems après la mort de le Clerc, M. Potier voulant faire reparoître fa planche fous une nouvelle forme, chargea M. Eyfen, dont les talens commençoient à fe faire connoître, de réparer le défordre où fe trouvoit cette planche, & d'y graver une Magdeleine pénitente. Enfin, après la mort de M. Potier, arrivée vers la fin de 1756, M. Helle, qui fit la vente des eftampes & deffeins de fon cabinet, ayant acheté le cuivre de cette eftampe, fit effacer à fon tour la Magdeleine ajoutée par Eyfen, & pria M. Cochin fils, d'y fubftituer un S. Pierre, pleurant fon péché, au chant du

coq, que l'on voit monté fur un bout de roche, vis-à-
vis de lui. Ce qu'il fit en 1759. Telle eft en abrégé l'hiftoire de cette petite eftampe travaillée fucceſſivement par
trois artiftes célebres : le Clerc, Eyfen, & Cochin.

Cette anecdote a donné lieu à quelques quatrains plus
hiftoriques que poëtiques : en voici un de la compofition
de M. Gravelot [1], deffinateur dont le mérite eft connu,
mais qui réuffiffoit mieux le crayon à la main que dans
l'art de faire des vers.

> Saint Claude par le Clerc occupa cette place,
> La Madeleine y fut mife après par Eyfen :
> De la main de Cochin faint Pierre enfin l'efface ;
> C'eft le portier des cieux, qu'il nous les ouvre. *Amen.*
>
> H. *Gravelot.*

Nous avons déjà rapporté l'autre quatrain dans le catalogue de l'œuvre de Ch. Nic. Cochin fils, page 94, N°.
250 : nous le remettons encore ici fous les yeux du lecteur, en faveur des perfonnes qui n'ont pas ce catalogue.

> Le Clerc de ce chef-d'œuvre eut la gloire & la peine,
> Sair Claude y fut placé par fon favant burin :
> Eyfen l'en délogea pour une Magdeleine,
> Et faint Pierre à fon tour, y fut mis par Cochin.

Au cabinet des eftampes du Roi, il y a fix épreuves
différentes de cette planche.

Chez Madame de Bandeville & chez M. Rouffet, architecte, il y en a quatre, avec le récit hiftorique de M.
Helle, gravé fur une planche en hauteur. Chez M. Jombert, 5 épreuves. Chez M. Paignon il s'y en trouve jufqu'à 11 différentes, tant épreuves que contr'épreuves,
avec tous les changemens & effaçages poffibles.

+240. Saint Martial, apôtre & patron de la
France.

1694.

Ce faint eft repréfenté revêtu de fes habits pontificaux, à genoux dans le fanctuaire d'une églife, vis-à-vis l'autel. Dans un rayon de lumiere qui part du haut de l'eftampe, à droite, & qui defcend fur le faint, on lit : *D. J. C. paftor bone, commendo tibi oves quas mihi tradidifti.*

Haut. de l'eftampe feule 1 pou. 11 lig. long. 2 pou. 10 lig.

Differendes. Les premieres épreuves font avant l'infcription rapportée ci-deffus : on y a enfuite gravé cette infcription dans le rayon de lumiere, & l'on a foudé au bas de la planche une petite bande de cuivre de 7 lignes de large, fur laquelle on a gravé ce qui fuit : SANCTUS MARTIALIS, Galliarum Apoftolus & Patronus. Enfin l'on a fupprimé cette petite bande de cuivre, pour imprimer en lettres, au-deffous de cette eftampe, une oraifon à ce faint, avec un abrégé hiftorique de la vie & des prédications de ce fucceffeur des apôtres ; on y lit ce titre au-deffus de l'oraifon : Saint Martial, Apoftre de la France, fur-tout de l'Aquitaine & de Paris. Oraifon, &c. Le tout forme une page *in-octavo*. L'explication eft imprimée derriere.

Au cabinet des eftampes du Roi & chez M. Paignon ; deux épreuves avant & avec la lettre gravée dans le rayon de lumiere. Chez M. Jombert, trois épreuves, avec toutes les variations ci-deffus. JUNIUS (FRANCISCUS)

241. Francifci Junii de picturâ veterum. Libri tres. In-folio. Rotterdam. Seconde édition. 1694 [1].

---

[1] Cette vignette fe trouve rarement dans les exemplaires de ce livre, l'éditeur n'ayant mis fon épitre dédicatoire à M. l'abbé Bignon, que dans quelques-uns de ceux qu'il a envoyés en France, foit au patron à qui il dédioit fon livre, foit à quelques perfonnes diftinguées à qui il en a fait préfent. On ne trouve dans tous les autres exemplaires que l'épitre dédicatoire de la premiere édition, au Roi d'Angleterre, par Guill. Blaeu, en 1637, fans aucune vignette. Il y a à la tête de cette feconde édition un fort beau frontifpice gravé par J. Mulder, & le portrait de *Junius* gravé par Van Gunft, l'un & l'autre d'après les tableaux d'Adrien Vander Werff, peintre de l'école Flamande, célebre pour le précieux fini de fes ouvrages, né à Rotterdam en 1659, mort en la même ville en 1727.

1694.

Une très-belle vignette où l'on voit, à droite sur le devant, la Géométrie & l'Histoire, sous la figure de deux Muses assises devant une table ronde posée sur un seul pied : plus loin, la Méchanique, & l'Eloquence. Dans le fond, une grande bibliotheque. A gauche, les armes de M. l'abbé Bignon, bibliothécaire du Roi, accompagnées de deux grands anges qui en soutiennent le cartel, par en bas, & de deux petits anges qui volent au-dessus, en tenant une mitre & une crosse. Encore plus à gauche, vers le bord de l'estampe, la Religion assise sur des nuages. *S. le Clerc f.*

Haut. de l'estampe 2 pou. 11 lig. long. 5 pou. 10 lig.

Au cabinet des estampes du Roi, chez Madame de Bandeville, chez MM. Paignon, Jombert, &c. très-bonne épreuve.

+242. Dictionnaire étymologique de Menage, *in-folio.* Paris. Anisson. 1694.

1. Une vignette, au milieu de laquelle est un grand cartel rempli des armes de Bignon ; aux deux côtés du cartel, sont deux grands anges assis & habillés, dont l'un à droite soutient le cartel d'une main, & tient de la gauche un caducée, le bras appuyé sur un globe céleste : l'autre, qui est à la gauche de l'estampe, montre les armes avec son doigt, & tient de la main gauche une branche d'olivier. A leurs pieds, sont divers attributs des sciences & de la marine. La vignette est entourée d'une petite bordure d'ornement. *S. le Clerc f.*

Haut. avec la bordure 2 pou. 7 lig. long. 5 pou. 6 lig.

Au cabinet des estampes du Roi. Chez MM. Paignon, Jombert, &c.

Chez Madame de Bandeville, on voit une étude pour cette vignette, dessinée par le Clerc au crayon rouge avec un léger lavis d'encre de la Chine par dessus.

2. Copie de cette vignette gravée en bois, avec les armes du Roi au lieu de celles de Bignon, & les deux mêmes anges pour supports, *Le Sueur l'aîné f.*

Long. 7 pou.

Chez Madame de Bandeville.

†243. Elévation géométrale, & vues perspectives du palais du Roi à Stockolm, &c.

†1. Grande façade du palais du Roi à Stockolm, dessinée géométralement par N. Tessin, sur-intendant des bâtimens de S. M. le Roi de Suede, & gravée par le Clerc. On voit au bas de l'estampe, gravé en très-gros caracteres : *Regiæ Stokholmensis facies septentrionale surburtium spectans, regnante Carolo undecimo extructæ.*

Haut. totale du cuivre 13 pou. 11 lig long. 29 pou.

Dans l'œuvre de le Clerc qui est au séminaire de Saint Sulpice, il y a deux épreuves de cette façade avec la lettre. Sur l'une de ces épreuves, qui est très-rare, l'inscription ci-dessus est gravée en moyenne bâtarde, le reste du bas de la planche est vuide. A l'autre épreuve, la même inscription a été effacée & gravée en très-gros caracteres, comme elle se voit sur les épreuves ordinaires. Au-dessous est une échelle de 100 aunes de Suede ; au-dessous de l'échelle on a marqué la grandeur d'une de ces aunes de Suede, qui revient à très-peu de chose près, à notre demi-aune de Paris. Au-dessous de cette mesure, tout au bas de la planche, est l'année 1695, gravée en petits caracteres. Le nom de le Clerc & celui du Baron de Tessin se voient également à l'une & l'autre de ces épreuves, à droite & à gauche, aux deux extrémités de l'estampe, au-dessous du trait qui la termine par en bas.

Chez MM. Paignon & Jombert, deux épreuves de cette grande planche, l'une avant toute lettre, l'autre avec la lettre, & avec l'inscription gravée en très-gros caracteres.

†2. Elévation perspective du château royal de Stockolm, vue du dedans de la cour. Au haut de l'estampe est écrit en capitales : *Pars septentrionalis arcis Regiæ Holmensis, auspicio ac sumptu serenissimi Regis Caroli XI, anno 1693, e fundamentis exstructa, quæ faciem introrsum vertit, ad ipsam arcis aream.*

Au bas de cette façade on voit la cour remplie de plusieurs carrosses & d'une grande quantité de soldats qui défilent sur plusieurs rangs, dont une partie, à droite, est déjà rassemblée en un corps de troupes.

Haut. 4 pou. 9 lig. long. 11 pou.

1695.

+ 3. Elévation perfpective de la façade extérieure du château royal de Stockolm, du côté de l'entrée, faifant face au pont & au fauxbourg du côté du nord. Au haut de la planche eft écrit en capitales : *Ejufdem partis facies exterior quæ fpectat pontem & furburbium feptentrionale.*

Cette eftampe offre la même façade que l'élévation géométrale repréfentée fur la premiere planche, mais elle eft ici beaucoup plus intéreffante par l'effet perfpectif du perron fitué au milieu de cet édifice, & de la double rampe qui y eft pratiquée pour monter à la principale porte par laquelle on entre dans la grande cour. Il y a fur cette rampe plufieurs carroffes & quantité de gens à pied & à cheval qui montent & defcendent. Au bas de la même rampe, eft un grand concours de peuple & d'habitans de toute condition. Le devant du perron eft orné de trois belles nappes d'eau qui coulent du haut de trois arcades d'ordre Ruftique, pareilles à celles qu'on voit fur la grande élévation géométrale, planche premiere de ce N°.

Haut. de cette vue perfpective 5 pou. 3 lig. long. 11 pou.

Ces deux vues perfpectives, qui font très-curieufes & du mieux de le Clerc, fe trouvent dans le tome premier du recueil des monumens de Suede, connu fous le nom de *Suecia antiqua & hodierna*, en 3 vol. *in-folio*, dont nous avons parlé ci-devant (page 5, note 1) au fujet de la chapelle de fainte Cathérine à Stockolm, en Suede (N°. 6). Dans le livre ci-deffus, ces deux planches font gravées fur un même cuivre qui porte 10 pou. 6 lig. de haut fur 11 pou. 4 lig. de long. On en peut voir une bonne épreuve dans l'œuvre de cet artifte qui eft au féminaire de S. Sulpice. Ces eftampes ne font connues d'aucun amateur ni marchand; je fuis le premier qui en ai fait la découverte, & qui en ai parlé dans le catalogue de l'œuvre de ce maître.

— 4. Voici le titre d'une autre eftampe très-rare & inconnue, gravée par le Clerc, d'après le deffein du même baron de Teffin, qui repréfente une vue du château royal de Coppenhague : elle m'a été indiquée par M. le baron de Heineken, amateur très-inftruit dans la connoiffance des eftampes, qui a donné des preuves de fon favoir & de fon érudition profonde par plufieurs ouvrages extrêmement

curieux

curieux, imprimés à Dresde, ainsi que par son Dictionnaire des graveurs & des artistes qui ont gravé, lequel
s'imprime actuellement à Paris chez Jombert pere.

*Anterior & præcipua Regiæ Hafniensi prout destinata
sit facies, quam summus Regiorum ædificiorum hortorum-
que per Sueciam præfectus L. Baro N. Tessin ordinavit &
& delineavit.*

Dans le cabinet de M. le Baron de Heineken, à Dresde.
Haut.   long.

†244. Veues de plusieurs petis endrois des
fauxbourgs de Paris. A Paris, chez G. Audran,
rue Saint-Jacques, &c. En 12 pl. numerotées. †

†1. Le titre ci-dessus dans un cartel en travers orné de
branches d'arbres & de guirlandes de fleurs. *Le Clerc f.*

Haut. du titre 2 pou. 3 lig. long. 5 pou. 8 lig.

†2. On voit sur la droite un terrein le long de la riviere,
avec des maisons bâties derriere : dans le lointain, deux
clochers assez semblables aux deux de l'abbaye de Saint
Germain-des-Prés, à Paris. *S. le Clerc f.*

Haut. de cette estampe & des suivantes 2 pou. 1 lig.
long. 5 pou. 5 lig.

Différence dans des ombres ajoutées vers la gauche,
au bord du rivage, au terrein au dessus, & aux deux maisons qui sont derriere.

†3. A droite, sur le devant, un moulin à vent, à cage
de charpente, dont les ailes sont tournées vers la gauche,
& dont le bas est en tour ronde finissant en pointe, élevé
sur un soubassement circulaire de maçonnerie. A gauche,
diverses maisons de Paris dont on ne voit que les toits :
dans le lointain une tour quarrée & un clocher pointu à
côté, qui paroissent appartenir à l'église de S. Jacques-du-
Haut-Pas, & à celle du séminaire de S. Magloire qui est
à côté. *S. le Clerc f.*

Il y a quelque différence dans les ombres des terrasses,
sur le devant, qui ont été augmentées & fortifiées.

†4. A droite, les deux clochers de deux églises l'une à
côté de l'autre : ce sont ceux de S. Etienne & de Sainte-

Genevieve. A gauche, un monastere hors de la ville, au delà de la barriere : c'est la maison de l'institution des Peres de l'Oratoire, avec les jardins qui en dépendent. Sur le devant, aussi à gauche, un cheval chargé qui va vers la ville, & deux hommes qui gardent des chevres. *S. le Clerc f.*

+5. A gauche, sur le devant, une maison & un chantier de bois à brûler ; quelques autres maisons dans le lointain. A droite, la riviere de Seine qui serpente, & plusieurs blanchisseuses sur son bord. Sur le devant, un batelet pour passer l'eau, avec quelques personnes dedans. *S. le Clerc.*

+6. Sur le devant, la riviere de Seine, vue en face dans la longueur de l'estampe : de l'autre côté de l'eau, une jolie maison de campagne ; on apperçoit dans le lointain le fauxbourg Saint-Antoine, & l'arc de triomphe qu'on devoit y ériger en l'honneur de Louis XIV. A gauche, sur le devant, cinq hommes tirent un grand bateau dont on ne voit que la levée, sur laquelle est un homme debout. *S. le Clerc f.*

+7. A droite, sur le devant, un moulin à vent à cage de bois, dont les ailes sont tournées vers la droite, monté sur un soubassement circulaire, avec deux maisons ou chaumieres à côté. A gauche, dans l'éloignement, deux roues de carriere, & un horison extrêmement bas, sans aucunes maisons. *S. le C.*

+8. A gauche, sur le devant, un monastere dont les murs bordent un chemin où l'on voit quelques voyageurs, & une voiture à deux chevaux dans le lointain. A droite, plusieurs bœufs & autres bestiaux dans une prairie.

Différence dans l'ombre des terrasses & des arbres à gauche, qui ont été fortifiées après coup.

+9. A gauche, une maison de campagne qui paroît considérable, avec des arbres & des jardins derriere. Devant la maison, plusieurs personnes à pied & à cheval, & quelques chevaux nuds, sans cavalier, d'autres que l'on essaie & que l'on fait courir. Ce pourroit bien être une vue de l'ancien marché aux chevaux à la barriere Saint-Victor. *Le Clerc.*

Différence considérable dans les terrasses sur le devant, qui ont été fortement ombrées aux dernieres épreuves, ainsi que la maison de campagne qui est vers la gauche.

┼10. A droite, fur le devant, une carriere à pierre avec fa grande roue que des hommes font tourner, vue de trois quarts. Dans le fond, l'églife, le dôme, & le monaftere du Val-de-Grace, fauxboug Saint-Jacques, avec les bâtimens qui en dépendent, très-bien repréfentés. Plus loin, à gauche, le dôme de l'églife de la Sorbonne. Aux premieres épreuves on voit vers la gauche : *S. le Clerc f.*

Différence dans le terrein, à gauche, fur le devant, dont une partie étoit blanche aux premieres épreuves, enforte qu'on y voyoit très-bien le nom de le Clerc : ce même terrein a été enfuite fi fortement ombré qu'il eft impoffible d'y appercevoir fon nom.

┼11. A gauche, fur le devant, la vue d'un moulin à vent, à cage de bois, dont les ailes font tournées vers la gauche, élevé fur un grand foubaffement en maçonnerie de forme circulaire, fur le bord duquel, à droite, on voit un puits. Dans le lointain, une jolie vue d'un fauxbourg de Paris.

┼12. Les deux églifes & les clochers de Saint Etienne & de Sainte Genevieve, vues du côté de la campagne. A gauche, la petite barriere des Capucins, & l'entrée de la rue de la Santé qui mene au champ des Capucins, fauxbourg Saint-Jacques.

Différence confidérable dans une barriere formée par des pieux & des traverfes de bois, qui a été ajoutée après coup, à droite, fur le devant de l'eftampe : dans le mur ombré qui y touche, qui a été alongé vers la droite : dans des feuillages & branches d'arbres qui y ont été ajoutés du même côté. Dans plufieurs branchages qui ont été ajoutés à gauche, à côté du petit bâtiment qui tient à la barriere, &c.

Au cabinet des eftampes du Roi, la fuite complette. Chez Madame de Bandeville & M. Paignon, deux fuites complettes, avec différence. Chez M. Jombert, la fuite complette, plus 5 épreuves doubles, avec les différences, & quelques copies de ces payfages, faites à Londres, par Vivarès.

─13. Petit payfage rariffime de la grandeur des vues des fauxbourgs de Paris, qui paroît de la même fuite, mais dont le Clerc n'a point fait ufage, & qui n'eft pas même entiérement achevé.

G ij

1695.

A gauche, fur le fecond plan, on voit une maſſe de maiſons bâties irréguliérement : plus loin, en venant à droite, un long mur de clôture & un terrein élevé au-deſſus, ſur lequel on apperçoit deux moulins à vent, l'un à cage de charpente, l'autre en pierre & en tour ronde: & deux roues de carriere à pierre qui ſe détachent en brun fur l'horiſon. *S. le Clerc f.*

Haut. de celui-ci 2 pou. 2 lig. long. 5 pou. 7 lig.

Cette petite eſtampe unique ne ſe trouve que chez Madame la préſidente de Bandeville.

+245. Le *puer parvulus*, ou le paſſage d'Iſaye [1].

On voit ſur cette eſtampe un jeune berger conduiſant un troupeau compoſé de lions, d'ours, de moutons, &c. A gauche, fur le devant, une femme aſſiſe, tenant ſur ſes genoux un enfant tout nud. Le reſte de l'eſtampe offre un très-beau payſage qui s'étend à perte de vue. *S. le Clerc f.*

---

[1] Voici ce que rapporte M. de la Beaumelle, à l'occaſion de cette allégorie. Les Quiétiſtes conçurent de grandes eſpérances ; ils répandirent une eſtampe pour annoncer l'accompliſſement de la prophétie de Madame Guyon, qui avoit prédit que l'oraiſon revivroit ſous un enfant ; c'eſt-à-dire, ſous M. le Duc de Bourgogne. Le ſujet de cette eſtampe avoit été propoſé à M. le Clerc par M. de Fenelon, Archevêque de Cambray, précepteur des enfans de France. Elle repréſente M. le duc de Bourgogne en habit de berger, une houlette à la main, au milieu d'un troupeau d'animaux de toute eſpece, féroces & familiers, avec ces paroles du chap. XXI du prophete Iſaye, gravées au-deſſous: *Puer parvulus minabit eos.* M. le duc d'Anjou eſt vers la gauche de l'eſtampe, ſous la figure d'un enfant nud couché à terre, qui tire un ſerpent de ſon trou. M. le duc de Berry, encore à la mammelle, entre les bras de ſa nourrice, joue avec un aſpic qu'il tient à la main. Madame Guyon eſt ſans doute la nourrice. On prétendoit repréſenter par ces emblêmes tous les états de la vie & toutes les paſſions calmées & vaincues par l'eſprit d'oraiſon que cette eſpece de propheteſſe avoit introduit. *Mém. pour ſervir à l'hiſt. de Mad. de Maintenon, par M. de la Beaumelle, petit in-octavo, troiſieme édition. Hambourg 1756, Tome III, page 142.*

Ce diſcours ſe trouve écrit vis-à-vis l'eſtampe du *puer parvulus*, dans l'œuvre de le Clerc qui eſt au cabinet des eſtampes du Roi. Tome I.

Haut. totale du cuivre avec la lettre 7 pou. long. 9 pou.
7 lig.

Différences. Aux premieres épreuves on voit un jeune
berger, vétu d'une tunique, avec une draperie volante,
la houlette à la main ; M. le Clerc a ensuite effacé cette
figure pour y substituer un gros enfant tout nud : il y a
aussi ajouté des roseaux derriere lui, & il a fait divers
autres changemens à cette planche, soit sur les devants,
soit dans les lointains qui bordent l'horison, où M. le
Clerc a ajouté une montagne assez élevée, proche le bord
de la planche, à droite.

Au cabinet des estampes du Roi, chez Madame de Bandeville, & chez M. Jombert, trois épreuves différentes:
1°. Avant toute lettre, le berger en jeune homme habillé. 2°. Avec la lettre & avec le jeune homme. 3°. Avec
la lettre, le berger changé en un enfant tout nud : avec les
mots : *F. Silvestre exc. C. P. R.* gravés vers la gauche, en
bas de la planche, au-dessous de l'estampe, indépendamment de son nom & de son adresse qui se trouvent encore
tout au long au-dessous du titre : *Puer parvulus minabit eos,*
& au-dessous des quatre vers françois : Sous la main de
Jesus, &c. ce qui a fait croire mal à propos à quelques
personnes, & en particulier à M. de la Beaumelle, cité
ci-dessus, que Silvestre étoit l'auteur & le dessinateur de
cette estampe.

Chez M. Paignon cinq épreuves différentes, dont deux
avant le petit serpent, à gauche, au bas de l'estampe, vis-
à-vis le petit enfant nud couché à terre qui tire un autre
serpent hors de son trou ; toutes les deux épreuves avant
la lettre. La troisieme aussi avant la lettre, avec le serpent.
La quatrieme avec la lettre, & avec le jeune homme habillé. La cinquieme avec la lettre, avec le berger changé
en un enfant nud, & avec une montagne ajoutée à droite,
dans le lointain, proche le bord de la planche.

Chez l'avocat Lachey, une seule épreuve avant la lettre.

+246. Mons, capitale de Hainaut, assiégée par
le Roi & emportée le 9 avril 1691, après 16 jours
de tranchée. *S. le Clerc f.*

Haut. du cuivre avec la lettre 6 pou. 3 lig. long. 9 pou.
3 lig.

✢ 247. La forteresse de Montmelian [1], prise
par Monf. de Catinat, le 21 décembre 1691.

Cette estampe est traitée allégoriquement. La ville de
Montmelian se voit au haut d'un rocher escarpé en forme
de char de triomphe, porté sur quatre roues basses, &
trainé par une vingtaine d'hommes. Une Renommée portant sur son épaule un grand étendart, vole devant le
char en sonnant de la trompette. Une grande multitude de
spectateurs de toute espece est assise dans le fond de l'estampe, qui représente une partie de la galerie de Versailles, vue sur sa longueur.

Haut. du cuivre 5 pou. 8 lig. long. 9 pou. 2 lig.

Chez Madame de Bandeville, on voit une épreuve de
cette planche avant la lettre, avant les ombres portées sur
une partie des figures du fond, sur les tapis qui pendent
au-dessous de chaque niche & de chaque fenêtre, & sur le
grand tapis qui recouvre l'appui au devant des figures qui
forment le premier rang. Avant les doubles tailles dans
les niches, derriere les statues : avant l'ombre ajoutée
dans les deux fenêtres du fond : avant l'ombre mise sur
une partie du drapeau que porte la Renommée, & sur

---

[1] J'aurois une opinion particuliere au sujet de cette estampe de la
prise de la forteresse de Montmelian. Ne seroit-ce point que quelque
ingénieur, pour faire sa cour au Roi, auroit fait exécuter en carton
ou autrement cette représentation, à peu près comme les plans en
relief qui sont dans la grande galerie du Louvre, & que l'on auroit
donné au Roi & aux Princes de sa famille, l'amusement de faire
promener cette machine dans les appartemens de Versailles ? Alors il
n'y auroit d'allégorique dans cette estampe que la figure de la renommée que le Clerc auroit ajoutée pour faire sentir la gloire qu'apportoit
au Roi une conquête aussi difficile. J'avoue que j'ai peine à croire
que le tout soit une allégorie. Il faut avoir une imagination bien
bizarre, pour s'aviser de faire marcher une montagne tirée par des
hommes. On n'a point de tradition, sans doute, qui aide à concevoir
le fait tel que je l'imagine ; mais il me semble qu'il est vraisemblable,
& qu'il donne un fondement raisonnable à cette idée baroque. Cette
note est de M. Cochin.

quelques endroits du haut du rocher formant le char de triomphe : avant la croix blanche sur l'écu faisant partie du petit trophée qu'on voit sur le côté du char entre les deux roues, &c.

Chez M. Paignon, il y en a une épreuve encore plus rare, & même unique : elle est avant tout le fond ; n'y ayant encore de gravé que le char, ceux qui le tirent, & la Renommée volante ; elle est par conséquent avant tous les spectateurs qu'on voit assis dans le fond aux épreuves ordinaires. Cette épreuve unique vient du cabinet de M. le Clerc fils, vendu par M. Joullain fils, en 1764.

†248. Les figures du temple & du palais de Salomon, par M. Maillet, prêtre & chanoine de l'église de Troyes. *In-folio* mince. Paris. Desprez. Avec 16 grandes planches.

·1. Pl. cotée 3. Veue du palais par le devant. On a représenté à droite, sur le devant de l'estampe, une des femmes de Salomon assise dans un char tiré par six chevaux conduits par six hommes à pied, escorté par des gens armés à pied & à cheval. Le fond de l'estampe est un palais d'une architecture réguliere, avec deux ailes très-saillantes formant une cour entourée de portiques à arcades, avec un peristyle ou une colonnade d'ordre Ionique au-dessus, qui regne dans tout le pourtour des ailes.

Haut. du cuivre 3 pou. 11 lig. long. 17 pou. 1 lig.

†2. Pl. cotée 4. Veue du costé des jardins. Au milieu du principal corps de bâtiment, on voit un petit portique à huit colonnes de face, d'ordre Ionique. Aux extrémités, deux arriere-corps renfoncés, terminés à droite & à gauche par une double colonnade du même ordre, tant au rez-de-chaussée qu'au premier étage. Le dessus de ce palais est en terrasse.

Haut. du cuivre 3 pou. 11 lig. long. 17 pou. 1 lig.

†3. Pl. cotée 5. Veue du palais par le flanc. On voit ici la maniere dont les portiques à arcades sur la face de devant, au rez-de-chaussée, se raccordent avec les peristyles à colonnes d'ordre Ionique qui décorent les extré-

mités & les côtés de la façade du côté des jardins. On y remarque aussi le bel effet du second periſtyle qui regne au premier étage dans tout le pourtour de ce palais magnifique.

Haut. du cuivre 3 pou. 11 lig. long. 13 pou. 6 lig.

4. Pl. cotée 7, ſans aucun titre au haut. Cette planche offre la vue perſpective d'un autre palais terminé dans le fond par une portion circulaire ornée de colonnes. On voit ſur le devant une grande multitude de figures, hommes, femmes, chevaux, chameaux, & pluſieurs chars à deux & à quatre chevaux. Toutes ces figures ſont extrêmement ſpirituelles, & du mieux de le Clerc.

Chez M. Paignon, il y a une épreuve unique de cette eſtampe, dont toutes les figures ſont deſſinées à la plume, de la main de le Clerc.

5. Pl. cotée 8. On lit au haut : perſpectif du temple, des maiſons des prêtres, & des *atriums*. Cette planche, qui eſt extrêmement longue, offre la partie du plan, & une élévation à vue d'oiſeau du temple, du logement des prêtres, de l'autel où ſe brûloient les victimes, de l'atrium des prêtres, de celui du peuple, &c. ainſi qu'on le voit écrit au bas de la planche, avec quelques figures de le Clerc.

Haut. du cuivre 4 pou. 1 lig. long. 24 pou. 2 lig.

M. le Clerc n'a gravé des figures que ſur les cinq planches ci-deſſus, & il y a grande apparence que l'architecture eſt gravée par un autre artiſte. Comme il n'y a aucune figure ſur les onze autres planches de cette ſuite, elles ne doivent point entrer dans ſon œuvre.

Chez MM. Paignon & Jombert, les cinq planches ci-deſſus.

249. Remarques & expériences phyſiques ſur la conſtruction d'une nouvelle Clepſidre, ſur les barometres, thermometres, & hygrometres. Par M. Amontons. *In-douze.* Paris. Jean Jombert. 1695.

Un frontiſpice où l'on voit la Phyſique ſous la figure

1695.

d'une femme debout, tenant un tuyau de barometre de la main gauche, & de la droite une horloge à poids. A côté d'elle, vers la droite, un jeune homme à genoux par terre reçoit dans un tuyau capillaire de la liqueur qui diſtile goute à goute d'un vaiſſeau qui eſt ſur le feu. Dans le lointain, à droite, la mer & des vaiſſeaux qui navigent à pleines voiles. Au bas eſt écrit: *P. le Pautre fecit* [1].

+250. Cérémonie de la preſtation de ſerment de fidélité entre les mains du Roi, dans la chapelle de Verſailles, par M. le Marquis de Dangeau, &c. le 18 décembre 1695.

Haut. de l'eſtampe avec ſon inſcription au bas 9 pou. 6 lig. long. 13 pou. 11 lig.

Différences: dans le nom de le Clerc qui étoit gravé à gauche, au-deſſous de l'eſtampe, & qui a été effacé pour y ſubſtituer: *Ant. Pezey inv.* Le nom de le Clerc a été re-porté de l'autre côté, à droite, au bas de l'eſtampe: on y lit aux épreuves modernes: *S. le Clerc fecit.*

Au cabinet des eſtampes du Roi. Chez M. Rouſſet, épreuve avant la lettre. Chez M. Jombert, trois épreuves, 1°. avant la lettre; 2°. avec le nom de le Clerc à gauche; 3°. avec le nom de Pezey, à gauche, & celui de le Clerc à droite.

Chez M. Paignon, trois épreuves, dont deux avant la lettre, avec quelques différences entre elles dans des ombres portées ſur quelques figures à divers endroits de cette eſtampe. La troiſieme épreuve avec la lettre, avant le nom de Pezey.

1696.

+251. La mutiplication des pains dans le déſert.

On voit dans ce chef-d'œuvre de le Clerc une multitude

---

[1] J'ignore pour quelle raiſon on a mis le nom de le Pautre au bas de l'eſtampe; mais il eſt certain qu'elle eſt gravée par le Clerc; il y en a une épreuve chez M. Paignon, ſans aucun nom de graveur. Chez M. Jombert, avec le nom de P. le Pautre.

étonnante d'hommes, de femmes, & de petits enfans qui forment de ce défert un endroit très-peuplé. C'est une vaste plaine entourée de montagnes, qui s'étend à perte de vue dans le lointain. On lit au bas ces mots, en deux lignes de capitales & une de bâtarde coulée : *Hunc Christi in deferto quinqu: panibus plebem maximam faturantis imaginem, rever. patri Francifco De la Chaife, focietatis Jefu, Regi à confeffionibus, offerebat, &c. Sebaftianus le Clerc.*

Haut. totale du cuivre avec la lettre 6 pou. 5 lig. long. 9 pou. 10 lig.

Différence dans le fond de l'estampe où M. le Clerc a ajouté plufieurs grouppes de figures, quelques endroits éclaircis & remaniés, d'autres plus ombrés, & nombre de chofes ajoutées de côté & d'autre : dans une branche d'arbre accompagnée de brouffailles pendantes ajoutées fur le bord de la montagne qui est à droite, dont les ombres font fortifiées : la fumée qui est au bas, diminuée & éclaircie, des doubles tailles paffées à divers endroits de cette montagne. Mais la plus grande rareté confiste dans une ville qui fe voyoit dans le plus grand lointain de l'estampe proche l'horifon, aux premieres épreuves, & que M. le Clerc a effacé auffi-tôt que l'estampe a paru.

Au cabinet des estampes du Roi, chez Madame de Bardeville, chez MM. Jombert, Rouffet, &c, deux épreuves, l'une avant la lettre, l'autre avec la lettre.

Chez M. Paignon, quatre épreuves différentes. La premiere qui est unique, & non finie, avec la petite ville dans le fond [1]. Avant les tailles paffées fur le ciel proche l'horifon : avant les nuages & les autres travaux dans le reste du ciel : les fumées beaucoup moins ombrées: avant la montagne dans le fond, à droite, &c. La feconde épreuve avant la lettre. La troifieme & la quatrieme épreuve avec la lettre, mais ayant entre elles des différences fenfibles dans les ombres du rocher, fur le devant vers la droite.

---

[1] Cette épreuve unique vient du cabinet de M. Potier, vendu en Février & Mars 1757. Elle a paffé dans le cabinet de M. Paignon d'Ijonval, avec une partie des autres raretés de ce riche cabinet d'estampes & de deffeins, formé du vivant de M. le Clerc.

252. Panégyriques des saints & autres sermons;
par M. Fléchier. *In-quarto,* Paris, 1696.

1. Une vignette à la tête du sermon pour la Toussaint,
appellée communément *le petit paradis.* On y voit, en
haut la Sainte-Trinité, & derriere elle un grand triangle
lumineux la pointe en bas. Au-dessous, la sainte Vierge
assise dans une espece de trône : des deux côtés les douze
apôtres assis sur des nuages dans des fauteuils avec de
grands dossiers : au-dessus d'eux, les anges. Au bas de
l'estampe une multitude de saints. *S. le Clerc.*

Haut. 2 pou. 3 lig. long. 4 pou. 4 lig.

Différence dans les nuages du bas de l'estampe qui sont
ombrés plus fortement aux dernieres épreuves, & où l'on
a ajouté des doubles tailles croisées.

Au cabinet des estampes du Roi, chez Madame de Bandeville, chez MM. Paignon, Jombert, &c, deux
épreuves avec différence.

Chez M. Paignon, une copie de cette vignette, gravée
un peu plus en grand, avec une bordure autour.

2. Lettre S d'une tête de soleil pointillée, jettant des
rayons flamboyans ; elle est entourée d'une légere bordure d'ornement.

253. Instruction pastorale de M. l'Archevêque
de Paris, sur le Quietisme. *In-octavo.* Paris. Premiere édition, 1696. La seconde est de 1698.

1. Vignette représentant la transfiguration de N. S.
J. C. sur le mont Tabor. Au-dessous de l'estampe est
écrit : *hic est filius meus dilectus : ipsum audite.*

Haut. de l'estampe avec la lettre au-dessous de la vignette, 1 pou. 9 lig. long. 2 pou. 7 lig. *S. le Clerc.*

2. Fleuron pour le titre dans un médaillon formé par
une petite guirlande de feuillages, avec un ruban qui voltige au-dessus. On voit dans le médaillon l'apparition de
N. S. marquée au chap. I de l'apocalypse ; il est debout
sur des nuages, entre six chandeliers, une épée sort de
sa bouche. S. Jean est prosterné à ses pieds. Sur le ruban
qui voltige est écrit: *Ego sum α & ω, principium & finis.*

1696.

Haut. du cuivre 2 pou. 11 lig. larg. 2 pou. 6 lig.

Au cabinet des estampes du Roi. Chez MM. Paigon &
Jombert, deux épreuves de chaque planche, l'une avant la
lettre, l'autre avec la lettre.

+254. Sentimens des plus habiles peintres sur
la pratique de la peinture & sculpture, par
Henry Testelin, peintre du Roi, professeur &
secretaire de l'académie royale de peinture. *In-
folio.* Paris. Mabre-Cramoisy. 1696.

1. Une vignette où l'on voit au milieu l'Eloquence
assise tenant un caducée d'une main, & soutenant de l'autre
un bouclier sur lequel est une tete de soleil rayonnante,
avec un casque au-dessus du bouclier, &c. C'est la même
qui a servi ci-devant au plaidoyer en faveur de Van Obstal,
en 1668, N°. 85 : où l'on a seulement effacé les armes
de Lamoignon sur le bouclier, pour y graver la devise du
Roi, un soleil avec cette inscription : *nec pluribus impar.*
S. le Clerc f.

2. Fleuron pour le titre, d'un aigle, les ailes déployées, vu en face, portant les armes de l'académie, &c.
employé ci-devant au même plaidoyer, N°. 85.

3. Lettre grise M, qui se trouve gravée sur le milieu
d'une grande planche, à la tête d'un discours sur l'expression des passions, dédié aux amateurs de la peinture : on
y voit une Minerve assise, tenant sa pique de la main
droite, la gauche appuyée sur son bouclier. Il y a un serpent entortillé autour du bas de sa pique [1].

Grandeur de cette lettre 1 pou. 7 lig. en quarré.

Chez MM. Paignon & Jombert, la vignette & la lettre M.

X+255. Les hommes illustres du XVIIe siecle,
par M. Perrault, de l'académie Françoise. *In-*

---

[1] Cette lettre M ne paroît point gravée par le Clerc non plus que
le reste de cette grande planche où elle se trouve, mais c'est une copie
d'une lettre M de pareille grandeur, dessinée & gravée par le Clerc,
dont on voit une épreuve chez M. Jombert, à côté de celle-ci.

olio. Paris. Le tome premier en 1696, le tome II, en 1700.

11. Fleuron du titre au tome premier. On y voit quatre Renommées sonnant de la trompette, grouppées sur un grand nuage, qui se tournent le dos pour aller publier les actions des grands hommes dans les quatre parties du monde. *S. le Clerc f.*

Haut. du cuivre 3 pou. 3 lig. long. 5 pou. 2 lig.

Chez Madame de Bandeville, le dessein original de ce fleuron par le Clerc, au crayon rouge, lavé à l'encre de la Chine.

12. Fleuron pour le titre du tome II, imprimé en 1700. C'est un trophée très-artistement composé de toutes sortes d'attributs de sciences, d'arts, & de dignités ecclésiastiques. *Le Clerc.*

Au cabinet des estampes du Roi, Chez Madame de Bandeville. Chez MM. Paignon, Jombert, &c.

Même grandeur.

1256. Caractères des passions gravés sur les desseins de l'illustre M. le Brun, par S. le Clerc. A Paris, chez N. Langlois, rue Saint-Jacques, à la Victoire.

Planche 1. Le titre ci-dessus dans un cartel ovale en longueur, entouré d'un ornement mâle & de très-bonne forme.

Haut. du cuivre 2 pou. 11 lig. long. 5 pou. 6 à 7 lig.

Les autres planches de cette suite sont toutes gravées au simple trait, sur des cuivres de la même grandeur que celle-ci.

Pl. 2. La joie.

Pl. 3. L'admiration.

Pl. 4. L'étonnement.

Pl. 5. L'attention & l'estime.

Pl. 6. Le mépris & la haine.

Pl. 7. L'horreur.

Pl. 8. La frayeur.

Pl. 9. La tristesse.

Pl. 10. La tranquillité.

•Pl. 11. cotée 10. Le ris.
•Pl. 12. cotée 11. Le pleurer. Mouvement compoſé.
•Pl. 13. cotée 12. La colere.
•Pl. 14. cotée 13. Colere mélée de rage. Colere mêlée de crainte. Extrême déſeſpoir.
•Pl. 15. cotée 14. L'amour ſimple. Abattement. Le deſir.
•Pl. 16. cotée 15. La vénération. Le raviſſement. Extrême douleur corporelle.
•Pl. 17. cotée 16. La crainte. Le mépris. La frayeur.
•Pl. 18. cotée 17. Etonnement avec frayeur. Compaſſion. Mouvement violent.
•Pl. 19. cotée 18. Mouvement violent. Mouvement violent où le cœur ſe roidit. La jalouſie.
•Pl. 20. cotée 19. Mouvement de douleur. Douleur aiguë de corps & d'eſprit. Mouvement compoſé.

Cette ſuite ſe trouve par tout : chez M. Paignon il y en a deux ſuites, l'une avant les chiffres, l'autre avec. Chez le même, outre les 20 planches ci-deſſus, on trouve deux feuilles en hauteur contenant 24 profils différens de têtes d'expreſſion, pour les paſſions de l'ame, deſſinés à l'encre de la Chine, par M. le Clerc, d'après les tableaux de M. le Brun, Le tout au ſimple tráit.

Haut. de chaque feuille de deſſeins 10 pou. larg. 5 pou. 10 lig.

+257. Les batailles d'Alexandre gravées en petit par Seb. le Clerc, d'après M. le Brun. A Paris, chez N. Langlois, rue Saint-Jacques, à la Victoire. 1696.

+1. La galerie de l'hôtel royal des Goblins, où l'on fait voir à M. Colbert, marquis de Villacerf, ſur-intendant des bâtimens, jardins, & manufactures de S. M. quelques actions d'Alexandre repréſentées en tapiſſeries ſur les tableaux de M. le Brun. *Seb. le Clerc fecit.*

Haut. totale de la planche avec la lettre au-deſſous 5 pou. 5 lig. long. 9 pou. 2 lig.

Différences dans les ſtatues qu'on voit aux trumeaux entre les fenêtres : ces ſtatues ſont blanches aux premieres épreuves, & ont été ombrées enſuite. Il y a quelqu

autres différences dans les figures que l'on voit sur cette
pl. où M. le Clerc a fait divers changemens, & ajouté
des ombres à plusieurs endroits.

42. La vertu surmonte tout obstacle. Alexandre ayant
passé le Granique, attaque les Perses à forces inégales, &
met en fuite leur innombrable multitude. S 4. (le c. sur

Différence dans des ombres ajoutées sur une partie des
grouppes à gauche, dans le lointain, & sur les figures
qu'on voit sur les devants l'estampe.

Haut. totale du cuivre 5 pou. 3 lig. long. 9 pou.

Chez M. Paignon, croquis au crayon rouge du passage
du Granique, dessiné par le Clerc.

Haut. de ce dessein 4 pou. 3 lig. long 9 pou.

43. La vertu plaist quoique vaincue. Alexandre touché
de la grandeur d'ame de Porus qu'il a vaincu, le reçoit au
nombre de ses amis.

Haut. totale du cuivre 5 pou. 4 lig. long. 10 pou. 4 lig.

44. La vertu est digne de l'empire du monde. Alexandre
ayant vaincu Darius & défait entiérement son armée à la
bataille près d'Arbelles, soumit tout l'orient à l'empire
des Macédoniens.

Haut. totale du cuivre 5 pou. 5 lig. long. 10 pou. 4 lig.

Différence dans les ombres des grouppes sur le devant
de l'estampe, qui ont été fortifiées.

45. Il est d'un roi de se vaincre soi-même. Cette estampe
représente Alexandre qui se présente devant la tente où
étoit la famille de Darius, suivi de son favori Ephestion.

Haut. totale du cuivre 5 pou. 3 lig. long. 6 pou. 4 lig.

Différence, dans une femme assise par terre sur le devant de l'estampe, à gauche, dont le dos & l'épaule
droite étoient blancs aux premieres épreuves, au lieu
qu'aux dernieres toute la figure se trouve ombrée fortement : dans la figure d'Ephestion où l'on a ajouté des
ombres : dans d'autres ombres mises après coup à différens
endroits des troncs d'arbres qui sont sur le devant : dans
l'endroit où se joignent les deux rideaux du pavillon par
en haut, formant une fente qui étoit d'abord de la même
teinte que les rideaux, & qui a été ensuite ombrée très-
fortement & portée au noir.

Chez M. Paignon, trois épreuves de cette planche.

1°. Avec le dos & l'épaule de la femme assise par terre,
blancs; l'entrée du pavillon par en haut, grise. 2°. L'é-
paule & le dos de la femme ombrés, la fente du pavillon
toujours grise. 3°. Le bras & l'épaule de la femme fortement ombrés, & la fente du pavillon par en haut, noire.

+6. Ainsi par la vertu s'élèvent les héros. Entrée triom-
phante d'Alexandre dans Babylone. *S. le Clerc sculp.*

Haut. totale du cuivre 5 pou. 2 lig. long. 6 pou. 3 lig.

Différences : à gauche, sur le bord de l'estampe, l'épaisseur d'un pilastre derrière une statue ombrée à deux tailles
dans toute sa hauteur : le derrière du cheval, plus ombré
des travaux & des ombres ajoutés aux terrasses sur le devant.

Chez Madame de Bandeville & chez M. Paignon, très
épreuves différentes des six planches de cette suite : l'
avant la lettre, les deux autres avec la lettre, bon
épreuves, où l'on remarque les changemens & les différences ci-dessus. Chez M. Rousset, architecte, 2 épreu-
différentes de cette suite, l'une avant la lettre, l'a
avec, l'une & l'autre très-belles épreuves. Au cabinet de
estampes du Roi, un belle épreuve de chacune.
M. Jombert, épreuves ordinaires. Chez M. le N. D. C.
Orléans, belles épreuves avec des différences à quelq
unes.

+258. Diverses suites de figures, chevaux,
paysages, dessinées & gravées par le Clerc,
l'instruction de M. le Duc de Bourgogne : en
livres, savoir ; huit de six feuilles chacun,
un de douze feuilles.

+1. *Livre I. Pl. 1.* Le titre, dans un cartel ovale en l
gueur, au-dessus duquel sont deux Renommées assises
sonnant de la trompette, & au milieu les armes de France
on lit au-dessus du cartel & dans son intérieur : *quelq
figures, chevaux, paysages, présentés à M. le Duc de Bourgogne, par son très-humble serviteur le Clerc.* Et au bas
cartel : *A Paris, chez G. Audran, graveur du Roi, r
Saint-Jacques, aux 2 piliers d'or.*

H2

Haut. de la planche du titre 3 pou. 8 lig. long. 6 pou.
2 lig.

+2. *Liv. I. Pl.* 2. Diverses figures d'hommes & de femmes qui se promenent. Sur le devant, à droite, un homme en grand manteau, debout, vu par derriere. Plus loin, vers la gauche, un autre vu en face vêtu de même. Plus loin, à gauche, une dame en habit troussé, un éventail à la main, &c.

Haut. de l'estampe 2 pou. 6 lig. long. 5 pou. 7 lig.

+3. *Liv. I. Pl.* 3. Diverses figures qui se promenent. A gauche, sur le devant, deux dames parées, dont une tient un éventail à la main : elle se retourne à droite pour regarder un homme d'épée qui la salue. A droite, dans le fond, un homme chargé d'un ballot, qui se repose sur un appui, &c.

Haut. de l'estampe 2 pou. 9 lig. long. 5 pou. 9 lig.

+4. *Liv. I. Pl.* 4. Au milieu, sur le devant, deux hommes en robe & en grand manteau qui se parlent : à gauche, vers le bas de l'estampe, un pauvre assis sur un petit mur fort bas. A droite, un homme d'épée, vu par le dos, qui s'approche d'une dame en la saluant.

+5. *Liv. I. Pl.* 5. A droite, sur le devant, un homme d'épée, vu en face, la main droite sur sa hanche droite, étendant le bras gauche pour montrer quelque chose. Au milieu, un homme en robe, un petit garçon devant lui : à côté de lui, vers la droite, un autre homme, vu par le dos, le chapeau sous le bras. A gauche, sur le devant, un homme en robe & en bonnet, vu en face.

Haut. de l'estampe 2 pou. 9 lig. long. 5 pou. 9 lig.

+6. *Liv. I. pl.* 6. A droite, sur le devant, un remouleur ou gagne-petit, aiguisant un couteau : à côté de lui un pauvre homme tenant quelques morceaux de bois, vu par le dos. A gauche, une vieille femme qui se baisse pour ramasser quelque chose : plus loin, vers la gauche, une jeune fille portant un paquet dans le devant de sa robe qui est retroussée.

Même grandeur.

+7. *Liv. II. Pl.* 1. Plusieurs chevaux en liberté, au nombre de neuf : à droite, sur le devant, un cheval posé sur ses quatre jambes, vu de profil, regardant à gauche : au

Part. II.   H

1696.

milieu, un cheval, aussi de profil, galopant vers la droite. Derriere lui, dans l'éloignement, un autre cheval dans la même attitude. A gauche un autre qui galope vers la gauche.

Haut. 2 pou. 7 lig. long. 5 pou. 7 lig.

†8 *Liv. II Pl.* 2. Dix chevaux en liberté. A gauche, sur le devant, un cheval, vu de profil, qui galope vers la droite : proche de lui, un autre qui veut se rouler par terre : plus loin, vers la droite, un autre qui se retourne derriere lui en galopant vers la droite. Sur le devant, à droite, un cheval, vu de côté, allant vers la gauche, au petit galop.

Haut. 2 pou. 8 lig. long. 5 pou. 9 lig.

+9. *Liv. II. Pl.* 3. Chevaux en liberté. A droite, sur le devant, un cheval qui rue des deux pieds de derriere, vu de côté, tourné de droite à gauche. Au milieu, un autre qui va au petit pas, tourné vers la droite. A gauche, un cheval qui se cabre sur les deux pieds de derriere, allant à droite & regardant derriere lui.

Même grandeur.

+10. *Liv. II. Pl.* 4. Onze chevaux en liberté. A droite, sur le devant, un cheval, vu de côté, tourné de droite à gauche, posé sur ses quatre jambes. Au milieu, deux chevaux échappés qui s'emportent : à gauche, un cheval, vu de côté, allant vers la droite, la tête baissée, &c.

Même grandeur.

+11. *Liv. II. Pl.* 5. A droite, sur le devant, un cavalier monté sur son cheval, tous deux vus en face : à gauche, sur le devant, un cheval restant sur ses quatre jambes : plus loin, vers le milieu, un cavalier faisant galoper son cheval vers la droite : à côté de lui un cheval échappé qui s'enfuit en courant vers la gauche.

Haut. 2 pou. 7 lig. long. 5 pou. 7 lig.

+12. *Liv. II. Pl.* 6. A droite, sur le devant, un cavalier monté sur son cheval, vus par derriere : au milieu, deux cavaliers qui vont l'un au devant de l'autre : à gauche, sur le devant, un beau cheval moucheté, étant en liberté, qui s'élance vers la droite [1].

____

(1) Il n'y a aucun fond ni lointain aux planches de ces deux premiers

Haut. 2 pou. 8 lig. long. 5 pou. 8 lig.

+13. *Liv. III. Pl.* 1. A gauche, sur le devant, le pignon d'une maison avec un appentis au devant : une barriere à gauche, & un mur de clôture à droite, attenant le pignon. A droite, sur le devant, une riviere avec un petit pêcheur à la ligne, sur le rivage : de l'autre côté de la riviere, des maisons & quelques montagnes derriere. *S. le Clerc f.*

Haut. 2 pou. 8 lig. long. 5 pou. 9 lig.

+14. *Liv. III. Pl.* 2. Au milieu, sur le devant, un bâtiment percé de quatre senêtres au premier étage & de cinq au second, avec un perron à une seule rampe au-devant qui conduit à un corps de logis en pan de bois, porté sur quatre piliers. A droite, vers le bord de l'estampe, une clôture faite avec des pieux, ou des planches debout, & une porte formée de deux poteaux avec une traverse au-dessus. Sur le devant, un chasseur, le fusil sur l'épaule, tenant un chien en lesse. A gauche, des arbres. *S. le Clerc f.*

Même grandeur.

+15. *Liv. III. Pl.* 3. A gauche, sur le devant, un pavillon à trois étages, accompagné d'un autre corps de logis plus bas, & un autre encore plus petit, vu par le pignon, adossé à celui-ci. Quelques arbres des deux côtés de ce grouppe de maisons. Le reste de l'estampe est un terrein uni borné par l'horison. Dans le lointain, à droite, quelques montagnes.

Même grandeur, ainsi que les suivantes.

+16. *Liv. III. Pl.* 4. A gauche, un grand bâtiment à huit croisées de face, dont on voit trois étages au-dessus d'un mur de clôture qui est par devant, avec des especes de guérites quarrées aux quatre angles de cette clôture, & quelques arbres derriere : à droite, de l'eau sur le devant de l'estampe, & un horison fort bas dans le lointain.

+17. *Liv. III. Pl.* 5. Ville fortifiée de bastions & de demi-

---

livres, & les figures y sont détachées & isolées comme des découpures, pour la facilité de ceux qui voudroient les copier. Il n'en est pas de même des quarante-huit planches suivantes qui sont des paysages extrémement finis, & très variés, ayant servi de leçons pour M. le duc de Bourgogne dans le tems que M. le Clerc lui enseignoit le dessein, ainsi qu'aux autres Princes ses freres, fils de M. le Dauphin.

1696.

lunes, & entourée d'eau de tous côtés, avec une chauſſe tournante qui y conduit, portée ſur des pilots. Derriere la ville, un château fort, élevé ſur le ſommet d'un rocher eſcarpé. *S. le Clerc ſ.*

+18. *Liv. III. Pl. 6.* Arcade ſurbaiſſée formée par de grands arbres qui font le berceau: dans le fond, une ville. Sur le devant, vers la gauche, deux voyageurs à pied, dont un porte la balle ſur ſon dos : plus loin, une femme ſur un cheval.

+19. *Liv. IV. Pl. 1.* Au milieu de l'eſtampe, un peu vers la droite, un rocher eſcarpé de tous les côtés, au haut duquel eſt une petite maiſon, avec un eſcalier pratiqué dans le roc, pour y monter. Dans l'angle à droite, derriere le rocher, quelques ſaulx : à gauche, pluſieurs de ces arbres plantés ſur le bord d'une riviere. *S. le Clerc ſ.*

+20. *Liv. IV. Pl. 2.* Au milieu de l'eſtampe, une groſſe tour ronde élevée ſur un ſoubaſſement circulaire, avec un mur de terraſſe ſoutenu par des contreforts. A gauche, un petit terrein élevé, où ſont deux hommes, l'un debout, l'autre couché par terre. A droite, ſur le devant, quelques arbriſſeaux : plus loin, la mer, un petit vaiſſeau, & une ville dans le lointain.

+21. *Liv. IV. Pl. 3.* A gauche, ſur le devant, de grands arbres ſur une terraſſe : plus loin, vers la droite, de l'eau, & un pont à deux arches, dont une fermée par des pieux: ce pont eſt terminé vers la droite par un corps de logis à trois étages, avec un petit bout de digue ou de chauſſée, à droite ſur le devant de l'eſtampe: plus loin, à droite, un terrein à demi-inondé : dans le lointain, au-delà de l'eau, un village où l'on voit des maiſons entre-mêlées d'arbres. *S. le Clerc ſ.*

+22. *Liv. IV. Pl. 4.* A droite, ſur le devant, un moulin à eau, élevé ſur un terrein eſcarpé, bordé par quelques pieux : vers la gauche, des ſaulx ; d'autres arbres derriere la maiſon du moulin. A gauche, une campagne, des arbres, & une montagne dans le lointain, du même côté.

+23. *Liv. IV. Pl. 5.* A droite, ſur le devant, la mer & une barque couverte, chargée de marchandiſes : en tirant vers la gauche, un petit pont de bois au bout duquel eſt une guérite avec une cloche, portée ſur un rocher

 arancé dans la mer. A gauche, proche le bord de l'eſtampe, une forterefſe bâtie ſur un rocher, accompagnée
de tours rondes, avec une porte à demi-ruinée.

+24. *Liv.* 4. *Pl.* 6. A gauche, ſur le devant, une riviere
fort large avec des piles de pont ſans arches. A droite, les
reſtes d'un aqueduc, fort élevé, dont on voit trois arches,
& la quatrieme ruinée, d'où tombe de l'eau. Dans le
lointain, à gauche, un village ſur le bord de la riviere.
S. le Clerc ſ.

+25. *Liv. V. Pl.* 1. Joli payſage, ſur le devant duquel
on voit, a gauche, une laitiere portant un pot au lait ſur
ſa tête, le long d'une riviere [1]. Plus loin, derriere elle,
deux hommes qui tirent un petit bateau couvert. A droite,
de l'autre côté de la riviere, des maiſons avec des arbres.
dans le lointain un village dont on voit le clocher. *S. le
Clerc ſ.*

+26. *Liv. V. Pl.* 2. A droite, ſur le devant, proche une
maiſon, une jeune demoiſelle [2] debout, avec une coëffe
ſur la tête, tenant de la main gauche, qui eſt pendante,
ſon éventail fermé, prête à deſcendre deux marches. Vis-
à-vis d'elle, un jeune homme, qui la regarde en lui ôtant
ſon chapeau [3]. Plus loin, à gauche, deux femmes dont
une tient un petit chien : derriere elles, un mur de clôture,
& des arbres derriere. *S. le Clerc ſ.*

+27. *Liv. V. Pl.* 3. A droite, ſur le devant, une jeune
payſanne [4], debout, vue en face, tenant quelque choſe
dans ſon tablier qui eſt retrouſſé par devant. Dans le lointain, à gauche, un mur de clôture, au bout duquel eſt
un grand colombier en tour ronde. *S. le Clerc ſ.*

+28. *Liv. V. Pl.* 4. A gauche, ſur le devant, un jeune

---

(1) Cette figure eſt copiée de la pl. 15, cotée 11, du N. 205,
page 24 de ce volume.

(2) Cette figure eſt une copie de celle qu'on voit ſur la pl. 5, cotée 3,
du N. 205, page 23 de ce volume.

(3) Cette figure eſt copiée de la pl. 4 cotée 2, du N. 205, page 23
de ce volume.

(4) Cette figure eſt copiée de la pl. 12, cotée 8, du N. 205, page 25
de ce volume.

homme [1], proche un mur d'escalier de jardin, , vu en
face, le pied droit monté sur la premiere marche, faisant
quelque signe à un chien, qui se dresse sur les pieds de
derriere. A droite, quelques maisons dans le lointain.
+29. *Liv. V. Pl. 5.* Au milieu, sur le devant de l'estampe,
une vieille femme [2], vue de profil, regardant une jeune
fille qui est à droite, & lui faisant signe du bras gauche.
Cette fille [3] est debout, vue en face, son premier jupon
retroussé sous son casaquin. Derriere elle, toujours à
droite, des maisons de paysans & de grands arbres. A gauche, dans le lointain, un mur où est une porte & des
arbres derriere. On ne voit que l'horison dans le reste du
fond. *S le Clerc f.* [4]

---

[1] Cette figure est copiée de la pl. 16, cotée 12, du N. 205, page 15
de ce volume.

2] Cette fig. est copiée de la pl. 11, côtée 7, du N. 205, page 15
de ce volume.

[3] Cette fig. est copiée de la pl. 17, cotée 13, du N. 205, page 15
de ce volume.

[4] On voit dans le cabinet de M. le Normant du Coudray, à Orléans, un dessein de ce même paysage, fait à la plume par le Clerc &
extrèmement fini, ensorte qu'il paroit imité, trait pour trait & avec
le plus grand soin, d'après la gravure, d'autant plus qu'il se trouve
du même sens que l'estampe. Il y a grande apparence que ce n'est pas
le dessein original d'après lequel M. le Clerc a gravé sa planche.
1°. parce qu'il est beaucoup plus fini que tous les autres desseins que cet
artiste faisoit pour lui-même ; ce ne sont ordinairement que des croquis
au crayon rouge terminés par un leger lavis à l'encre de la chine passé
par-dessus le crayon. 2°. Parce que ce dessein est du même sens que la
gravure, au lieu que les autres d'après lesquels le Clerc a gravé, sont
à gauche de l'estampe. Mais ce dessein peut être un modele que notre
Artiste a pris plaisir à faire & à finir de la sorte, pour l'instruction particuliere de M. le Duc de Bourgogne, à qui il enseignoit alors à dessiner.

Ce dessein précieux pour son grand fini, vient du cabinet de feu M.
Huquier, qui en avoit fait l'acquisition en Angleterre avec 313 autres
desseins, tous de la main de Seb. le Clerc. Il tenoit cette nombreuse
collection d'un marchand Anglois, qui avoit acheté tous les desseins
de le Clerc à la vente qui s'en fit aux Gobelins, en 1715, après la
mort de ce célebre Artiste, & qui n'en avoit pas trouvé, étant de retour à Londres, autant de débit qu'il comptoit en faire.

M. Huquier ne garda alors qu'un très-petit nombre des desseins de
le Clerc, les plus intéressans, qui sont détaillés dans les catalogues
de ses deux ventes faites en 1771 & en 1772. Ayant passé ensuite d'An-

†30. *Liv. V. Pl. 6.* A gauche, fur le devant, un homme
debout, vu par derriere, une redingotte jettée fur les
épaules [1]. Devant lui, une riviere qui ferpente dans
une plaine. A droite, une efpece de château ayant des
arcades au rez-de-chauffée des deux ailes, & des pavillons
quarrés aux deux extremités. Un gros bouquet d'arbres
fe voit derriere ces bâtimens. *S. le Clerc f.*

†31. *Liv. V. Pl. 7.* A droite, fur le devant, deux jeunes
gens qui fe balancent fur les deux extremités d'une piece
de bois pofée fur un gros tronc d'arbre. Plus fur la droite,
proche le bord de l'eftampe, un autre tronc d'arbre à
demi mort, derriere lequel eft un bouquet d'arbres avec
leurs feuilles. A gauche, un pignon de maifon où l'on
voit des maçons qui travaillent montés fur un échaffaud,
fur le toit, proche une cheminée. Au bas de la meme
maifon un charpentier qni dreffe une piece de bois avec la
befaigue. *S. le Clerc f.*

†32. *Liv. V. Pl. 8.* Joli payfage orné de grands arbres à
droite & à gauche, fur le devant de l'eftampe. On voit de plus,
vers la droite, deux hommes debout, regardant en face,
avec de grands cheveux & une cravate, dont l'un porte
l'épée [2], la main gauche appuyée fur une canne: l'autre
eft enveloppé dans un manteau très-ample [3]. Dans le
lointain, une vue du château de Vincennes & de la tour
du donjon. *Le Clerc f.*

†33. *Liv. V. Pl. 9.* Vue d'un chantier de bois quarré,
avec deux fcieurs de long qui y travaillent. Sur le devant,
deux vieilles femmes affifes fur des pieces de bois pofées
fur des raffeaux. Quelques autres figures, plus loin, vers
la gauche. *S. le Clerc f.*

---

gleterre en Hollande, il négocia avec M. Picart, célebre graveur,
tous les autres deffeins de le Clerc qu'il avoit, contre des premieres
épreuves des eftampes du graveur Hollandois, qui étoient alors fort re-
cherchées en France.

[1] Cette figure eft copiée de la pl. 7, côtée 4, du N. 205, page 28
de ce volume.

[2] Cette fig. eft copiée de la pl. 10, côtée 6, du N. 205, page 28
de ce volume.

[3] Cette fig. eft copiée de la pl. 13, côtée 9, du N. 205, page 28
de ce volume.

34. *Liv. V. Pl.* 10. Une grande riviere fur le devant de l'eſtampe, avec un pont-levis au milieu, poſé fur des piles de pierre. A droite, de granles arcades de maçonnerie fort hautes, au-deſſus deſquelles eſt un petit donjon en charpente à jour, portant un toit. A gauche, un ouvrier aſſis fur l'épaiſſeur d'un mur [1], qui en ragrée la pierre au marteau. *S. le Clerc f.*

+ 35. *Liv. V. Pl.* 11. A gauche, fur le devant, deux maçons [2] fur un échaffaud, qui conſtruiſent un mur ; le reſte eſt un payſage entre-mêlé d'arbres ; une riviere dans le lointain. A droite, partie d'un bâtiment formant un periſtyle, avec des colonnes : derriere cet édifice, des arbres. *S. le Clerc.*

+ 36. *Liv. V. Pl.* 12. A droite, fur le devant, un payſan vu en face [3], debout, ayant un grand bâton, tenant fon chapeau des deux mains, le dos appuyé contre le tronc d'un gros arbre. Dans le lointain, au milieu de l'eſtampe, une vieille femme vue par le dos, debout, appuyée fur fon bâton ; elle parle à une jeune fille qui eſt devant elle. A gauche, un grand arbre à côté d'une barriere ouverte.

+ 37. *Liv. VI. Pl.* 1. Vue d'un château à quatre étages, formé d'un avant-corps de cinq croiſées de face, & de deux arriere-corps de quatre croiſées chacun : une galerie percée de quatre grandes arcades tient à une des ailes, vers la droite de l'eſtampe : le reſte eſt occupé par un jardin magnifique, orné de très-hautes paliſſades qui s'étendent à perte de vue, dans le lointain. Sur le devant un homme à

---

[1] Le deſſein original de cette figure ſe voit chez M. Jombert, fur une feuille de papier deſſinée des deux côtés par le Clerc, au lavis d'encre de la chine, avec une autre figure en pendant, dans la même attitude : il y a auſſi deux études de grues à enlever des fardeaux, & une étude de machine à élever de l'eau par le moyen de deux manivelles. Au bas du deſſein eſt écrit le nom de le Clerc, ce qui n'étoit pas néceſſaire pour conſtater l'originalité de cette piece.

[2] Sur le derriere du deſſein dont on vient de parler, on voit une étude d'une de ces deux figures, une grue de bâtiment, & une étude d'un chapelet à élever de l'eau par le moyen de deux manivelles.

[3] Cette fig. eſt copiée de la pl. 21, cotée 17, du N. 205, page 2 de ce volume.

cheval, & quelques personnes qui se promenent. *S. le Clerc f.* Au bas est écrit : A Paris, chez G. Audran, graveur du Roi, &c.

+38. *Liv. VI. Pl. 2.* A gauche, sur le devant, une des tours quarrées qui forment l'entrée du château de Vincennes, avec une vue du donjon & des murs de clôture de ce château particulier, dans l'éloignement. A droite, une rangée d'arbres extrémement hauts, taillés en palissade à perte de vue. Devant le château, un carrosse à six chevaux, qui vont à toute bride, précédé & suivi de plusieurs cavaliers. *S. le Clerc f.*

+39. *Liv VI. Pl. 3.* Au milieu de l'estampe, un rocher escarpé & très-élevé, sur le sommet duquel on voit le haut de quelques maisons. Au bas de la montagne, une porte en forme de tour, fortifiée de crénaux, avec une enceinte de murs & de tours qui termine le pied de cette montagne. Sur le devant un terrein environné d'eau, & une chaussée qui serpente dans cette inondation pour aller gagner la porte. *S. le Clerc f.*

+40. *Liv. VI. Pl. 4.* A gauche, sur le devant, un moulin à eau accompagné de plusieurs corps de bâtimens sur une riviere fort large qui s'étend dans une vaste plaine. Dans le lointain, une ville où l'on voit une belle église, & une grosse tour ronde. A droite, proche le bord de l'estampe, un quai en terrasse bordé de pieux & de planches, avec un beau bouquet d'arbres plantés le long de ce quai.

+41. *Liv. VI. Pl. 5.* Sur le devant de l'estampe, une grande riviere : à gauche, sur le bord de l'eau un jeune homme assis qui paroit dessiner quelque chose, & un autre debout, à côté de lui. Plus près du bord de l'estampe, vers la gauche, de grands arbres & un terrein haut & escarpé. A droite, un petit bateau couvert qui arrive à terre. Plus loin, un moulin à eau dont on voit la roue en face, avec son bâtiment [1]. *S. le Clerc f.*

---

[1] Chez M. le Normant D. C. à Orleans, on voit le dessein original de cette estampe, de la main de le Clerc ; il est fait au crayon rouge, & terminé avec un lavis de ce même crayon délayé dans de l'eau gommée. Il est à gauche de l'estampe ; ce qui justifie l'observation que nous venons de faire dans la note 4 jointe à la planche 19 de cette suite, page 118 de ce volume.

+42. *Liv. VI. Pl. 6.* A droite, sur le devant, une espece de fort en tour ronde, avec une cloche au haut du toit: cette tour est élevée sur un mur de revêtement circulaire, formant une terrasse, sur le bord d'une riviere qui passe au pied de cette tour. Au milieu, sur le devant de l'estampe, un homme avec un grand bâton, & une femme, qui voyagent ensemble.

Dans le lointain, une église ornée de deux tours quarrées à son portail: plus loin, une pyramide fort élevée, en forme d'obélisque: plus loin encore, vers la gauche, deux tours quarrées séparées par une grande porte en arcade.

+43. *Liv. VII. Pl. 1.* Joli paysage où l'on voit, à droite, un gros corps de logis quarré, à trois étages, accompagné de plusieurs autres édifices, & des jardins qui en dépendent, le tout situé sur un terrein très-élevé, au bas duquel coule une riviere qui va en serpentant au milieu des bois. Au bas est écrit: A Paris, chez Audran, graveur du Roi, &c. *Le Clerc.*

+44. *Liv VII. Pl. 2.* Joli paysage où l'on voit un moulin à eau élevé sur une riviere, à l'extrémité d'un pont de pierre à quatre arches, ayant un garde-fou moitié en bois moitié bâti en pierre. Ce moulin ressemble assez à celui appellé de Quinquengrogne, construit sur la Marne, à Charenton, proche Paris. *S. le Clerc.*

+45. *Liv. VII. Pl. 3.* Joli paysage où l'on voit, à gauche, un grand chemin & quelques maisons. A droite, sur le devant, une femme qui mene deux chevaux boire à une mare: plusieurs maisons de paysans, & des arbres derriere. A l'extrémité du village, dans le lointain, une croix fort élevée. *S. le Clerc f.*

+46. *Liv. VII. Pl. 4.* Très-joli paysage dans une plaine fort vaste: sur le devant, à gauche, un berger appuyé sur son bâton, qui garde des chevres & des moutons dans une prairie. A côté de lui, vers le milieu de l'estampe, un petit ponceau d'une seule arche, dans la demi-teinte: plus loin, beaucoup d'eau, & quelques maisons entremêlées d'arbres. Dans le lointain, une grande plaine terminée à l'horison par des montagnes. *S. le Clerc f.*

+47. *Liv. VII. Pl. 5.* Très-agréable paysage: à gauche,

sur le devant, au milieu d'un bois, sur le bord d'une grande riviere, un riche pavillon dont on ne voit que le vestibule qui est au devant, porté sur huit colonnes, en forme de peristyle, sous lequel est une belle statue. Dans le lointain, sur la riviere, un pont d'une seule arche, environné de beaucoup d'arbres. *S. le Clerc f.*

448. *Liv. VII. Pl. 6.* Paysage très-montagneux : à gauche, proche le bord de l'estampe, une grosse masse d'ombre extrêmement forte : plus loin, de très-hautes montagnes dont le sommet se perd dans les nues : au pied de ces montagnes une maison de plaisance bâtie sur une plate-forme, ayant vue sur la mer qui s'étend à droite dans le lointain. Au milieu de la mer, une isle, où est bâtie une ville, avec un phare fort élevé. *S. le Clerc f.*

Différences dans des ombres augmentées & des doubles tailles ajoutées par tout le ciel, sur les rochers à droite & à gauche, sur la surface de la mer, sur le terrein à droite, au bas de l'estampe : dans des sapins ajoutés entre les montagnes à gauche, & dans des ombres fortifiées au bas de la plate-forme où est située la maison de plaisance, & autres différences qu'on peut voir dans l'œuvre de le Clerc chez Madame de Bandevile & chez M. Jombert, où il y a deux épreuves de ce paysage avec les changemens indiqués ci-dessus.

449. *Liv. VIII. Pl. 1.* A gauche, sur le devant, une église de village avec son clocher en tour quarrée & quelques grands arbres derriere : le tout sur le bord d'une riviere qui est à droite. Sur le devant, un pêcheur qui retire son échiquier du fond de l'eau. Au-delà de cette riviere, à droite, quelques baraques & un colombier en tour ronde : plus loin, des arbres. *S. le Clerc f.* On lit au bas : A Paris, chez G. Audran, graveur du Roi, &c.

450. *Liv. VIII. Pl. 2.* Joli château quarré, accompagné de quatre tourelles aux quatre angles, avec ses dépendances, bâti sur une isle, environné d'eau de tous les côtés. A gauche, un petit pont de pierre à deux arches, pour y arriver : il y a un peu de terrein fortement ombré au bas de l'estampe, à gauche. Toute la partie droite est occupée par une grande riviere qui s'étend à perte de vue. *S. le Clerc f.*

451. *Liv. VIII. Pl. 3.* Petit temple rond, dans le goût de

celui de la Sybille, à Tivoli, entouré de colonnes d'ordre
Ionique, & élevé fur un foubaffement, avec plufieurs
marches pour y arriver. On voit fur le devant une petite
arche au bas de laquelle il y a de l'eau. Des deux côtés du
temple, un bouquet d'arbres : dans le lointain, à gauche,
une riviere, quelques arbres, & des montagnes. S. le
Clerc f.

Différence dans des arbres ajoutés dans le lointain, à
gauche, à côté du petit temple, dans d'autres ajoutés à
droite, en moindre quant té & quelques autres différences
que l'on peut voir chez M. Jombert, fur les deux épreuves qu'il a de cette planche.

+52. *Liv. VIII. Pl. 4.* Sur le devant une riviere fort large,
avec un petit bateau couvert. Au-delà, les ruines d'une
tour à plufieurs étages, fituée fur un terrein efcarpé, au
bord de la même riviere. Plus loin, à droite, vers le bord
de la planche, quelques maifons & une églife avec fon
clocher. A gauche, fur le devant, un grand arbre: plus
loin, un pont de pierre à quatre arches : plus loin encore, quelques arbres, & un château dans le fond. S. le
Clerc f.

+53. *Liv. VIII. Pl. 5.* Payfage où l'on voit au milieu,
fur le devant, un rocher fingulier percé à jour par une
grande arcade: au haut de ce rocher, une petite rotonde
accompagnée de quelques autres édifices. Au bas du rocher, vers la gauche, la pleine mer ; un petit mole avancé,
avec un petit pont à plufieurs arches, grandes & petites,
fert de jettée pour y arriver. S. le Clerc f.

+54. *Liv. VIII. Pl. 6.* Payfage où l'on voit, fur la gauche,
un torrent qui coule dans une plaine ftérile, & quelques
arbres fur un terrein plus élevé. A droite, un pont de
planches avec garde-fou. Des deux côtés, des rochers, &
quelques arbres fur un terrein plus élevé que le refte de
la campagne, qui s'étend à perte de vue. S. le Clerc.

+55. *Liv. IX. Pl. 1.* A droite, fur le devant, un fanal au
haut d'une tour quarrée, fituée fur le bord de la mer,
dont le terrein eft fort efcarpé. Plus loin, une ville maritime, & un port formé par une jettée circulaire, terminée par une tour ronde, foutenue par des contre-forts.
On voit un vaiffeau qui entre à pleines voiles dans le
port: à gauche, la pleine mer, qui borne l'horifon.

+56. *Liv. IX. Pl.* 2. A gauche, fur le devant, un grand
arbre renfermé dans une terraffe de forme circulaire, entourée de pierres. A droite, une maifon où eft un moulin à eau, fur le bord d'un canal, avec deux petits ponts
de planches établis fur des chevalets, pour y arriver.
plus loin, toujours à droite, un hangard : dans le fond,
vers la gauche, quelques maifons entre-mélées d'arbres.
S. le C. f.

+57. *Liv. IX. Pl.* 3. A droite, fur le devant, une efpece
de fort flanqué de quatre tours rondes : dans le milieu,
un château de forme finguliere. Plus à droite, proche le
bord de l'eftampe, un édifice régulier, de deux étages, à
fept croifées chacun, bâti à l'italienne, fans apparence
de toit au-deffus. A gauche, un pont levis : fur le devant,
un pays marécageux, où paiffent des vaches gardées par
un vieillard appuyé fur un bâton.

+58. *Liv. IX. Pl.* 4. A gauche, fur le bord de l'eftampe,
partie d'un bâtiment à quatre étages dans l'ombre, fitué
fur le bord de l'eau, avec un pont d'une grande arche
furbaiffée & d'une petite arche à côté, pour arriver à
cette maifon. A droite, fur le devant, une efpece de
grande échelle de jardinier : plus loin, dans le fond, plufieurs maifons entre-mélées d'arbres, & une églife avec un
clocher en fleche.

+59. *Liv. IX. Pl.* 5. A gauche, fur le devant, un château fort, bâti fur l'eau : on en voit la porte d'entrée qui
eft flanquée de deux groffes tours rondes, vis-à-vis d'une
arche bâtie fur une riviere. Encore plus à gauche, au
bord de l'eftampe, un grouppe d'arbres fur un terrein efcarpé,
dans une demi-teinte très-forte, ainfi qu'un pont de
pierre à trois arches, qui conduit au château. A droite, une
riviere fort large, au-delà de laquelle on voit une maifon,
& des jardins dans l'éloignement.

+60. *Liv. IX. Pl.* 6. Très-joli bâtiment à l'italienne à un
feul étage, couronné par une baluftrade avec ftatues, &
terminé vers la droite par un petit fallon à pans coupés, couvert d'un dôme de pareille forme : le tout élevé fur un
foubaffement ruftique bâti par arcades fur un terrein élevé
au-deffus de la campagne. Sur le devant on voit des marches pratiquées pour y monter, & des arbres taillés en pa-

1696.

liſſade ſur le bord de l'eſtampe, à gauche. A droite, une plaine très-étendue, & une pyramide dans le lointain.

Toutes les planches de cette ſuite, excepté celle du titre, portent environ 2 pou. 8 lig. de haut ſur 5 pou. 8 lig. de long. Il faut les avoir avec l'adreſſe d'Audran ſur la première planche du titre, & non pas avec celle de Joullain, qui ne les a acquiſes que long-tems après la mort de M. le Clerc.

Au cabinet des eſtampes du Roi, il n'y en a que 54, manque un livre de ſix feuilles.

Chez Madame de Bandeville, chez MM. Paignon, Jombert, &c, la ſuite complette, en 60 planches, plus quelques doubles avec différences.

61. Petit payſage de la grandeur de ceux dédiés à M. le duc de Bourgogne, deſſiné par le Clerc, & gravé par Perelle. Il repréſente une colonnade circulaire en face d'un baſſin de pareille forme, au milieu duquel eſt une magnifique fontaine jailliſſante dans une grande cuvette, d'où elle ſe répand, en formant une nape d'eau, dans le grand baſſin. A gauche, ſur le bord de l'eſtampe, un grouppe d'arbres fort noirs. A droite un beau jardin très-vaſte, & pluſieurs perſonnes qui s'y promenent. On lit au bas : fait par Perelle [1]. A Paris, chez N. Langlois, rue Saint-Jacques, à la Victoire.

Haut. de l'eſtampe 2 pou. 9 lig. long. 6 pou. 2 lig.

1697.

+259. Deux petites bordures en hauteur, ſur le même cuivre, renfermant l'une une priere en latin, l'autre la même priere en françois. Avec des armes au bas.

Ces petites bordures à pans coupés par le haut & par

---

[1] Suivant l'opinion commune, ce payſage eſt deſſiné par le Clerc; & en conſéquence de cette tradition, il s'eſt trouvé dans l'œuvre de le Clerc que j'ai acquis à la vente de M. Huquier : cependant, à le bien conſidérer, on ne voit pas pour quelle raiſon on lui a donné la préférence ſur beaucoup d'autres petits payſages de Perelle, de la grandeur de celui-ci & de la même ſuite, qui pourroient, ſans lui faire tort, prétendre au même avantage.

le bas, ont été faites originairement pour l'abbé Boileau, frere du poëte, dont on voit les armes au bas, furmontées d'une croffe & d'une mitre ; elles font écartelées d'un chevron brifé avec trois fleurs-de-lys, & d'un aigle les ziles déployées. Ces armes ont été changées enfuite pour celles de l'abbé Fauvel, dont on voit le nom gravé au bas ; celles-ci confiftent en trois pieux fur un fond d'or, avec un lion d'or au-deffus : mais alors la planche eft ufée.

On lit au haut de la bordure, à gauche : *oratio ante lec-tionem facræ fcripturæ quotidie recitanda* : & dans celle à droite : *oraifon avant la lecture de l'écriture fainte*.

Haut. totale du cuivre où font gravées ces deux prieres, 4 pou. 4 lig. long. totale du même cuivre 6 pou. 9 lig.

Au cabinet des eftampes du Roi. Chez MM. Paignon, Jombert, &c.

†260. L'hiftoire : poëme par l'abbé Geneft, dédié à Madame la Duchefte de Bourgogue. *In-quarto*. Paris. Aniffon. 1697.

†1. Une Vignette appellée communément l'éducation de Madame la duchefle de Bourgogne. On y voit l'Hif-toire fous la figure d'une Mufe zilée, qui inftruit cette princeffe, en lui montrant un grand livre ouvert foutenu par le Tems. Le fond eft un grand cabinet enrichi de ta-bleaux repréfentant l'hiftoire des femmes vertueufes de l'antiquité.

Haut. 2 pou. 7 lig. long. 5 pou. 2 lig.

Différence dans une efpece de flamme que l'on remarque aux premieres épreuves fur la tête de la princeffe, & qui a été enfuite confondue avec fes cheveux.

Au cabinet des eftampes du Roi, épreuve ordinaire. Chez MM. Paignon & Jombert, deux épreuves, l'une avec la flamme, l'autre cette flamme effacée.

†2. Lettre grife N au milieu de laquelle eft un cercle lumineux rayonnant, qui remplit tout le quarré de cette petite eftampe.

†261. Catafalque érigé dans l'églife de Stoc-kolm, capitale de la Suede, pour les obfeques de Charles XI, le 24 novembre 1697.

1697.

C'eſt une grande eſtampe en hauteur où l'on voit le tombeau de ce héros, accompagné de quatre colonnes de lumieres terminées par des cyprès , avec des trophées d'arme & de palmiers à chaque pilier de l'égliſe, & une grande quantité de gardes & de ſpectateurs. Dans un cartel ovale, au bas de l'eſtampe, eſt écrit: *hac ſpecie templum Ridderholmianum Holmienſe, cum exequiarum juſta Carolo XI* *Suæciæ quondam regi, pio, felici, Auguſto, die 24 novemb. anni 1697 ſolverentur, adverſam ingredientibus apsruit frontem ſuam.* Au-deſſous de l'eſtampe, à gauche, eſt écrit: *N. Lib. Baro de Teſſin ſupus ædificum Sæ Ræ Mtis Suæciæ Præſectus inv.* Et à droite: *S. le Clerc ſculp.*

Haut. de l'eſtampe ſeulement 16 pou. 4 lig. larg. 11 pou. 8 lig.

Au cabinet des eſtampes du Roi, & chez Madame de Bandeville, une épreuve avant la lettre. Chez MM. Jombert & Rouſſet, à Paris, & le Normant, à Orléans, deux épreuves, avant & avec la lettre. Chez M. Paignon, trois épreuves différentes. 1°. Une eau-forte à moitié retouchée. 2°. Epreuve avant la lettre. 3°. Epreuve avec la letttre.

262. Sujet allégorique du mariage de M. le Duc de Bourgogne avec Marie-Adelaïde de Savoie, le 7 décembre 1697.

C'eſt une grande eſtampe en hauteur, où l'on voit tous les dieux, déeſſes, demi-dieux, héros, &c, de l'antiquité aſſemblés dans l'olympe, éclairé par le ſoleil placé au centre. Au deſſous un autel antique, au-deſſus duquel un jeune héros & une jeune princeſſe ſe jurent une foi mutuelle. Au bas, dans un cartel, ſont les armes des deux maiſons, écartelées dans le même écu, entourées des colliers des ordres du Roi, & ſoutenues par deux dauphins. Au bas eſt écrit, au-deſſous de l'eſtampe : *S. le Clerc inv. & delin. C. Simonneau major ſculpſ. C. P. R.* Et au-deſſous du titre: préſenté au Roi par ſon très-humble, &c. Du Rondray.

Haut. totale du cuivre 15 pou. 11 lig. larg. 12 pou.

Au cabinet des eſtampes du Roi, une épreuve avant la lettre. Chez Madame de Bandeville, chez MM. Paignon, Jombert, Rouſſet, deux épreuves, avant & avec la lettre.

On

1697.

On voit chez M. Paignon le deſſein original de cette grande eſtampe, par le Clerc, lavé à l'encre de la Chine, & extrémement précieux pour le fini & pour la beauté des têtes, qui fait regretter que cet artiſte n'ait pas pris la peine de la graver lui-même. Ce deſſein eſt de même grandeur que l'eſtampe.

1698.

†263. L'Académie des ſciences & des beaux arts, dédiée au Roi, par ſon très-humble, &c. Seb. le Clerc.

Haut. de l'eſtampe avec le titre gravé au-deſſous 9 pou. long. 13 pou. 11 lig.

Ce ſeroit faire injure au goût & à la connoiſſance des amateurs que de leur donner la deſcription de cette magnifique eſtampe, le chef-d'œuvre du génie & des talens du célebre le Clerc : contentons-nous d'indiquer ici les différences ſans nombre que l'on y remarque dans les épreuves anciennes & modernes.

Avant les plantes marines ſuſpendues dans l'angle ſupérieur de l'eſtampe, à gauche.

Avant l'écaille d'une grande tortue attachée au-deſſus de la fenêtre, proche les plantes marines.

Avant le ſquelette du cerf armé de ſon bois, qui ſe détache en brun, ſur la même fenêtre, derriere une colonne auſſi dans l'ombre : on ne voit que la moitié de ce ſquelette de cerf, l'autre moitié eſt cachée par la colonne.

Avant l'animal appellé *Tatou*, attaché ſur cette colonne, au-deſſous du ſquelette de cerf.

Avant les ornemens ajoutés à une pendule à poids, à gauche de la fenêtre ci-deſſus.

Avant un grand oiſeau blanc ſuſpendu par le col au bas d'un pilaſtre, au-deſſous de la même pendule. Cet oiſeau eſt un heron.

Avant le réchaut de fer poſé ſur l'appui de la fenêtre, entre le grand oiſeau blanc & la colonne où eſt attaché le tatou.

Avant que cette colonne ait été ombrée par le bas.

Part. II.   I

1698.

Avant le plan du Louvre tracé sur un grand tableau que l'on soutient sur la terrasse d'une grande galerie portée sur des arcades, dans le fond de l'estampe.

Avant les trois petites figures qui regardent & soutiennent ce grand tableau.

Avant les démonstrations de méchanique tracées sur des tableaux appuyés contre le mur de terrasse qui est au bas de ce portique.

Avant l'homme monté au haut d'une échelle, tenant un plomb pendu au bout d'une ficelle, le long d'une colonne, à droite, proche le bord de l'estampe.

Avant le changement fait aux têtes des deux figures debout qui sont au bas de cette échelle.

Avant la vis d'Archimede au-dessous de l'homme à l'échelle.

Avant la figure debout devant le miroir ardent.

Avant deux hommes assis sur les premieres marches du perron, proche le pied du miroir ardent.

Avant la tête de soleil ou d'Apollon qui est seule au milieu de la frise du corps d'architecture porté par quatre colonnes Corinthiennes, à droite.

Avant la lanterne suspendue à l'entrée d'un péristyle, qui est à gauche de ce grand portique porté par quatre colonnes, vers la droite de l'estampe.

Avant le rideau, à gauche, au bout du même péristyle.

Avant les roues dentées & les autres machines qu'on voit sur le piedestal qui porte les deux colonnes attenant ce péristyle.

Avant le trophée au-dessus de la statue de femme posée sur un piedestal quarré, entre ces deux colonnes.

Avant que la pierre octogone qui est au devant des machines ci-dessus, & qu'un homme souleve avec un levier, ait été creusée intérieurement.

Avant les armes du Roi, au bas de l'estampe.

Avant la gravure du titre qui est au dessous de l'estampe : c'est ce qu'on appelle avant la lettre.

Avec le nom de *Seb. le Clerc* gravé par lui-même au bas de l'estampe, à gauche.

Avant la manche du négromancien portant une grande

barbe, qui ſe voit ſur le devant de l'eſtampe, proche les armes du Roi, en tirant un peu vers la gauche.

Avant quelques principes de fortification tracés ſur la partie pendante de la grande pancarte où l'on voit le plan d'un pentagone fortifié de baſtions & de demi-lunes, & d'un ouvrage à corne, &c, avec ſes attaques.

Avant le médaillier, au bas de la carte du blaſon.

Avant les tailles droites paſſées ſur une partie du ciel.

Les trois dernieres différences, celles qu'on remarque aux épreuves les plus communes, mais cependant qui indiquent encore de bonnes épreuves, avant la retouche, ſont celles-ci :

Avant la diſtinction des aſſiſes à un pilaſtre derriere le ſquelette humain, & à la colonne qui en eſt voiſine, vers le bord de l'eſtampe, à gauche.

Avant l'ombre prolongée au bas de l'eſtampe vers la droite, au-deſſous d'une grande ſurface plate où eſt tracée une figure cylindrique, qu'un homme regarde ayant l'œil placé au point de vue.

Avant le mot chevalier R, ajouté d'une autre main au bas de l'eſtampe, au-deſſous du titre, après le nom de le Clerc [1].

On voit une belle épreuve de cette eſtampe au cabinet des eſtampes du Roi, chez Madame de Bandeville, & chez M. le N. D. C. à Orléans, avant la lettre, avant le ſquelette du cerf, la grande écaille de tortue, le tatou, les plantes marines, &c.

Chez M. l'avocat Lachey, une épreuve ſeulement avant la lettre.

Chez M. Jombert, deux épreuves, l'une avant les trois dernieres différences indiquées ci-deſſus, l'autre avec ces additions, mais toutes deux avec la lettre ; plus, la copie faite par M. Cochin pere.

Chez M. Paignon d'Ijonval, on voit huit épreuves

---

[1] Je dois à M. le Normant D. C., célebre amateur de livres & d'eſtampes, demeurant à Orléans, la connoiſſance de la plupart de ces différences, qui auroient ſans doute échappé à ma vue ſans la ſagacité & la pénétration de ce véritable connoiſſeur qui me les a fait appercevoir.

1698.

différentes de cette curieuse estampe, dont cinq avant la lettre. 1°. Avant la manche du négromancien, & avant la lanterne suspendue au haut du peristyle. C'est la plus rare de toutes, & cette épreuve est unique. 2°. Avec la manche ajoutée au bras du négromancien, mais encore avant la lanterne. 3°. Avec la lanterne, avec le rideau au bout du même peristyle, & avec le trophée au-dessus de la statue de femme, à droite de ce peristyle. 4°. Avec les roues dentées au-dessous de la même statue & les autres machines ; avec les deux figures assises sur les premières marches au bas du grand portique, à droite, & avec beaucoup d'autres augmentations. La cinquième avec les armes du Roi commencées & à demi-formées : avec les plantes marines, le squelette du cerf, le tatou, &c. ces cinq épreuves sont toutes avant la lettre. 6°. Avec la lettre, mais avant les principes de fortification sur la partie pendante de la grande pancarte : avec l'homme monté au haut de l'échelle. 7°. Avec ces principes de fortification sur le bas de la pancarte, avant l'ombre prolongée, à droite, & avant les assises de pierre marquées sur le pilastre & la colonne, à gauche de l'estampe. 8°. Avec l'ombre prolongée, avec les assises marquées, & avec le mot chevalier R. ajouté après le nom de le Clerc : ces trois dernières épreuves sont avec la lettre. Par les huit épreuves ci-dessus [1], on peut juger de la richesse & de la beauté de l'œuvre de le Clerc qui se voit dans le cabinet de ce curieux amateur. J'ajouterai que les autres œuvres & collections d'estampes, de desseins, de cartes, &c, qu'on y trouve, sont aussi complettes & aussi abondantes que celle-ci. M. Joullain fils, marchand d'estampes, très-instruit dans la connoissance des desseins & des estampes anciennes & modernes, est chargé de la direction de ce magnifique ca-

---

[1] Les premieres épreuves des estampes de le Clerc sont de la plus grande rareté : cet artiste, qui travailloit toujours d'après ses propres compositions, ne faisoit tirer que quelques épreuves pour voir l'effet de la gravure, & il les déchiroit ensuite, pour ne point laisser subsister des choses imparfaites. Ainsi il ne lui en a échappé que très-peu, & ce sont ces épreuves fugitives & désavouées par leur auteur qui sont aujourd'hui l'objet des recherches des amateurs les plus curieux.

binet, qui plaît autant par la diftribution des matieres &
par le bel ordre qu'il a fu y mettre, que par le choix des
fujets & par la beauté des collections dont M. l'aignon l'a
enrichi par fon entremife.

Il y a eu deux copies de cette planche, l'une faite pour
un particulier nommé Pacot, qui a fait faire beaucoup
d'autres copies des eftampes de le Clerc, telles que fa
paffion de N. S. en 36 planches, fon hiftoire de Charles V,
duc de Lorraine, &c. Cette copie de l'académie des fciences eft aifée à reconnoître, en ce que les figures y paroiffent
retournées de droite à gauche. M. Cochin pere en a fait
auffi une copie dans fa jeuneffe, pour s'exercer à la gravure; & comme les figures y viennent du même fens,
& que M. Cochin, qui étoit déjà un habile homme, a
très-bien imité le goût de gravure & la touche fpirituelle
de le Clerc, il eût été difficile de diftinguer cette copie
d'avec l'original, fi M. Cochin n'avoit eu la délicateffe d'y
graver les deux lettres initiales de fon nom N. C. qui veu-
lent dire Nicolas Cochin. La même délicateffe de con-
fcience a engagé M. Cochin pere à faire l'acquifition de la
planche originale de le Clerc à la vente de M. Jeaurat, graveur, entre les mains de qui elle avoit paffé, après la mort
de M. le Clerc, fon beau-pere, & il l'a gardée dans fon fonds
avec celle de l'entrée d'Alexandre, dont il avoit fait auffi
une copie dans le même tems.

4264. Aubouin apportant des livres aux Princes,
petite eftampe gravée par le Clerc, d'après le deffein de M. le Duc de Bourgogne. On lit au haut
de l'eftampe : LUDOVICUS *fecit*, PHILIPPUS
dono dedit, CAROLUS *rifit*. 1°. *Maii*, anno
1698 [1].

____

[1] Voici l'origine de cette petite eftampe. Le fieur Aubouin, Libraire des Princes, en préfentant un livre à M. le duc de Bourgogne,
fit une révérence fi profonde, que ce prince en avançant les mains
pour le prendre ne put y atteindre, la tête d'Aubouin, dans le tems
de fa révérence, étant plus baffe que le deffus de la table devant
laquelle M. le duc de Bourgogne étoit affis. Cela arriva plufieurs fois

1698.

Haut de l'estampe avec les deux inscriptions 2 pou. 5 lig. long. 3 pou. 6 lig.

Au cabinet des estampes du Roi, Chez MM. Paignon & Jombert. Au séminaire de S. Sulpice, d'où la note ci-dessus est tirée.

265. Les œuvres de saint Athanase, par Dom Bernard de Montfaucon, religieux Bénédictin, En trois volumes *in-folio*. Paris, Anisson 1698 [1].

---

de suite, jusqu'à ce que cessant de faire des révérences si profondes, le prince saisit enfin le livre. M. le duc de Berry, présent à cette scène, ne put s'empêcher d'en rire ; & Aubouin s'étant retiré, les trois jeunes Princes se divertirent ensemble assez long-tems de cette avanture. Comme M. de Bourgogne, qui étoit l'aîné des Princes, apprenoit alors à dessiner, il s'amusa à représenter son Libraire dans la posture où il se trouvoit en lui présentant ce livre. Il fit ensuite présent du dessein à M. le duc d'Anjou, & celui-ci, au bout de quelque tems le donna à Aubouin, qui pria M. le Clerc de lui graver cette plaisanterie, pour avoir une occasion de faire sa cour à M. le duc de Bourgogne, en lui offrant une estampe gravée d'après son propre dessein.

Ludovicus fecit : c'est Louis, duc de Bourgogne qui a fait ce dessein. *Philippus dono dedit* : Philippe, duc d'Anjou, en a fait présent à Aubouin. *Carolus risit* : Charles, duc de Berry, a beaucoup ri de cette plaisante aventure.

[1] L'abbé de Vallemont (page 93 de son éloge de M. le Clerc) parle d'un portrait de S. Athanase, qu'il regarde comme un des morceaux les plus intéressans de l'œuvre de notre artiste. Voici ce qu'il en dit, après avoir fait un éloge pompeux de la vignette ci dessus du conciliabule de Tyr, dessinée & gravée par le Clerc. « Le S. Athanase » qui est dans le premier volume des ouvrages de ce saint docteur, de » l'édition du savant Bénédictin dont je viens de parler, ne cède en » rien à tout ce que notre habile graveur a composé auparavant. Il » seroit bien agréable d'avoir une grande suite de portraits exécutés » comme celui de saint Athanase : on ne les passeroit jamais en revue » qu'avec un plaisir extrême ». Après avoir lu ce beau préambule, quel doit être la surprise d'un amateur qui sur l'assurance de ce pieux abbé ouvre ce premier vol. pour y admirer avec lui l'agréable portrait de saint Athanase, qui ne cède en rien à tous les autres chef-d'œuvres de le Clerc, lorsqu'il n'y trouve qu'une estampe fort ordinaire, gravée par Louis Simonneau d'après le dessein de Hallé, & à laquelle par conséquent le Clerc n'a aucune part ! D'ailleurs son genre de gravure étoit totalement opposé à la manière dont on traite le portrait, & s'il avoit entrepris d'en graver un de la grandeur de celui-ci, il s'en

1698.

Vignette pour le premier volume, représentant le concilabule de Tyr, tenu l'an 335 de J. C. où S. Athanase fut accusé faussement d'avoir fait mourir un évêque nommé Arsenne.

Haut. de l'estampe 3 pou. 6 lig. long. 6 pou. 5 lig.

Différence dans la seconde figure debout, a gauche, proche le bord de l'estampe, qui paroît avoir le poing coupé; ce poing a été ensuite effacé: dans des ombres portées sur les vétemens de tous les peres de ce concile, dans le fond de l'estampe, & sur des draperies qui forment la tenture de cette salle, dont les ombres ont été prolongées, ainsi que celles du mur qui est au-dessus, au lieu qu'aux premieres épreuves tous ces objets sont plus clairs & moins ombrés; ainsi qu'on peut le vérifier chez Madame de Bandeville.

Au cabinet des estampes du Roi. Chez Madame de Bandeville. Chez MM. Paignon, Jombert, &c.

Dans le cabinet de M. l'abbé Gruel, chez Madame de Bandeville, on voit le dessein original de cette estampe, fait par le Clerc, lavé à l'encre de la Chine, & très-précieux pour l'esprit & le caractere des têtes.

1699.

+166. Estampe appellée communément *la Vierge aux anges.*

La sainte Vierge est assise au bas d'une colonne canelée, dans un très-beau paysage, vis-à-vis d'une fontaine jaillissante, qui est dans la demi-teinte, à la gauche de l'estampe. Elle tient sur elle l'enfant Jesus à qui un grand ange à genoux présente une corbeille pleine de fruits, d'autres sont en adoration devant lui. Une grande quantité de petits anges voltigent autour de lui & s'empressent à le servir. Au bas est écrit: *Deus cui Angeli subditi sunt, cui principatus & potestates obediunt, subditus erat Mariæ. S. le Clerc f.*

---

seroit assurément fort mal acquitté. Une pareille bévue seroit impardonnable à l'amateur le moins initié dans la connoissance des arts, mais à plus forte raison à un Auteur tel que l'abbé de Vallemont, contemporain de le Clerc, & qui avoit vécu familierement avec cet artiste.

1699.

Haut. avec la lettre au-deſſous 4 pou. 4 lig. long. 6 pou.
6 lig.

Au cabinet des eſtampes du Roi. Chez Madame de Bandeville. Chez MM. Paignon & Jombert, épreuve ordinaire.
Chez M. Rouſſet, architecte, épreuve avant la lettre.

Chez M. Paignon, le deſſein original de cette eſtampe,
par le Clerc, lavé à l'encre de la Chine, & extrémement
précieux pour le fini. Il eſt de même grandeur que la gravure, & les actions ſont changées de droite à gauche, enſorte que la fontaine, la vierge & le groupe d'anges ſont à
droite, & le percé dans le lointain eſt à gauche dans ce
deſſein.

Chez M. Jombert on voit une copie très-bien faite de
cette même eſtampe, où les figures ſont retournées de
l'autre ſens, & où la vierge & la fontaine ſont à droite. On
lit au bas, *Ecce mater Dei & regina angelorum. Le Clerc
in.* Il n'y a point le nom du graveur.

Haut. du cuivre de cette copie, avec le blanc qui eſt au
bas, 5 pou. 2 lig. long. 7 pou. 5 lig.

1700.

✗ +267. Oraiſon funebre du Chancelier Boucherat, prononcée dans l'égliſe paroiſſiale de Saint
Gervais, par le pere de la Roche, le 11 décembre
1699. *In-quarto,* Paris. 1700.

Lettre M, où l'on voit la mort drapée, ayant des ailes:
elle eſt aſſiſe ſur un tombeau, tenant devant elle un bouclier rond ou écu aux armes de Boucherat; elles ſont
d'azur, au coq d'or, barbé & crêté de gueules, vu de
profil, tourné de droite à gauche, la patte droite levée.
La mort tient une horloge de ſable, de la main droite. A
ſes pieds, vers la gauche de l'eſtampe, un petit enfant
aſſis à terre, qui pleure, & qui porte la maſſe de chancelier. Il n'y a point de bordure. Chez M. Jombert.

Grandeur 1 pou. 5 lig. en quarré.

✗ +268. Deux plafonds pour un hôtel bâti à Stockholm, en Suede.

1700.

41. Plafond de la falle d'un hoftel bafti à Stockholm, apartenant à M. le baron de Teflin, fur-intendant des bâtimens de S. M. le roi de Suede, &c. *S. le Clerc fculp.*

Haut. du cuivre avec l'infcription au bas 9 pou. 10 lig. long. 10 pou. 9 lig.

42. Plafond de la chambre du lit de M. le baron de Teflin, fur-intendant, &c, gravé par S. le Clerc.

Haut. avec l'infcription 9 pou. 8 lig. long. 11 pou. 5 lig.

Ces deux planches font très-communes & fe trouvent par-tout bonnes épreuves.

4269. Art de tourner en perfection. Par le R. P. Plumier, Minime. *In-folio.* Lyon. Certe. 1709.

Fleuron pour le titre : il reffemble à une vignette, étant de forme quarrée, renfermée par un trait tout autour, & tout le fond étant ombré d'une taille horifontale. Un cartel d'ornement fe détache de deffus ce fond, & forme une efpece de médaillon ovale en hauteur, dans lequel eft une groffe boule mefurée par un compas courbe élevé au-deffus. Sur une légende qui voltige au haut du cartel, eft écrit : *hoc opus, hic labor.* Et au bas de l'eftampe : *Le Clerc fculpf.*

Haut. du fleuron 3 pou. long. 4 pou. 6 lig.

Chez M. Jombert feulement.

4270. Recueil de plufieurs machines de nouvelle invention. Ouvrage poftume de M. Claude Perrault. *In-quarto.* Paris. Coignard. 1700.

On ne parlera point ici des deux vignettes deffinées & gravées par le Clerc, qui fe trouvent dans ce livre à la tête de l'épitre dédicatoire, & au commencement du difcours : ce font les mêmes qui ont fervi au recueil de divers ouvrages en profe & en vers, &c, dont on a donné ci-devant la defcription (N°. 115. Pl. 1 & 3). Les deux lettres grifes qui font ici au-deffous des vignettes, ainfi que le fleuron du titre, font gravés en bois, & ne tiennent en aucune façon de la maniere de le Clerc. Mais on ne peut paffer fous filence l'eftampe fuivante.

1700.

Pl. cotée X dans le livre ci-deſſus, qui offre la vue perſpective d'un pont de bois d'une ſeule arche en ceintre ſurbaiſſé de 30 toiſes de diametre, propoſé par M. Perrault, pour être conſtruit ſur la riviere de Seine, vis-à-vis le village de Sevre. Le plan géométral du pont eſt au bas de cette vue perſpective. Il y a ſur cette planche quelque figures prêtes à paſſer ſur le pont, & d'autres figures dans un petit bateau ſous cette arche, qui ſont certainement gravées de la main de le Clerc. L'architecture & tout le ciel qu'on voit au-deſſus & au-deſſous du pont, pourroient bien être auſſi du même. Le payſage qu'on voit dans le lointain, par deſſous l'arche, paroit gravé par Perelle, d'après le deſſein de le Clerc. Les dix autres planches qu'on voit dans ce livre ne ſont que des développemens de machines ſans aucune figure ni payſage, gravés par P. le Pautre, & autres artiſtes du même tems.

Haut. de cette eſtampe 7 pou. 11 lig. long. 11 pou. 5 lig.
Chez M. Jombert ſeulement.

271. Principes de deſſein, par Seb. le Clerc. A Paris, chez G. Audran, graveur du Roi, &c.

Pl. 1. Petit cartel en hauteur, formant au-dedans un ovale dans lequel le titre ci-deſſus eſt écrit.

Haut. de toutes les planches de cette ſuite 3 pou. 9 lig. larg. 2 pou. 6 lig.

La planche du cartel où eſt le titre eſt un peu plus grande.

2. Elle contient quatorze yeux au ſimple trait.

3. Elle contient dix profils au trait de nés, bouches, & mentons.

4. On y voit ſept bouches, nés, &c, vus en face, toujours au ſimple trait, ainſi que toutes les autres planches de cette ſuite.

5. Huit oreilles & un profil de nés, bouche, & menton.

6. Deux ovales de tête vue en face, & un demi-ovale pour une tête vue de profil.

7. Quatre têtes ébauchées, avec quelques profils de nés, & d'yeux.

8. Quatre autres têtes ébauchées, avec diverses parties détachées.

9. Quatre autres têtes ébauchées, avec trois eſquiſſes

le nés, bouche, & menton, au bas de la planche.

110. Six profils de têtes au trait : trois en haut regardant à gauche, trois au-dessous regardant à droite.

111. Deux grandes têtes de profil, tournées vers la gauche, l'une sur l'autre : le fond est ombré.

112. Deux grandes têtes de profil, l'une sur l'autre, regardant à droite, représentant un dieu fleuve & une nayade.

113. Deux grandes têtes de femmes, l'une sur l'autre, vues de profil, tournées vers la droite.

114. Tête de jeune homme vue en face ; tête de femme au-dessous, vue de profil, regardant à gauche.

115. Quatre têtes de femmes, deux en haut vues en face, deux au-dessous, de profil, regardant à droite.

116. Tête de jeune homme esquissée, vue de trois quarts, regardant à droite : au dessus la même tête finie, au simple trait, avec quelques ombres au-devant.

117. Tête de vierge avec partie des épaules & de la poitrine, vue presqu'en face, ayant un voile sur le derriere de la tête, & une draperie sur les épaules, &c. Le fond est ombré d'une taille en diagonale.

118. Trois têtes, dont deux de vieillards, avec barbe, de profil, regardant à gauche, au haut de la planche : au-dessous une tête de Minerve coëffée d'un casque, regardant vers la droite.

119. Deux têtes, l'une de vieillard avec barbe & cheveux, l'autre de vierge, toutes deux regardant vers la gauche, l'une à côté de l'autre.

120. Trois-têtes, deux en haut d'homme & de femme qui se regardent : au-dessous, tête d'une jeune fille, vue en face, regardant en haut vers la droite.

121. Grande tête de vieillard, avec très-grande barbe & des cheveux, vue en face, tout le fond ombré d'une seule taille égale & horisontale.

122. Cinq têtes d'enfans, quatre aux quatre angles & une placée au milieu, dont on ne voit que le né & la bouche.

123. Grande tête de vieille, vue en face, coëffée d'un linge, avec un grand mouchoir sur les épaules : partie du fond ombré d'une taille diagonale.

124. En haut, tête d'homme vue presqu'en face, re-

gardant à droite, petit profil à côté : au-dessous, tête d
jeune homme penchée vers la gauche, & petit profil à
côté.

†25. Etude d'un guerrier, vu à mi-corps, avec barbe,
armé d'un casque & d'une cuirasse, avec draperie, &c.

†26. Quatre bras & mains dans diverses attitudes.

†27. Sept mains dans différentes positions.

†28. Deux bras de femme nuds, & trois poings fermés.

†29. Huit bras & mains esquissés, dont une en bas comp.
tant des jettons.

†30. Cinq bras & mains d'enfans, dont un dans l'angle
à gauche, au haut de la planche, tient un flambeau allumé.

†31. Cinq autres bras d'enfans dont un à gauche très-légerement esquissé.

†32. Un bras d'homme fort & nerveux, & deux bras de
femme, en diverse attitude.

†33. Quatre bras nuds, dont un en bas, dans l'angle
droite, plié & vu en raccourci.

†34. Trois grands bras d'homme, & une main au-dessous
à droite.

†35. Trois bras d'homme : celui d'en bas, à droite,
est plié & appuyé sur le coude, avec un peu d'ombre derriere.

†36. Trois pieds, dont deux vus de profil, & un vu en
face.

†37. Une jambe & partie d'une cuisse d'homme, & deux
pieds vus en dessous : avec un peu d'ombre sur le fond.

†38. Deux pieds avec partie de la jambe, & une jambe
avec partie de la cuisse, le genou un peu plié.

†39. Deux jambes d'anges volans, dont le haut est couvert d'une draperie : une jambe & partie de cuisse d'homme,
vue par derriere.

†40. Cinq jambes & pieds d'enfans dans différentes positions.

†41. Trois torses, ou corps humains, dont un de femme,
en bas, vers la gauche, vu par devant.

†42. Figure entiere d'homme, debout, vu en face,
dans la proportion de dix faces.

†43. Figure entiere de femme nue, vue par le côté gauche, dont le genou droit est appuyé sur une terrasse,

144. Figure entiere d'homme, debout; vu en face; ayant le bras droit élevé, & le bras gauche pendant.

145. Figure entiere d'homme, debout, vu de profil, par le côté droit, tenant de la main droite une grande draperie passée sur sa tête & pendante sur son côté gauche.

146. Figure entiere d'homme, debout, vu par le côté droit, le bras droit étendu, le bras gauche plié & appuyé sur une terrasse.

147. Figure d'homme, assis sur une terrasse, vu en face; tenant de la main droite sa jambe droite appuyée sur le genou gauche.

148. Figure de jeune homme, debout, vu en face, regardant en l'air, le genou gauche plié & appuyé sur une terrasse, tirant une fleche avec un arc qu'il tient de la main gauche.

149. Figure entiere d'un enfant soufflant des boules d'air avec un chalumeau; la même figure esquissée au-dessous: l'une & l'autre regardant vers la gauche.

150. Quatre petits enfans nuds, trois en haut, dans diverses attitudes, & un au-dessous tout seul, vu du côté droit, agenouillé & s'appuyant sur une butte de terre, regardant vers la droite.

151. Figure entiere d'un homme assis, vu de profil, regardant vers la gauche, sur une butte de terre, le coude gauche appuyé sur la même butte, au haut de laquelle est un arbre sans feuilles.

152. Quatre petits enfans nuds, dont celui en haut, à gauche, est dans l'attitude de peindre: un autre vis-à-vis, est à genoux en adoration: deux en bas regardent un médaillon sur lequel on voit un flambeau ailé, simbole du génie du dessein & de la composition.

Cette suite n'est pas rare & se trouve par-tout, chez MM. Paignon, Jombert, &c: mais il faut prendre garde aux copies que l'on en a fait; elle reviennent de droite à gauche, & l'on pourra les reconnoître aisément à cette marque, ayant eu soin d'indiquer, en détaillant cette suite, le sens dont les figures sont tournées dans l'original.

272. Introduction à la géograpie univerfelle,
par P. Violier. *In-douze.* Amſterdam. (Rouen.)
1701.

Un frontiſpice repréſentant la Géographie affiſe, le
coude appuyé fur un tableau quarré poſé debout, où l'on
voit une carte géographique : au-deſſus, fur une table,
derriere la figure, un globe terreſtre monté fur fon pied.
En bas deux petits enfans dans diverſes attitudes, & un
livre ouvert, fur lequel eſt écrit : Géographie de M. Violier. Et au bas de l'eſtampe : *S. le Clerc in. P. F. Giffart
ſculp.*
Haut. de l'eſtampe 4 pou. 2 lig. larg. 2 pou. 6 lig.
Au cabinet des eſtampes du Roi, chez Madame de Bandeville, &c, une épreuve avec la lettre. Chez MM. Paignon & Jombert, deux épreuves, l'une avant la lettre &
avant la carte géographique, l'autre avec ces deux choſes.
Chez Madame de Bandeville, le deſſein original de ce
frontiſpice, par le Clerc, lavé à l'encre de la Chine, &
paſſablement fini.

273. Traité des manieres de graver à l'eau-
forte fur l'airain, &c. Par Abraham Boſſe. *In-
octavo.* Seconde édition réimprimée avec des
augmentations par M. le Clerc. A Paris, chez Aubouin. 1701.

Une eſtampe de la grandeur du livre repréſentant la maniere dont M. le Clerc couloit fon eau-forte pour faire
mordre ſes planches gravées au vernis dur. Deſſinée par
Seb. le Clerc, gravée par Fr. Ertinger.
Haut. 4 pou. 11 lig. larg. 3 pou.
Chez M. Jombert ſeulement.
Chez M. Paignon, le deſſein original de cette eſtampe
par le Clerc, lavé à l'encre de la Chine. La figure eſt à
gauche & regarde à droite, dans le deſſein, au lieu que
dans la gravure c'eſt tout le contraire.

+274. Médaille en l'honneur de Charles XII,
Roi de Suede [1].

Ce héros du Nord est ici représenté debout, vu en face,
la main droite apppuyée sur son épée, la gauche posée
sur sa hanche : la Victoire sortant d'un nuage, vole pour
lui présenter deux couronnes qu'elle tient au-dessus de la
tête de ce roi vainqueur, à l'âge de dix-huit ans. Sur la
légende est écrit : *duas uno meruit die.* Sur l'exergue : *80000
Mosckorum fugatis aut cæsis, Narva obsidione liberata.
M. DCC.* Aux pieds du monarque on voit un trophée de
canons, drapeaux, & autres attributs militaires.

Cette médaille est renfermée dans une bordure très-
riche, allégorique au sujet, avec trois couronnes dans le
cartel d'en haut, & le chiffre de ce prince dans des médaillons aux quatre angles de la bordure : l'explication est
gravée en françois au-dessous de la médaille.

Haut. du cuivre de la bordure 9 pou. 3 lig. larg. 6 pou.
Diametre de la médaille 2 pou. 9 lig.

Cette bordure ayant servi pour entourer la médaille de
Charles XII avec son explication, on en a effacé les trois
couronnes du cartel d'en haut pour y substituer trois fleurs-
de-lys : on a mis dans les médaillons ronds des quatre
angles, deux L fleuronnées, qui forment le chiffre du Roi
de France, en place des deux C de celui du Roi de Suede :
& M le Clerc a gravé à l'eau-forte, au-dessous de la bordure, vers la droite : *S. le C. in. & f.* comme on le voit
aux dernieres épreuves.

Différence dans la médaille : aux premieres épreuves le
jeune prince a de grands cheveux flottans sur ses épaules,
lesquels ont été ensuite effacés pour lui faire des cheveux
très-courts, & l'on a gravé au bas de la grande planche
au-dessous d'un petit fleuron formé d'une épée & de deux

---

[1] Cette médaille a été frappée en l'honneur de Charles XII, roi
de Suede, lequel, à la tête d'un petit corps de huit mille Suedois, at-
taqua avec un courage & une valeur sans exemple une armée de quatre-
vingt mille Moscovites qui faisoient le siege de Narva, & les mit en
déroute, après les avoir forcés dans leurs retranchemens, le 30 Novembre 1700 : ce prince n'avoit alors que dix-huit ans.

palmes nouées avec un ruban : *Seb. le Clerc inv. & fecit.*
Au lieu qu'on ne voit point ce nom de le Clerc aux anciennes épreuves.

Au cabinet des estampes du Roi, & chez M. Paignon,
deux épreuves ; l'une avec les cheveux flottans sur les
épaules & avant le nom de le Clerc, l'autre avec les cheveux courts & avec le nom de le Clerc au bas, au-dessous
du petit fleuron. Chez M. Rousset, architecte, trois épreuves, avec différences. Chez M. Jombert, une seule épreuve
sans le nom de le Clerc, ni au bas de l'explication de la
médaille ni au-dessous de la bordure, & une seconde
épreuve de la bordure avec les changemens dont il est parlé
ci-dessus.

275. Pyramide dressée devant la porte du Pa-
lais à Paris, l'an 1597 [1].

La représentation de cette pyramide qui n'est qu'au trait,
& vue en perspective, paroit dessinée & gravée par le
Clerc. C'est un pavillon quarré à quatre faces pareilles,
décorées chacune de deux pilastres canelés d'ordre Ionique élevés sur deux piedestaux, couronné d'un entablement, avec fronton au-dessus. Entre les deux pilastres
est une grande table quarrée sur laquelle est écrit : portrait
de la pyramide, &c, comme il est marqué ci-dessus. Au
bas est écrit, à gauche : *J. D. Veert fecit.* & à droite : *Le
Clerc excudit.*

Au-dessus de ce pavillon quarré est un corps d'architecture, orné de guirlandes & des armes de France, terminé
par une petite pyramide en forme d'obélisque, au haut de
laquelle est une croix fleuronnée. On voit quatre statues
aux quatre angles, au-dessus de ce corps d'architecture.

---

[1] Cette pyramide fut érigée devant la porte du palais à Paris, à
l'occasion de l'assassinat commis par un jeune écolier nommé Jean
Chatel, fils d'un marchand drapier, contre la personne sacrée du roi
Henri IV, que ce malheureux blessa au visage d'un coup de couteau l'an 1595. La maison de son pere, qui étoit établi vis-à-vis la
porte du palais, fut abattue, & la pyramide ci-dessus élevée en la
place en 1597.

Haut. de l'estampe, au trait, 8 pou. 5 lig. larg. 6 pou. 3 lig.

Il y a une copie de cette pyramide, dont la partie fuyante est ombrée, le reste est au trait, comme dans l'original ; cette copie est retournée de droite à gauche : elle est de même grandeur, & l'inscription du titre, ainsi que les noms que l'on voit au bas de l'estampe, sont copiés très-exactement.

Chez M. Jombert seulement on voit ces deux estampes, l'original au simple trait, & la copie ombrée en partie.

276. Les armes de M. Geoffroy, ancien grand-garde du corps des apothicaires de Paris, échevin, & consul.

On voit au milieu de cette estampe un grand cartel d'ornement, élevé sur un piedestal, aux deux côtés duquel sont deux génies assis : les armes sont une grosse tour surmontée de trois donjons. Au-dessus est écrit sur une légende qui voltige : *Turris fortissima Deus.* Au bas, sur le piedestal : *Matthæus Franciscus Geoffroy, Pharmacopæorum Parisiensium antiquior præfectus, ædilis, & consul.* Au-dessous de l'estampe on lit, à gauche : *S. le Clerc inventi ; & à droite : Cl. Duflos sculpsit.*

Haut. de l'estampe 4 pou. 8 lig. larg. 3 pou. 3 lig.

Au cabinet des estampes du Roi & chez Madame de Bandeville, une épreuve avec la lettre. Chez M. Jombert, deux épreuves, l'une avant la lettre, l'autre avec. Chez M. Paignon, deux épreuves, l'une avec la lettre, l'autre avant la lettre & au simple trait gravé par le Clerc, avant que Duflos l'ait achevé & ombré. Chez le même une copie de ces mêmes armes plus en petit.

Chez Madame de Bandeville, une copie de cette estampe de la même grandeur, les armes changées. On voit à celle-ci une épée & une palme, passées en sautoir, avec un soleil au-dessus. Au-dessous du cartel où sont les armes, est écrit : *Petrus Veronneau Blesensis, in supremo Galliarum senatu patronus.* Et au bas de l'estampe : *S. le Clerc in. P. Picaut Blesensis sculp.*

Chez M. Paignon, le dessein original des armes de

1701.

M. Geoffroy, par le Clerc, lavé à l'encre de la Chine, de la même grandeur que l estampe.

1702.

277. Histoire critique des pratiques supersti-tieuses, &c. *In-douze.* Paris. (Rouen.) 1701. de P. Lebrun.

Un frontispice où l'on voit la maniere dont se faisoit an-ciennement l'épreuve des personnes accusées de quelque crime, lorsqu'on n'avoit point de preuve suffisante pour les condamner. On les plongeoit dans l'eau, les pieds & les mains liés ensemble : s'ils alloient au fond de l'eau, on les renvoyoit absous ; s'ils restoient sur la surface de l'eau, ils étoient jugés coupables. Au haut de l'estampe est écrit : *judicium Dei per aquam frigidam.* En bas on lit : *si su-mersi fuerint, inculpabiles reputentur : si supernataverint, rei esse judicentur.* Au-dessous de l'estampe : *S. le Cler-delin. Pet. Giffart sculp.*

Haut. du cuivre avec l'écriture au dessous de l'estampe 4 pou. 10 lig. larg. 2 pou. 9 lig.

Au cabinet des estampes du Roi. Chez Madame de Ban-deville. Chez MM. Paignon, Jombert, &c.

Chez Madame de Bandeville, le dessein original de ce frontispice, par le Clerc, lavé à l'encre de la Chine, & un peu plus fini que ses autres desseins.

278. *Nicephori Gregoræ Byzantina historia. In folio. Parisiis, è typographia regia. Tomus primus* 1702.

1. Fleuron du titre. C'est un globe aux armes de Fran entouré des colliers des ordres du Roi, avec deux gran palmes aux deux côtés d'où sortent des branches de l rier. Au bas, deux cornes d'abondance d'où sortent épis de bled, des fruits, & des pieces de monnoie. haut est terminé par une grande couronne au-dessus de quelle est un petit globe rayonnant : *dess. & gr. par le Cl*

Haut. du fleuron 3 pou. 9 lig. long. 4 pou.

Au cabinet des estampes du Roi. Chez Madame de B deville. Chez MM. Paignon, Jombert, &c.

2. Vignette de l'épitre dédicatoire. Un globe aux armes de France, entouré de palmes, élevé sur un piedestal aux deux côtés duquel sont deux Renommées assises, sonnant d'une trompette qu'elles tiennent d'une main & ayant une autre trompette à l'autre main. Autour d'elles sont des attributs des sciences & des arts, derriere ces deux figures, des trophées de drapeaux, enseignes, &c. Le fond est semé de fleurs-de-lys renfermées dans un cadre, & aux deux côtés, deux pilastres d'architecture. Toute la vignette est entourée d'une bordure d'onement. *S. le Clerc f.*

Haut. de la vignette avec sa bordure 3 pou. long. 5 pou. 11 lig.

Au cabinet des estampes du Roi. Chez MM. Paignon & Jombert.

3. Vignette du livre premier. La Religion assise sur un monceau d'attributs de la guerre & des arts, & de symboles des dignités ecclésiastiques, tenant de la main gauche le globe de la lune dans son croissant, & de l'autre une croix renversée. Dans le lointain, à gauche, une vue de la ville de Constantinople, avec son port & quelques vaisseaux. *S. le Clerc in. F. Ertinger sculps.*

Haut. de la vignette seule 2 pou. 11 lig. long. 6 pou.

Au cabinet des estampes du Roi. Chez M. Paignon, une épreuve de cette vignette.

Chez M. Paignon, le dessein original, par le Clerc, lavé à l'encre de la Chine. Même grandeur.

†279. Les petites conquêtes du Roi, ou les principaux événemens de l'histoire de Louis XIV : en huit planches entourées de bordures ornées de figures, de cartels, de trophées, de médaillons, & de divers attributs convenables à chaque sujet.

Haut. du cuivre 5 pou. 7 lig. long. 6 pou. 9 à 10 lig.

†1. Messine secourue par le commandeur de Valbelle, qui y conduisit une armée navale, le 17 septembre 1674. L'estampe est ornée d'attributs de marine à divers endroits de la bordure.

†2. Le siége de Dinant, pris par le maréchal de Crequy.

1702.

le 29 mai 1675. Le plan de la ville & de ses fortifications est au haut de la bordure sur une table quarrée, échancrée par les angles.

Différence dans des figures ajoutées dans le lointain, vers la droite.

13. La bataille de Cassel, gagnée sur les Alliés par Monsieur, frere du Roi, le 11 avril 1677. La bordure est ornée d'attributs militaires.

Différence dans des chevaux vers la gauche, qui sont blancs aux premieres épreuves, & qui ont été ombrés ensuite.

14. Siége de Saint-Omer, pris par l'armée de Monsieur, frere du Roi, le 20 avril 1677. Au haut de la bordure, est le plan de cette ville dans un médaillon rond.

Différence dans des ombres qui ont été fortifiées au grouppe de figures qui est dans l'angle à gauche, sur le devant, ainsi qu'à la terrasse sur laquelle ces figures sont posées.

15. Audience donnée par le Roi, dans les appartemens de Versailles, aux ambassadeurs de Siam, arrivés à Paris le 28 septembre 1684. Au haut sont deux Renommées sonnant de la trompette, & un soleil rayonnant.

16. Démolition du temple de Charenton, en novembre 1685, par ordre du Roi. Au-dessus de la bordure on voit la Religion catholique, désignée par la thiarre papale, assise & foulant aux pieds l'Hérésie.

Différence dans une double taille croisée passée sur le mur à gauche, & dans des ombres ajoutées sur le tas des démolitions, au milieu de l'estampe.

17. Le combat de Leuze, où le duc de Luxembourg défit la cavalerie du prince d'Orange & celle des Alliés, le 18 septembre 1691. Au haut est la Victoire assise sur des trophées d'enseignes & guidons de cavalerie, avec deux chevaux couchés à ses pieds.

Différence dans des ombres ajoutées au grouppe des combattans, sur la gauche, & sur le terrein du second plan, vers la droite.

18. Namur assiégé & pris par l'armée du Roi, le 5 juin 1692. Le plan de la ville est au haut dans un médaillon

rond, accompagné de deux Renommées assises, & de trophées militaires.

On joint ordinairement à ces huit estampes, trois autres gravées par G. J. Bapt. Scotin, d'après les desseins de le Clerc, qui sont :

1°. Une copie de la démolition du temple de Charenton, dont les figures sont retournées de droite à gauche, d'après la gravure de le Clerc.

2°. Vue du temple de Charenton, bâti à neuf l'an 1624.

3°. La coupe intérieure du temple de Charenton.

Ces trois planches se trouvent chez Madame de Bandeville, & chez M. Jombert, à Paris. Chez M. le Normant du Coudray, à Orléans, &c.

Chez M. Burson, ancien intendant des finances de la généralité de Toulon, on voit un dessein original de le Clerc, fait à la sanguine & lavé à l'encre de la Chine par dessus le crayon, de la grandeur des huit estampes ci-dessus, & orné pareillement d'une bordure & d'attributs allégoriques.

Ce dessein représente le bâtiment de l'Observatoire : à droite la tour de charpente servant à soutenir la grande lunette pour les observations astronomiques. Avec des ornemens allégoriques à cette science, en haut, en bas, & sur les côtés de la bordure.

Haut. du cadre qui renferme le tout 5 pou. 8 lig. long. 7 pou.

280. Médailles sur les principaux événemens du regne de Louis le Grand. *In-folio*. Paris. Impr. royale. 1702 [1].

____

[1] Il y a en tout dans cette premiere édition 286 médailles, dont 33 dessinées & gravées par le Clerc, & 53 qui paroissent dessinées par lui ou frappées d'après sa composition, & qui sont gravées par les deux Simonneau, Benoît Audran, Picart, &c. Les 200 autres sont gravées par les mêmes d'après les desseins d'Antoine Coypel. On a fait aussi dans la même année une petite édition de cet ouvrage, de format *in-quarto*, contenant le même nombre de médailles, qui ont toutes été réduites en petit, & gravées par Ertinger, à la réserve de la médaille *fortuna manens*, (année 1674), qui est gravée par le Clerc. La seconde

1702.

Planche 1. Fleuron du titre [1], où l'on voit les armes de France sur un globe entouré des colliers des ordres du Roi, & de palmes dans lesquelles sont passées diverses couronnes symboliques. Le tout posé sur un piedestal accompagné de drapeaux & enseignes : au-dessous est un trophée d'une sphere grouppée avec plusieurs attributs des sciences & des arts, & deux cornes d'abondance d'où sortent des richesses de toute espece. *S. le Clerc f.*

Haut. du cuivre de ce fleuron 3 pou. 7 lig. long. 4 pou. 8 lig.

Ce même fleuron a été réduit en petit & gravé par Ertinger pour l'édition *in-quarto* de cet ouvrage faite en 1701. Les 26 petits culs-de-lampe en bois qu'on voit dans cette édition *in-quarto*, sont gravés d'après les desseins de le Clerc, & doivent entrer dans son œuvre.

Autre copie de la partie supérieure de ce fleuron, de même grandeur que l'original, dont les armes sont changées, ainsi que la couronne qui est au-dessus ; tout le bas du fleuron, consistant dans le piedestal, les trophées de drapeaux, sphere, attributs des sciences, &c, est supprimé dans cette copie. Chez M. Jombert.

Quelques amateurs joignent à cette collection tous les autres fleurons ou culs-de-lampe qu'on voit dans cette édition *in-folio* au bas de chaque page, ainsi que la bordure du titre, & les autres qui entourent les pages du livre, dans la supposition que la plupart sont du moins dessinés

---

édition, faite en 1723, contient l'histoire métallique de Louis XIV, complette, jusqu'à sa mort, en 318 médailles. Dans cette seconde édition, M. Coypel a supprimé une partie des médailles dessinées ou gravées par le Clerc, qui étoit mort en 1715, pour y en substituer d'autres qu'il a fait graver par les Simonneau & les Audran, d'après ses desseins, dont quelques-uns de sa composition.

[1] Chez M. Jombert, on voit une copie de ce fleuron assez bien imitée par le sieur Dheulland, graveur d'architecture, renommé pour la fermeté de sa pointe, & la belle couleur de ses gravures : il a été le premier maître de M. Choffard, graveur célebre, qui sçait ajouter aux talens de son maître un génie unique pour la composition de tout ce qu'on appelle ornement & allégories, qu'il dessine & grave supérieurement : il a aussi gravé de très-beaux sujets d'histoire en petit, d'après les desseins de M. Cochin.

par le Clerc : pour les défabufer de cette erreur, on joindra ici un extrait de la fin de la préface de la premiere édition de cet ouvrage, qui ne fe trouve que dans un très-petit nombre d'exemplaires.

« M. Aniffon, directeur de l'imprimerie royale, a » conduit l'édition avec une exactitude & une intelligence » dignes des Manuce & des Etienne. M. Coypel le fils, l'un » de nos plus grands peintres, a employé toute la grace » & toute la force de fon art à bien exprimer les deffeins » inventés par l'académie. Il y en a 200 de fa main, & » le frontifpice eft auffi de lui, à la réferve du portrait du » Roi que l'on doit au célebre Rigault. Les autres font de » M. le Clerc [1], fameux graveur, qui en a auffi gravé » plufieurs lui-même. M. Mauger, en moins de fept an- » nées a gravé en acier 160 médailles & toutes les têtes » du Roi. Le refte eft de MM. Roëttiers, Bernard, & » Rouffel. M. Berain deffinateur du Roi, a fait les deffeins » des bordures & des fleurons. Les têtes du Roi en taille » douce font faites au burin par le chevalier Edelinck. » Les revers font gravés à l'eau-forte par les deux freres » Simonneau, par le fieur Audran, & quelques-uns par » le fieur Picard. Les connoiffeurs diftingueront bien le » travail des uns & des autres, tous excellens en leur » genre. Les caracteres d'imprimerie font nouveaux, def- » finés, gravés, & fondus par le fieur Grand-jean ».

— 2. Portrait du Roi en médaillon, vu de profil, tourné de gauche à droite, avec de très-grands cheveux, qui lui reviennent en boucles par devant & fur les deux épaules. Il a un foleil fur la poitrine. Sur la légende eft écrit : *Ludovicus Magnus Rex Chriftianiffimus*. Deffiné & gravé par le Clerc. Le fond eft ombré d'une taille égale [2].

---

[1] On a déjà dit, dans la note au bas de la page 149, que des 286 médailles qui fe trouvent dans la premiere édition de ce livre, M. Coypel en a deffiné 200 ; on n'en compte ordinairement que 33 qui font gravées par le Clerc ; il y en a donc encore 33 d'inconnues, deffinées ou inventées par cet artifte, qui ayant été gravées d'après fes deffeins ou fa compofition, par les Audran, les Simonneau, &c. pour cette premiere édition du livre des médailles du Roi, doivent entrer dans fon œuvre, indépendamment des moyennes & des petites au trait dont nous allons rendre compte.

[2] Ce portrait du roi & les fuivans, deffinés & gravés par le Clerc,

1702.

Diametre de la médaille 2 pou. 9 lig.

+ 3. Autre médaillon du Roi, regardant vers la droite, avec de grands cheveux frisés, mais qui ne reviennent point par devant, comme sur la médaille précédente. Il a une draperie par devant la poitrine. La légende porte : *Ludovicus Magnus Rex chriftianiff.* Le fond est ombré.

Diametre 1 pou. 8 lig.

+ 4. Autre tête du Roi, de profil, regardant vers la gauche, couronnée de lauriers, avec des cheveux frisés qui lui pendent par derriere : sur la draperie qui lui couvre la poitrine est un petit masque de satyre qui lui sert d'agrafe. On lit autour : *Ludovicus Magnus Rex chriftianiffimus.* Le fond est ombré.

Diametre 2 pou. 7 lig.

— 5. Autre tête du Roi en médaillon, vue de profil, regardant à gauche, avec une couronne de lauriers, & de grands cheveux, à peu près semblable à la précédente : c'est cependant une autre planche, pareillement deffinée & gravée par le Clerc : la légende est la même, & le fond est auffi ombré.

Diametre 2 pou. 7 lig.

— 6. Autre tête du Roi un peu plus petite, tournée de gauche à droite, les cheveux fort courts, ombrée plus fortement que les autres. Le fond est ombré, avec ces mots sur la légende : *Ludovicus XIV Rex chriftianiffimus.*

Diametre 2 pou. 3 lig.

Chez MM. Paignon & Jombert, à Paris, & chez M. le N. D. C. à Orléans, les cinq portraits ci-deffus.

— 7. Autre portrait du Roi, tourné de gauche à droite, dont le fond est tout blanc, sans aucune ombre, portant sur la légende l'inscription françoise : *Louis le Grand.* Deffiné & gravé par le Clerc.

---

ne fe trouvent point dans le livre des médailles. On les diftingue aifément des portraits du roi, gravés par Edelinck, au goût de la gravure de le Clerc, qui eft beaucoup plus légere & plus fpirituelle. D'ailleurs, on peut reconnoître ceux de le Clerc à l'habillement des épaules & du buffe qui accompagnent la tête de ce monarque dans les portraits qu'il a fait, au lieu que ceux d'Edelinck & des autres ont le col coupé, fans aucune épaule ni habillement, dans le goût des têtes antiques.

Diametre 2 pou. 2 lig. $\frac{1}{2}$.

Celui-ci chez M. le N. D. C. à Orléans seulement.

†8. La naissance du Roi, le 5 septembre 1638, médaille entourée d'une large bordure, où sont les douze
signes du zodiaque : le sujet est la Victoire debout dans un
char tiré par quatre chevaux de front, dont un jeune
enfant tout nud tient les rênes. Sur la légende est écrit :
ortus solis Gallici. Et sur l'exergue : Sept. V. hor. XI. min.
XXII. ante merid. M. DC. XXXVIII. D S. le Clerc. Cette
médaille n'est gravée qu'au simple trait sur un fond blanc.

Diametre 2 pou. 8 lig.

Au cabinet des estampes du Roi. Chez MM. Paigon,
Jombert, &c.

Cette estampe ne se trouve point dans le livre ; celle
qu'on y voit représentant le même sujet, à la premiere
édition, en 1702, est gravée par Simonneau, & les
figures, ainsi que le fond, sont ombrés. Elle a été totalement retranchée du livre, à la seconde édition, en 1723.

9. La même médaille & le même sujet réduit en petit &
gravé par le Clerc, au simple trait sur un fond blanc.

Diametre 2 pou. 1 lig.

Chez M. le Normant D. C. à Orléans, seulement.

†10. La régence de la Reine mere. On y voit, à gauche,
la Reine & Louis XIV enfant, assis sur un même trône,
élevé de plusieurs marches circulaires, dans un sallon décoré de colonnes, &c. La légende porte : Annae Austria-
cae, Regis & regni cura data. Et l'exergue : M. DC. XLIII.
S. le Clerc in. & sculp. Les figures & le fond sont ombrés.

Diametre 2 pou. 8 lig.

Cette estampe se trouve dans la premiere édition du
livre des médailles, mais elle a été supprimée dans la seconde édition, où l'on voit ce même sujet gravé par Benoist Audran d'après un autre dessein fait par Coypel.

Au cabinet des estampes du Roi, & chez M. Paignon :
chez M. Jombert, deux épreuves, l'une avec le nom de le
Clerc, l'autre où son nom est effacé.

Chez M. l'avocat Lachey, le dessein original de cette
estampe, par le Clerc, fait à la plume, lavé à l'encre de
la Chine, même grandeur que la gravure & touché très-
spirituellement.

1701.

Chez M. Paignon, autre dessein du même sujet, pareillement fait par le Clerc, lavé à l'encre de la Chine, & très-précieux pour le fini. Le dessein de cette médaille porte 2 pou. 5 lig. de diametre.

+11. La prise de Thionville, médaille au simple trait, le fond blanc : on y voit la Victoire tenant de la main droite une petite statue de la Victoire, de la gauche elle releve le devant de sa robe par en bas, & tient une branche de laurier. Elle est appuyée sur un piedestal d'où pend une grande pancarte sur laquelle est tracé le plan de Thionville : au-dessus de ce plan est écrit : *Theodonis villa expugnata.* Sur la légende on lit : *prima finium propagatio.* Et sur l'exergue : M. DC. XLIII. S. le C. in. &f.

Diametre 2 pou. 8 lig.

Cette estampe au trait ne se voit point dans le livre, mais on y trouve le même sujet gravé par Simonneau, avec les mêmes inscriptions. A la seconde édition, l'inscription : *Theodonis villa expugnata* ne se voit plus sur la pancarte au-dessus du plan, mais elle est sur l'exergue.

Au cabinet des estampes du Roi. Chez MM. Paignon, Jombert, &c.

—12. Le même sujet réduit & gravé plus en petit, à demi-ombré, sur un fond blanc, avec les mêmes inscriptions.

Diametre 2 pou.

—13. La bataille navale de Carthagene. C'est un trophée d'attributs de marine, avec des palmes & des branches de laurier passés dans une couronne rostrale. Au-dessous est la mer, & dans le lointain une bataille navale. Le tout au trait sur un fond blanc. Sur la légende est écrit : *omen imperii maritimi.* Et sur l'exergue : *Hispanis suo in mari victis ad Kartag. novam.* M. DC. XLIII.

Diametre 2 pou. 4 lig.

Celle-ci ne se voit point dans le livre imprimé, mais il y a le même sujet gravé par Simonneau, & ombré, à la première édition. M. Coypel a fait ensuite graver pour la seconde édition une autre médaille sur le même sujet : c'est une allégorie qui paroit de sa composition.

Chez MM. Paignon & Jombert, une épreuve de la médaille ci-dessus, par le Clerc, au trait.

Chez M. Paignon, le dessein original de cette médaille;

1702.

par le Clerc, lavé à l'encre de la Chine, même grandeur, & très-fini.

−14. La bataille de Fribourg, petite médaille où l'on voit trois trophées d'armes détachés l'un de l'autre, sur un fond blanc. Sur la légende est écrit : *tergemina victoria.* Et à l'exergue : *Friburg.* M. DC. XLIIII.

Diametre 1 pou. 11 lig.

Chez MM. Paignon & Jombert.

Ce même sujet a été gravé plus en grand, avec le fond ombré, par Simonneau, d'après le dessein de Coypel qui en a fait deux compositions différentes pour les deux éditions du livre des médailles.

+15. La prise de dix villes dans le Palatinat. La Victoire est ici représentée debout, vue en face, regardant vers la droite, tenant une palme d'une main & une couronne murale de l'autre ; elle marche sur un amas de boucliers aux armes des villes conquises. Cette estampe est au trait sur un fond blanc. Sur la légende est écrit : *fusis ad Fribur-gum Bavaris.* Et sur l'exergue : *X urb. ad Rhenum capt.* M. DC. XLIIII.

Diametre 1 pou. 11 lig.

Chez MM. Paignon & Jombert.

Celle-ci ne se trouve point dans le livre des médailles. Il y en a une autre sur le même sujet à la premiere édition, composée tout autrement, par Coypel, & gravée par Si-monneau. On y voit, à droite, un enfant assis sur un piedestal, & à gauche, un guerrier qui lui présente un faisceau d'armes monté au bout d'une pique avec ces mots : sur la légende : *puer triumphator.* Et à l'exergue : *XXX urb. aut. arc. captæ.* M. DC. XLIII.

−16. La bataille de Nordlingue. On voit ici Pallas guer-riere, assise sur un faisceau d'armes, regardant vers la gauche, la pique à la main, le casque en tête, tenant sur ses genoux un bouclier aux armes de France. Le tout au simple trait sur un fond blanc. Sur la légende est écrit : *me-lioribus auspiciis.* Et sur l'exergue : *pugna ad Norlingam.* M. DC. XLV.

Diametre 1 pou. 11 lig.

Chez MM. Paignon & Jombert.

Cette estampe a été recommencée plus en grand &

1702.

ombrée, par Simonneau, pour le livre des médailles, &
les inscriptions ont été changées en celle-ci ; sur la légende : *Deleto Bavar. exercitu ; cæso duce.* Et sur l'exergue : *ad Norlingam. M. DC. XLV.*

17. Le duc de Baviere battu & chassé de ses états. On
voit ici la Victoire ailée, portant un trophée d'armes. Elle
marche vers la droite, & regarde derriere elle une couronne de laurier qu'elle tient de la main droite. Cette figure est isolée & au simple trait sur un fond ombré d'une
seule taille. Sur la légende est écrit : *victoria fracta fidei
ultrix.* Et sur l'exergue : *pulso trans œnum Bavaro.*
M, DC, XLVIII. S, le C, in, &c.
Diametre 2 pou. 3 lig.

Au cabinet des estampes du Roi. Chez MM. Paignon,
Jombert, &c.

Cette estampe ne se trouve point dans le livre des médailles du Roi, le même sujet ayant été recommencé par
Ch. Simonneau, d'après le dessein de Coypel, la figure
& le fond ombrés, avec ces mots : *victoria fractæ fidei*
ultrix. Et à l'exergue : *pulso trans œnum Bau. M. DC,*
XLVIII.

18. La paix de Munster. On y voit la France sous la
figure d'une femme debout, se présentant en face, regardant vers la gauche, une couronne royale sur la tête, vêtue
d'un manteau royal semé de fleurs-de-lys, appuyée contre
un autel antique, tenant d'une main une branche d'o-
livier, & de l'autre une balance où elle pese une couronne impériale contre plusieurs bonnets d'électeur. Cette
figure à demi-ombrée ainsi que le terrein & l'autel, sur un
fond tout blanc. Sur la légende est écrit : *libertas Ger-*
man.. æ. Et sur l'exergue : *pax Monaster. M. DC. XLVIII.*
Diametre 1 pou. 11 lig.
Chez MM. Paignon & Jombert.

Le même sujet a été recommencé & gravé plus en grand
par Benoist Audran, la figure, l'autel, & le fond entiérement ombrés.

19. La prise de Condé & de Maubeuge. On voit sur
cette médaille, à gauche, la Victoire debout, courant
vers la droite, armée d'un casque & d'un bouclier, prête
à lancer un javelot qu'elle tient de la main droite. Dans la

lointain , à droite , une armée mife en déroute. Sur la
légende eft écrit: *Hifpanis trans fcaldim pulfis & fugatis*. Et
fur l'exergue: *Condatum & Malbodium capt.* M. DC. XLIX.
S. le Clerc in. & f. Celle-ci eft totalement ombrée.

Diametre 2 pou. 8 lig.

Au cabinet des eftampes du Roi. Chez MM. Paignon ,
Jombert , &c.

Cette eftampe de le Clerc ne fe trouve point dans le
livre des médailles ; le même fujet a été recommencé par
Simonneau , d'après le deffein de Coypel , avec quelques
changemens , pour la premiere édition de ce livre. Mais
la médaille gravée par ce dernier eft bien inférieure à celle
de le Clerc. On a entiérement retranché ce fujet dans la
feconde édition.

10. Accompliffement du vœu de la Réine pour la naiffance de Louis XIV. Cette eftampe repréfente le portail,
l'églife , & le dôme du monaftere du Val-de-Grace , au
fauxbourg Saint-Jacques à Paris , gravé par Louis Simonneau , d'après le deffein de le Clerc. Le fond eft ombré.
Sur la légende eft écrit : *ob gratiam diu defiderati regii par-
tus.* Et fur l'exergue: M. DC. L. Le fond eft ombré d'une
taille égale.

Diametre 2 pou. 8 lig.

Chez M. Jombert feulement.

Cette médaille ne fe trouve dans aucune édition du livre
des médailles , ni dans le médaillier de l'hiftoire du Roi.

†11. Le facre du Roi : on voit fur cette médaille , vers
la droite , l'évêque de Soiffons (le fiége de Rheims étant
vacant) qui met la couronne fur la tête du Roi à genoux
devant lui fur les marches de l'autel, accompagné de douze
anciens pairs de France & des grands officiers de la couronne. Sur la légende eft écrit : *Rex cælefti oleo unctus.* Et
à l'exergue : *Remis. VII junii.* M. DC. LIV. *S. le Clerc
in. & f.*

Diametre 2 pou. 8 lig.

Différence dans le fond , où au lieu des tapifferies qu'on
y voyoit à la premiere édition du livre on a fubftitué deux
grands vitraux gothiques , à la feconde édition. Autre différence dans le nom de le Clerc , gravé au bas à droite ,
fur la marge du cuivre , qui a été effacé avant que la planche

fût tirée dans le livre, même à la premiere édition.

Au cabinet des estampes du Roi, une épreuve. Chez MM. Paignon & Jombert, trois épreuves différentes avec les changemens ci-dessus.

Chez M. Jombert, le dessein original de cette médaille par le Clerc, lavé à l'encre de la Chine, & passablement fini : la composition est un peu différente de la gravure, & les actions y viennent du même sens. Ce dessein est de la même grandeur que l'estampe.

22. La prise de Landrecy, de Condé, & de Saint-Guislain. C'est un trophée formé par trois branches de laurier nouées ensemble, au haut desquelles sont trois couronnes murales. Le fond est ombré d'une taille égale. On voyoit sur la légende aux premieres épreuves, avant la premiere édition : *triplex victoria*, & sur l'exergue : *Landrecium fundatum & fanum Sancti Gisleni capt. M.DC.LX.* Et au bas : *A. Coypel inv. Lud. Simonneau sculp.* [1] On a ensuite effacé ces inscriptions, & on voit à la premiere édition, sur la légende : *Landrecium, Condatum, & fanum sancti Gisleni capta.* Et sur l'exergue : M. DC. LV. Elle a été entiérement retranchée dans la seconde édition.

Diametre 2 pou. 8 lig.

Chez M. Jombert seulement.

~23. L'établissement de l'hôpital général proche Paris

[1] Quoique les noms de Coypel & de Simonneau soient gravés sur cette planche, je serois fort porté à croire qu'elle est au moins dessinée par le Clerc, la légereté des branches de laurier qu'on y voit, tenant beaucoup de sa maniere : cette estampe ne se trouve plus dans la seconde édition du livre des médailles, M. Coypel lui en ayant substitué une autre de sa composition, avec un sujet de figures. La suppression de cette planche dans la seconde édition, seroit presque une preuve que le Clerc y a quelque part, vu l'attention singuliere que M. Coypel a eu de retrancher de cette nouvelle édition, faite après la mort de le Clerc, tout ce qui pouvoit lui porter ombrage dans les ouvrages de cet excellent artiste, dont il paroit avoir été jaloux, du moins pour la partie des médailles. Chacun sait que ce peintre s'est trouvé souvent en concurrence avec Seb. le Clerc dans ce travail, ayant fourni, conjointement avec ce célebre graveur, les desseins des médailles de l'histoire de Louis XIV, dont l'académie des inscriptions étoit chargée. Au reste, on ne donne tout ceci que comme une conjecture.

1702.

On voit ici une femme debout, ayant un enfant sur son bras droit : elle tient de la gauche la main d'un autre enfant tout nud, qui marche à côté d'elle. On voit dans le lointain une partie de l'hôpital général. Le tout au simple trait sur un fond blanc. Sur la légende est écrit : *alendis & educandis pauperibus.* Et sur l'exergue : *pietas.* M. DC. LVI.

Diametre 2 pou. 3 lig.

Chez MM. Paignon & Jombert.

Cette planche de le Clerc n'a point servi dans le livre ; elle a été recommencée par Ch. Simonneau l'aîné, d'après un autre dessein de Coypel. On voit à celle-ci la même légende, & sur l'exergue : *Ædes extructæ & fundatæ.* M. DC. LVI. [1]

224. L'entrée de la reine de Suede, à Paris. Cette médaille représente la reine de Suede à cheval, précédée d'un dais porté par quatre officiers municipaux de la ville de Paris, prête à entrer dans cette capitale par la porte Saint - Antoine. Sur la légende est écrit : *Regina Suevorum in urbem regie excepta.* Et à l'exergue : M. DC. LVI. S. le Clerc in. & sculp.

Diametré 2 pou. 8 lig.

Différence dans les arbres du boulevard, que l'on voyoit dans le fond aux premieres épreuves, & que l'on supprimés après la premiere édition du livre des médailles ; ce qui a ôté une partie de l'agrément de cette petite estampe [2].

Au cabinet des estampes du Roi, chez MM. Paignon, Jombert, &c. deux épreuves avec la différence des arbres.

---

[1] A la seconde édition du livre des médailles, on a ajouté à l'exergue, *mense aprili :* en général, toutes les médailles où il est fait mention du mois ou de son quantieme, sont de la seconde édition de cet ouvrage.

[2] Dans la seconde édition, faite en 1723, M. Coypel a retranché totalement du livre cette jolie médaille de le Clerc, pour y en substituer une autre de son invention, bien inférieure à celle-ci, soit pour la composition, soit pour la gravure; ce qui paroît une confirmation de l'espece d'antipathie que notre premier peintre du Roi avoit conçue contre le Clerc, & de sa jalousie vis-à-vis des talens décidés de notre dessinateur & graveur, qui excelloit principalement dans le genre de composition en petit.

1702.

+ 25. La prise de Montmedy. C'est un trophée d'armes érigé sur le sommet d'une montagne : au-dessus sont les armes de cette ville dans un cartel, au haut duquel est une couronne formée avec des tours. Le tout au simple trait sur un fond blanc. Sur la légende est écrit : *armorum primitiæ*. Et sur l'exergue : *Monsmedius capt.* M.DC.LVII.

Diametre 2 pou. 4 lig.

Au cabinet des estampes du Roi. Chez MM. Paignon & Jombert, &c.

Cette estampe de le Clerc n'est point dans le livre ; on en voit une autre composée de même, gravée par Louis Simonneau, & totalement ombrée, tant le trophée que le fond. Elle a été totalement suprimée dans la seconde édition, & l'on y en a substitué une nouvelle d'une autre composition avec sujet de figures.

+ 26. La bataille des Dunes. On a représenté ici la Victoire de profil, marchant vers la droite, tenant d'une main un javelot & de l'autre un caducée. On voit la mer, des montagnes, & un ciel dans le fond : le tout ombré. Sur la légende est écrit : *ad pacem via vi facta*. Et sur l'exergue : *victoria ad Dunquercam.* M.DC.LVIII. S. le C. *in. & f.*

Diametre 2 pou. 8 lig.

Au cabinet des estampes du Roi. Chez MM. Paignon, Jombert, &c.

Cette médaille gravée par le Clerc, n'a point servi dans le livre. On y en voit une gravée par Simonneau, d'après le dessein de Coypel, où la Victoire se présente en face, marchant sur un monceau de morts, comme dans la médaille originale, dont le Clerc s'étoit écarté en la faisant de profil, & marchant sur la terre.

— 27. Autre médaille de le Clerc sur le même sujet, avec cette différence que celle-ci, qui est plus petite, est gravée au simple trait sur un fond blanc, sans ciel, & qu'on voit sur la légende : *victoria pacifera*, & à l'exergue : *Hispanis caesis ad dunas Dunquercae.* M.DC.LVIII.

Diametre 2 pou. 4 lig.

Chez MM. Paignon, Jombert, &c.

Il y a une autre composition de le Clerc qui a été gravée au simple trait, où l'on voit la même figure de
femme

1702.

femme, la jambe & partie de la cuiffe gauche nuds ; tout le fond de la médaille eft blanc. Celle-ci paroit la premiere gravée. Elle porte les memes infcriptions, & au bas le N°. 47 dans l'angle à gauche.

Diametre 2 pou. 5 lig.

Elle fe trouve dans la collection de M. Guyot, amateur de médailles & d'eftampes.

†28. La guérifon du Roi, à Calais. La Santé eft ici repréfentée fous la figure d'une femme vêtue à l'antique, proche d'un autel entouré d'un ferpent : elle tient un long bâton plein de nœuds. La figure eft ombrée ainfi que le fond. Sur la légende eft écrit : *falus imperii*, & à l'exergue : *Rege convalefcente Caleti*. M. DC. LVIII. S. le Clerc f.

Diametre 2 pou. 9 lig.

Au cabinet des eftampes du Roi. Chez MM. Paignon & Jombert.

Cette eftampe de le Clerc ne fe voit point dans le livre des médailles : M. Coypel y en a fubftitué une de fa façon, même fujet & même compofition, gravée par Louis Simonneau, mais qui eft bien inférieure à la gravure de le Clerc : la tête & le haut de la figure de la femme étant auffi mal deffinés que celle de le Clerc eft agréable & fpirituelle.

29. L'entrée de la Reine à Paris. La Reine eft ici repréfentée dans un char tiré par quatre chevaux attelés de front. L'Amour affis fur le devant fert de cocher, & tient les rênes des chevaux. Le char eft dirigé de droite à gauche, Le tout au fimple trait, fur un fond blanc. On voit ces mots fur la légende : *Adventui Reginæ feliciffimo*. Et fur l'exergue : *Lutetia*. M. DC. LX.

Diametre 2 pou. 4 lig.

Cette eftampe gravée au trait par le Clerc, ne fe voit point dans le livre : il y en a une autre dans la premiere édition, même fujet & même compofition, gravée par Simonneau, & totalement ombrée, ainfi que le fond, d'après le deffein de le Clerc, qui porte fur la légende : *feliciffim. Reginæ in urb. adventus*, & à l'exergue. M. DC. LX. Elle a été enfuite changée pour la feconde édition, où l'on en voit une autre deffinée plus en grand, &

1702.

l'Amour volant à côté des chevaux : dans celle-ci le char est dirigé de gauche à droite, & on voit fur la légende: *felix Reginæ in urbem adventus*, & à l'exergue *XXVI augufti*. M. DC. LX.

—30. Le Roi prenant le gouvernement de l'état. Ce jeune monarque eft ici repréfenté fous la figure d'Apollon affis fur un globe aux armes de France, tenant de la main droite un gouvernail, & de l'autre une lyre appuyée fur fa cuiffe gauche. Le tout à demi-ombré fur un fond blanc. On voit ces mots fur la légende: *ordo & felicitas*. Et fur l'exergue: *curas imper. capeffente*. M. DC. LXI.

Chez MM. Paignon, & Rouffet, architecte.

Grandeur 2 pou. 4 lig.

Cette planche a été recommencée plus en grand par Simonneau, d'après le deffein de Coypel, pour la premiere édition du livre des médailles, le tout entiérement ombré. Elle a encore été changée dans la feconde édition, où M. Coypel a fait quitter à Apollon le timon de l'empire, pour le repréfenter jouant de la lyre qu'il tient des deux mains.

+31. L'affiduité du Roi à fes confeils. On voit ici le Roi fous la figure du foleil dans fon char tiré par quatre chevaux fougueux, fur des nuages. Au-deffus de lui une partie du zodiaque. Le tout au fimple trait. Sur la légende eft écri *affiduitas*. Il n'y a point d'exergue ni d'année : on voit à fa place les armes de France, accompagnées d'une palme & d'une branche de laurier.

Diametre 2 pou. 8 lig.

Au cabinet des eftampes du Roi. Chez MM. Paignon, Jombert, &c.

Ce même fujet a été recommencé par Simonneau, d'après Coypel, & ombré entiérement, avec d'autres infcriptions. Sur la légende: *Gallia felix*. Et fur l'exergue: *Affidua Reg. in confiliis præfentia*. M. DC. LXI. M. Coypel a fait une autre compofition totalement différente pour la feconde édition, où il a repréfenté les dieux affemblés dans l'olympe, qui paroiffent autant de figures découpées. Elle ne fe trouve point dans le médaillier du Roi.

+32. Le fecret des confeils du Roi. On voit ici une femme vétue à l'antique, debout, vue par devant, reje-

gardant vers la gauche, le doigt fur la bouche : le bras
gauche, dont elle tient une corne d'abondance, eft appuyé
fur un bout de colonne : le tout au fimple trait, le fond
tout blanc. Sur la légende : *comes confiliorum.* A l'exergue :
M. DC. LXI. *(S. le C. in. & f.)*

Diametre 2 pou. 8 lig.

Au cabinet des eftampes du Roi, Chez MM. Paignon,
Jombert, &c.

Cette planche a été recommencée & ombrée entiérement, avec un fond ombré d'une feule taille ; & M. Coypel, à la place de l'Abondance, qui étoit vêtue d'une draperie, a mis un homme tout nud, repréfentant Har-
pocrate ou le dieu du filence, conformément au médaillier.

-33. La naiffance de Monfeigneur. Le génie de la France,
fous la figure d'un ange debout, vu de profil, allant vers
la gauche, tient fur fes bras un enfant nouvellement né :
il marche fur des fleurs. Cette figure eft au fimple trait,
fur un fond blanc. On lit autour : *felix Galliarum genius.*
Et fur l'exergue : *natalis Delphini.* M. DC. LXI.

Diametre 2 pou. 4 lig.

Chez MM. Paignon & Jombert.

Cette médaille a été recommencée plus en grand & ombrée entierement ainfi que le fond, par Simonneau, d'a-
près le deffein le Clerc, pour la premiere édition, même
fujet & même compofition. Dans la feconde édition, la
figure de la France eft debout, vue en face, la main droite
appuyée fur un bouclier à fes armes.

-34. Le duel aboli. La Juftice eft ici repréfentée debout,
vue en face, tenant la balance d'une main & l'épée de
l'autre, regardant vers la droite : elle marche fur des
corps morts dont elle eft environnée. Cette médaille eft à
demi-ombrée, fur un fond blanc. On voit écrit fur la légende : *fingularium certaminum furor coercito.* Et fur l'e-
xergue : *juftitia optimi principis.* Sans aucune date.

Diametre 2 pou. 7 lig.

Chez MM. Paignon, Jombert, &c.

Cette eftampe a été recommencée par Simonneau, d'a-
près Coypel, pour la premiere édition du livre des médailles, où elle fe trouve à l'année 1661. avec change-

ment dans les figures & dans les inscriptions. Dans la seconde édition c'est une autre médaille placée à l'année 1679.

+35. La prise de Marsal. Le duc de Lorraine paroît ici sous la figure de Protée, lié par un jeune homme sur son rocher : à ses pieds des veaux marins. Les figures ainsi que le fond sont à demi-ombrés. Sur la légende est écrit : *Protei artes delusæ*. Et à l'exergue : *Marsal. Capt.* M. DC. LXIII.

Diametre 2 pou. 1 lig. 3.

Chez MM. Paignon & Jombert.

Cette médaille a été gravée de grandeur ordinaire par Simonneau, d'après un dessein de M. Coypel & les figures ombrées, pour la premiere édition du livre des médailles. Elle a été ensuite changée dans la seconde édition par M. Coypel, qui a fait une autre composition pour ce même sujet.

36. La devise du Roi. C'est une tête de soleil entourée de cheveux, qui répand de toutes parts des rayons de lumiere : au-dessous est le globe de la terre entouré de nuages. Le tout ombré. Sur la légende est écrit : *nec pluribus impar*. Il n'y a point d'exergue : mais on lit au bas : M. DC. LXIII.

Il y a eu deux planches gravées de cette médaille, toutes deux pareilles pour le sujet & la composition ; l'une attribuée à le Clerc, l'autre gravée par Simonneau. Celle que l'on croit de le Clerc est dans la premiere édition du livre des médailles : la tête du soleil y est plus grande, & les nuages sont en bas, aux deux côtés du globe terrestre : à celle de Simonneau, la tête est plus petite, & les nuages se trouvent placés entre le soleil & la terre. Ce sujet a été totalement supprimé dans la seconde édition.

Diametre 2 pou. 8 lig.

Cette estampe est une des 53 attribués à le Clerc pour le dessein seulement.

+37. L'alliance avec les Suisses. On voit ici la cérémonie faite à cette occasion dans l'église de Notre-Dame de Paris, où le Roi & un ambassadeur Suisse mettent la main sur le livre des évangiles, présenté par le grand aumonier. Sur la légende est écrit : *Fœdus Helveticum instauratum*. Et à l'exergue : M. DC. LXIII. *Seb. le Clerc in. & fecit.*

Diametre 2 pou. 8 lig.

Au cabinet des estampes du Roi. Chez MM. Paignon, Jombert, &c. deux épreuves.

Différence dans des changmens faits sur le fond de l'estampe, qui est beaucoup plus clair à la premiere édition qu'à la seconde, & dans le nom de le Clerc qui a été supprimé.

Chez M. l'avocat Lachey, le dessein orriginal par le Clerc, lavé à l'encre de la Chine, même grandeur & passablement fini.

38. L'académie des inscriptions. Chez M. Paignon on voit un dessein de cette médaille par le Clerc, lavé à l'encre de la Chine, où Mercure a les deux jambes posées à terre. On ignore si ce dessein a été gravé.

L'estampe qu'on voit dans le livre des médailles est gravée par Simonneau, d'après un dessein de Coypel, & le Mercure, qui écrit sur une table dressée devant lui & appuyée sur deux colonnes canelées, a la jambe gauche posée à terre, & la jambe droite élevée, dans une attitude très-forcée. On voit sur la légende : *rerum gestarum fides.* Et sur l'exergue : *Academia regia inscriptionum & numismatum instituta.* M. DC. LXIII.

†39. Pyramide élevée à Rome. On voit ici, à droite, Rome sous la figure de Minerve assise, appuyée sur son bouclier, regardant une pyramide dressée vis-à-vis d'elle : le tout à demi-ombré, sur un fond blanc. Sur la légende est écrit : *ob nef. scelus à Corsis edit. in Oratorem Regis Franc.* Et sur l'exergue : M. DC. LXIV.

Diametre 2 pou. 1 lig.

Le même sujet a été redessiné plus en grand par Coypel, & gravé par Louis Simonneau ; la figure & le fond entiérement ombrés, avec les mêmes inscriptions, les figures changées de droite à gauche.

Chez MM. Paignon, & Jombert.

40. L'audience du légat. On voit ici le cardinal *Chigi*, neveu du pape & son légat *à latere*, assis devant le Roi, en rochet & en camail, le bonnet quarré sur la tête, faisant la lecture de la lettre d'excuses de la part de Sa Sainteté. Cette médaille est gravée par Benoist Audran, mais

le fond, qui repréfente l'intérieur de la chambre du Roi, paroit deffiné & gravé par le Clerc. On voit fur la légende : *Corficum facinus excufata.* Et à l'exergue : *Legato à latere miffo.* M. DC. LXIV.

Diametre 3 pou. 9 lig.

Chez M. Jombert feulement.

Cette eftampe fe trouve dans la premiere édition du livre des médailles avec le fond de la chambre du Roi, & l'on voit fur la légende : *Corfinum facinus excufatum.* Dans la feconde édition ce fond a été fupprimé, quoiqu'il foit marqué fur la médaille originale, & l'on n'y voit plus que des tailles droites & égales : ce qui prouveroit encore que cet ouvrage de le Clerc a eu le malheur de déplaire au premier peintre du Roi.

+41. Les revues. On voit ici les moufquetaires du Roi faifant l'exercice commandé par Sa Majefté. Le fond repréfente une belle colonnade. Le tout ombré. Sur la légende : *difciplina militaris reflituta.* A l'exergue. M. DC. LXV. *S. le Clerc in. & f.*

Diametre 2 pou. 8 lig.

Au cabinet des eftampes du Roi. Chez MM. Paignon, Jombert, &c.

Cette eftampe fe trouve dans la premiere édition du livre des médailles, mais dans la feconde elle a été fupprimée & l'on y en a mis une autre fur le même fujet gravée par Simonneau, d'après Coypel, où la colonnade a été totalement retranchée, conformément à la médaille originale. On a auffi fupprimé à la légende le mot *reflituta*, & l'on a placé cet événement à l'année 1666.

–42. Le fecours donné aux Hollandois. Cette eftampe deffinée & gravée par le Clerc, eft de moyenne grandeur, au fimple trait, fur un fond blanc. Sur la légende eft écrit : *Batavis terra marique defenfis.* Et à l'exergue : M. DC. LXVI. Elle ne fe trouve que chez M. Paignon.

Diametre 2 pou. 1 lig.

+43. La mort de la Reine mere. On voit ici un tombeau d'où s'éleve une pyramide furmontée d'une couronne fermée : au milieu eft placé le portrait de la Reine. Aux deux côtés du tombeau font deux figures affifes, dont

celle à droite de l'estampe, qui représente la Religion,
tient le modele de l'église du Val-de-Grace, que cette
Reine a fait bâtir : l'autre, à gauche, indique la science
du gouvernement par un gouvernail de navire qu'elle
tient sous son bras gauche, & par un globe qui est sous ses
pieds. Au-dessus de la pyramide est un pavillon royal relevé par le bas des deux côtés. Dans le fond est une draperie semée de fleurs-de-lys sans nombre. Le tout entiérement ombré. La légende porte : *Annæ Austriacæ matri co-*
lendiss. Et l'exergue : *obiit XX janv. M. DC. LXVI. S. le*
Clerc in. & fecit.

Diametre 2 pou. 8 lig.

Chez MM. Paignon & Jombert deux épreuves.

Cette estampe de le Clerc se trouve dans la premiere édition du livre : mais à la seconde édition, faite après la
mort de ce graveur, M. Coypel n'a pas manqué de la
supprimer pour y substituer une mauvaise copie de cette
même planche, faite par Simonneau, où les figures reviennent de droite à gauche, & où la draperie du fond ne
se trouve plus, quoiqu'elle soit dans la médaille originale
du médaillier du Roi. On voit à cette copie sur la légende :
Annæ Austriacæ matri optimæ.

14. L'académie des sciences. On voit ici Apollon tout
nud, debout, jouant d'une lyre posée sur un piedestal de la
forme d'un trépied antique : à côté de lui les attributs des
sciences & des arts. La légende porte : *Apollo Palatinus,*
& l'exergue : *Regia scient. acad. inst. M. DC. LXVII.* Le
tout au simple trait, sur un fond entiérement blanc.

Diametre 2 pou. 2 lig.

Chez MM. Paignon & Jombert.

Cette estampe a été recommencée plus en grand & ombrée, par Simonneau, d'après un dessein de Coypel, composé différemment, pour le livre des médailles du Roi,
où l'on voit une Minerve assise, la pique à la main, appuyée sur son bouclier, entourée des attributs de cette
académie. Les inscriptions & l'année ont été aussi changées.
Sur la légende est écrit : *naturae investigandæ & perfic.*
artib. Et sur l'exergue : *Regia scientiarum academia inst.*
avec l'année M. DC. LXVI.

L iv

1702.

Cette même figure d'Apollon avec sa devise se trouve dans le livre, sur la médaille frappée en 1672, à l'occasion de la protection particuliere acccordée par S. M. à l'académie Françoise, après la mort du chancelier Seguier, son protecteur. L'estampe est gravée par Simonneau, d'après Coypel, avec quelque changement dans la composition & dans l'attitude de l'Apollon. On voit à celle ci, sur la légende: *Apollo Palatinus.* Et sur l'exergue : *Academia Gallica intra Regiam excepta.* M. DC. LXII.

45. Le port de Sete. C'est une espece de carte topographique de ce port & de ses environs, dont la médaille paroît frappée d'après le dessein de le Clerc. La planche qu'en voit ici, & qui se trouve dans les deux éditions du livre des médailles, est gravée par Simonneau : il y en a peut-être une originale gravée par le Clerc, mais je n'en ai point de connoissance. On voit sur la légende: *Portus Setius.* Et à l'exergue : M. DC. LXVI.

Diametre 2 pou. 9 lig.

Chez M. Jombert seulement.

46. Le port de Rochefort. On voit ici un plan de cette ville maritime bâtie sous le regne de Louis XIV. Sur le devant Neptune debout, le trident à la main, vu de profil, dans un char dirigé de gauche à droite, tiré sur la mer par deux chevaux marins. On voit sur la légende: *urbe & navali fundatis.* Et à l'exergue : *Rupifortium.* M. DC. LXVI. [1]

Diametre 2 pou. 9 lig.

Chez M. Jombert seulement.

47. La campagne de M. DC. LXVII. On voit ici le Roi à cheval, allant de gauche à droite, vêtu à la romaine, avec ces mots sur la légende : *jus Augustae conjugis vindicatum.* Et sur l'exergue : *expeditio Belgica prima.* M. DC. LXVII. Le tout au simple trait sur un fond blanc.

---

[1] Comme M. le Clerc avoit été Ingénieur, & qu'il entendoit parfaitement le dessein des plans & des fortifications, il y a grande apparence qu'il aura fourni celui de cette médaille, & que l'estampe qu'on en voit dans le livre des médailles, gravée par le sieur Simonneau, est de sa composition.

Diametre 2 pou. 9 lig.

Chez MM. Paignon & Jombert.

Cette estampe a été recommencée & ombrée par Si-monneau, d'après Coypel, pour la premiere édition du livre des médailles : la figure est retournée de droite à gauche, & le fond est ombré d'une taille égale, avec les mêmes inscriptions. A la seconde édition les inscriptions ont été changées. Sur la légende est écrit : *Rex armis jus negatum repetens.* Et sur l'exergue : *Profectio in Belgium.* M. DC. LXVII.

Chez M. Paignon, dessein original de le Clerc pour cette médaille, représentant un guerrier à cheval, le casque en téte, la pique à la main, courant au combat : lavé à l'encre de la Chine. Sur la légende est écrit : *expe-ditio reg. Belgica I.* Il n'y a point d'exergue ni d'année.

48. La déroute du comte de Marsin & du prince de Ligne. On voit sur cette médaille un cavalier effrayé & désarmé, s'enfuyant à toute bride, son cheval courant de gauche à droite, son casque tombé à terre. Dans le lointain, des cavaliers qui s'enfuient & plusieurs chevaux échappés. Le tout au simple trait, sur un fond blanc. Sur la légende est écrit : *fuso hostium equitatu.* Et sur l'exergue : *ad fossam Brugensem.* M. DC. LXVII.

Diametre 2 pou. 8 lig.

Chez MM. Paignon & Jombert.

Cette estampe a été recommencée par Simonneau, ombrée ainsi que le fond, d'après le dessein de Coypel, & le cavalier est retourné de droite à gauche, comme dans la médaille originale.

49. L'académie de peinture & de sculpture. On voit ici le génie de la sculpture qui travaille sur le buste de Henri IV monté sur une selle : à côté de lui un autre génie qui dessine d'après le torse antique. Derriere lui un tableau de portrait posé sur un chevalet : dans le lointain, une vue du colisée à Rome. Le tout à demi-ombré ; on voit ces mots sur la légende : *scholae Augustae.* Et sur l'exergue : *Acad. reg. pict. & sculpt. Lutetiae & Romae institut.* M. DC. XLVII.

Diametre 2 pou. 5 lig.

Chez MM. Paignon & Jombert.

1702.

Cette eſtampe a été recommencée par Simonneau pour le livre des médailles du Roi, d'après le deſſein de Coypel, & compoſée autrement : les inſcriptions ſont les mèmes à la premiere édition mais l'année eſt différente : On y voit au-deſſous de l'exergue : M. DC. LXVII. Dans la ſeconde édition cette même médaille a été portée à l'année 1663, & l'on y voit ſur l'exergue : *pictorum & ſculptorum academia regia fundata.* M. DC. LXIII.

†50. Pyramide abattue à Rome. La Religion debout, vue en face, eſt repréſentée ici tenant une croix de la main droite, & un gros livre fermé ſous le bras gauche, qui eſt appuyé ſur le piedeſtal d'une pyramide renverſée à terre, ſur laquelle on lit cette inſcription : *In execrationem damnati facinoris à militiſys* [1] *Corſis patrati contra oratorem Regis chriſtianiſſ. XII. kal. ſept.* Sur la légende eſt écrit : *violatæ majeſtatis monumentum abolitum.* Et ſur l'exergue : *Pietas opt. principis erga Clementem IX. M. DC. LXVIII.* Cette médaille n'eſt qu'au ſimple trait, ſur un fond blanc.

Diametre 2 pou. 2 lig.

Chez MM. Paignon & Jombert.

Ce même ſujet a été recommencé, ombré & plus en grand pour le livre des médailles du Roi, par Simonneau, d'après une autre compoſition de Coypel, où il n'y a plus d'inſcription ſur la pyramide, qui eſt renverſée de deſſus ſon piedeſtal. L'inſcription de la légende & celle de l'exergue ſont les mêmes à la premiere édition

†51. Le nouveau pavé de Paris. On voit ici une femme debout, le corps tourné en face, la tête de profil, regardant vers la gauche, relevant de la main droite le devant de ſa robe, & ayant la gauche appuyée ſur une petite roue de voiture, poſée ſur un piedeſtal : à ſes côtés divers outils de paveurs. Le tout au ſimple trait ſur un fond blanc. Sur la légende eſt écrit *urbs novo lapide ſtrata.* Et à l'exergue l'année M. DC. LXVIIII. *S. le C. in. & f.*

Diametre 2 pou. 8 lig.

Au cabinet des eſtampes du Roi. Chez MM. Paignon & Jombert.

---

[1] Il devroit y avoir *à militibus.*

+52. La même médaille deſſinée & gravée plus en petit par le Clerc, d'après la médaille originale où la femme, qui eſt vue de profil, tient un niveau de la main gauche, & a la droite appuyée ſur une roue plus grande, poſée ſur le terrein, qui eſt pavé. Avec la même inſcription, & avec l'année M. DC. LXIX. Celle-ci eſt également au ſimple trait & le fond eſt tout blanc.

Diametre 2 pou.

Chez MM. Paignon & Jombert.

Ce même ſujet ſe trouve dans le livre des médailles deſſiné autrement par Coypel & gravé par Simonneau, plus en grand, la figure & le fond ombrés. La femme eſt ici vue en face : elle a le genou droit nud & la mammelle droite découverte. Dans la premiere édition, cette médaille eſt placée à l'anné 1669, & dans la ſeconde elle ſe trouve à l'année 1667.

+53. La ſûreté & netteté de Paris. On a repréſenté ici une femme vue de profil, allant de gauche à droite dans les rues de Paris, qui ſont pavées & éclairées par des lanternes ſuſpendues en l'air. Le tout au ſimple trait ainſi que le fond où l'on voit des maiſons. Sur la légende eſt écrit : *urbis ſecuritas & nitor.* Et à l'exergue : *providentia opt. pr.* M. DC. LXIX. S. le C. in. & ſ.

Diametre 2 pou. 8 lig.

Au cabinet des eſtampes du Roi, Chez MM. Paignon & Jombert.

+54. La même médaille deſſinée & gravée par le Clerc, plus en petit, d'après la médaille originale, où la figure eſt vue en face, regardant vers la droite, tenant une lanterne d'une main & une bourſe de l'autre. Cette figure eſt au ſimple trait, & le fond tout blanc, ſans aucune maiſon. Les inſcriptions ſont les mêmes. Au-deſſous on lit : *S. le C.*

Diametre 2 pou.

Au cabinet des eſtampes du Roi, Chez MM. Paignon & Jombert.

Ce même ſujet a été recommencé pour le livre des médailles du Roi, par Simonneau, d'après le deſſein de Coypel, où la figure eſt vue en face, la tête tournée vers la droite, tenant de la main gauche une lanterne qui l'éclaire, & de la droite une bourſe pleine. Le tout ombré ainſi que le fond

1712.

10. Vignette pour le tome XIV. Soumission de Guillaume X, duc de Guyenne, au saint-siége [1], l'an 1135. *S. le Clerc f.* 1709.

11. Vignette pour le tome XV. S. Thomas de Cantorbery est assassiné dans son église, en 1170 [2]. *S. le Clerc f.* 1710.

12. Vignette pour le tome XVI, représentant Saint François d'Assise stigmatisé [3]. *S. le Clerc f.* 1712.

---

commença ses expéditions par le siége de la ville de Nicée, qu'elle reprit sur les Turcs, le 14 juin 1097, après sept semaines de tranchée ouverte. Etant entrée dans l'Asie mineure, elle assiégea & prit en 1099, les villes d'Antioche & d'Edesse en Syrie. On s'empara ensuite de Jérusalem, dont Godefroy de Bouillon fut proclamé roi. Les chrétiens terminerent leurs exploits par la célèbre bataille d'Ascalon, qu'ils gagnerent sur le soudan d'Egypte ; & ce fut la fin de cette premiere croisade, après quoi les princes croisés prirent congé de Godefroy & s'en retournerent chacun dans leurs pays.

[1] Le pape Innocent II, ayant excommunié Guillaume X, duc de Guyenne & comte de Poitou, prince violent & cruel, comme schismatique & sectateur de Pierre Leon, anti-pape, sous le nom d'Anaclet II, il lui envoya, l'an 1135, S. Bernard avec quelques autres prélats pour l'exhorter à rentrer dans le sein de l'église. Après plusieurs conférences inutiles à ce sujet, S. Bernard voyant qu'il ne pouvoit rien sur l'esprit de ce prince, eut recours à Dieu. Un jour qu'il célébroit la messe, il quitta l'autel après la consécration, & vint l'hostie à la main à la porte de l'église, où se tenoit le duc & ses partisans, qui n'osoient entrer dans l'église, étant excommuniés. Alors Saint Bernard lui présenta l'hostie, en lui demandant d'un ton ferme, jusqu'à quand il persécuteroit J. C. qu'il voyoit devant lui : Guillaume en fut tellement saisi de frayeur, qu'il tomba par terre, comme mort. Quelques momens après il revint à lui à la voix du saint qui lui ordonna de se relever, & il lui promit alors de faire tout ce que le pape exigeroit de lui.

[2] Saint Thomas de Cantorbery, dont le nom de famille étoit Becquet, vivoit dans le XIIe siecle. Il fut chancelier d'Angleterre, puis archevêque de Cantorbery. S'étant brouillé avec le roi Henri II, pour avoir soutenu trop vivement les droits ecclésiastiques, il fut obligé de sortir du royaume, & se réfugia en France, sous la protection de Louis VII. Après une longue suite de persécutions, ce prélat étant retourné en Angleterre, & étant rentré dans son siége archiépiscopal, à Cantorbery, il y fut assassiné dans l'église par quatre scélérats, le 29 décembre 1170.

[3] S. François naquit à Assise, en Italie, l'an 1182. Après avoir fondé une infinité de couvens de religieux & de religieuses de son

Haut. de chacune de ces vignettes 2 pou. 9 lig. long.
4 pou. 8 lig.

Ces 12 vignettes se trouvent par tout.

Au cabinet des estampes du Roi, manque la douzieme,
Saint François d'Assise. Chez Madame de Bandeville, &
chez MM. Paignon & Jombert, doubles épreuves des
planches 3 & 6, avec les différences marquées ci-dessus.

Chez Madame de Bandeville, il y a une espece d'eau-
forte de cette douzieme vignette, qui est retouchée à la
sanguine, par le Clerc.

On voit par l'année que nous avons eu soin de marquer
à la fin de l'exposition du sujet de chacune de ces vignettes,
qu'elles ont été gravées en différens tems, à mesure que
les volumes de cette histoire ont paru : la derniere est de
1712 : c'est par elle que notre illustre artiste a terminé sa
belle & longue carriere. Quoiqu'en dise l'abbé de Vallemont (page 96 de son éloge de le Clerc), il est aisé de
s'appercevoir dans celle-ci combien son grand âge & la
perte de sa vue avoient appesanti sa main.

Conformément à l'ordre historique que nous avons
adopté, nous aurions dû placer chacune des ces estampes
à l'année où elle se rapporte ; mais comme ces douze vignettes forment une suite, nous avons cru que les amateurs les verroient avec plus de plaisir rassemblées sous le
même numéro.

Il n'y a que les douze vignettes ci-dessus qui ont été
dessinées & gravées par Seb. le Clerc : comme il est mort
en 1715, celles qu'on voit aux volumes suivans avec ces
mots : *Seb. le Clerc inv.* ne sont point dessinées par notre
artiste, mais par Seb. le Clerc, son fils aîné, qui étoit
peintre d'histoire, professeur dans l'académie royale de
peinture, & qui portoit le même nom de baptême que son
pere.

---

ordre, il se retira vers l'an 1220 sur une des plus hautes montagnes de
l'Apennin. Ce fut là où il vit dans le ciel un Séraphin tout en feu
crucifié : d'après cette vision, il lui resta des stigmates aux pieds, aux
mains, & au côté. Il mourut à Assise, étant toujours demeuré diacre,
par humilité, le 4 octobre 1226.

312. *Horas devotas*, &c, ou Heures efpagnoles: *in-feize.* Paris. 1712.

☩1. Le frontifpice, vis-à-vis du titre : on y voit le Roi & la Reine d'Efpagne, à genoux fur le marche-pied d'un autel, qui rendent graces à Dieu de la naiffance d'un prince des Afturies, par l'interceffion de N. D. d'Atoche, le 25 juillet 1707.

Haut. de l'eftampe, avec l'écriture qui eft au-deffous, en trois lignes, 3 pou. 9 lig. larg. 2 pou. 5 lig.

Il faut avoir deux épreuves de ce frontifpice, l'une avant la lettre, l'autre avec la lettre, comme on les voit chez Madame de Bandeville, chez MM. Paignon, Jombert, &c.

☩2. Le titre, dont toute la lettre eft gravée, entouré d'une bordure d'ornement très légere, au haut de laquelle eft un nom de Jefus rayonnant.

Haut. de la bordure du titre 4 pou. 6 lig. larg. 2 pou. 6 lig.

3. Premiere page de l'exercice quotidien : une vignette où l'on voit l'agneau pafchal environné de rayons de lumiere & de têtes de chérubins, avec une petite bordure.

Au-deffous eft une lettre grife N, avec une croix rayonnante. Toute la lettre fur cette page eft gravée. Cette vignette a été copiée par Guélard.

Haut. de la page 3 pou. 9 lig. larg. 2 pou.

Chez M. Paignon, le deffein original par le Clerc, fait à la plume, & lavé à l'encre de la Chine.

☩4. Frontifpice vis-à-vis l'office de la fainte Vierge, repréfentant l'immaculée conception de la fainte Vierge. Au bas eft écrit : *S. le C. f.*

Haut. de l'eftampe 3 pou. 6 lig. larg. 2 pou. 4 lig.

☩5. Premiere page de l'office de la fainte Vierge : on voit au haut, une vignette formée par un cartel, dans lequel eft l'annonciation : au-deffous la lettre A, avec des rayons de lumiere qui partent du ciel.

Cette vignette a été copiée par Guélard.

Haut. de la page 3 pou. 10 lig. larg. 2 pou. 3 lig.

Chez M. Jombert, le deffein original par le Clerc, efquiffé feulement au crayon rouge.

6. Cul-

6. Cul-de-lampe gravé en bois pour la fin des matines, à l'office de la Vierge. C'est une étoile rayonnante de lumiere.

Haut. 16 lig. larg. *idem.*

Chez M. Jombert le dessein original, par le Clerc, fait à la plume.

7. Vignette gravée en bois pour laudes, à l'office de la Vierge : c'est un soleil levant dont on ne voit que la moitié du disque & des rayons.

Haut. 9 lig. long. 2 pou. 1 lig.

Chez M. Jombert, le dessein original, par le Clerc, fait à la plume.

8. Vignette gravée en bois, pour primes, à l'office de la Vierge. C'est un soleil rayonnant vu en entier, élevé au-dessus de trois couronnes.

Même grandeur.

Chez M. Jombert, le dessein original, par le Clerc ; fait à la plume.

9. Vignette gravée en bois, pour tierces, à l'office de la Vierge. C'est une gloire rayonnante venant du ciel : au-dessous deux petits oiseaux bec contre bec.

Même grandeur.

Chez M. Jombert, le dessein original, par le Clerc ; fait à la plume.

10. Vignette gravée en bois, pour sextes. On y voit les deux tables de la loi ancienne, éclairées par une gloire céleste.

Même grandeur.

Chez M. Jombert, le dessein original, par le Clerc ; fait à la plume.

11. Vignette gravée en bois, pour nones. C'est une grande croix jettant des rayons de lumiere : des deux côtés deux palmes.

Même grandeur.

Chez M. Jombert, le dessein original, par le Clerc.

12. Cul-de-lampe gravé en bois, pour la fin de nones. Au milieu est un soleil rayonnant, avec une couronne au-dessus.

Haut. 15 lig. larg. *idem.*

Part. II.   S

fait à la plume.

13. Vignette gravée en bois, pour vêpres. En bas, un
soleil rayonnant : derriere, une draperie tendue : au-dessus
une espece de croix de Mathurin, mais plus étroite : des
deux côtés trois clouds de la passion.

Haut. 9 lig. long. 2 pou. 1 lig.

Chez M. Jombert, le dessein original, par le Clerc,
fait & haché à la plume.

14. Cul-de-lampe gravé en bois pour la fin de vêpres.
C'est une espece de vase formé par des ornemens & des
enroulemens : des deux côtés pendent deux corbeilles ou
paniers remplis de fruits.

Haut. 1 pou. 9 lig. larg. *idem*.

Chez M. Jombert, le dessein original, par le Clerc,
fait & haché à la plume.

15. Vignette gravée en bois, pour complies. On voit
au haut une moitié de soleil rayonnant qui éclaire une
lune dans son premier quartier : des deux côtés des nuages,
sur lesquels on voit deux tiges de lys en fleur.

Haut. 9 lig. long. 2 pou. 1 lig.

Chez M. Jombert, le dessein original, par le Clerc,
ombré & haché à la plume.

16. Cul-de-lampe de la fin de la dévotion à la sainte
Vierge. On voit au milieu un grand cercle formé par un
chapelet d'où pend une petite croix.

Haut. 15 lig. long. 1 pou. 6 lig.

Chez M. Jombert, le dessein original, par le Clerc,
fait à la plume.

17. Frontispice vis-à-vis la dévotion au Saint Sacrement. C'est un Saint-Sacrement jettant des rayons sur
toute l'estampe, avec deux anges adorateurs à genoux sur
les marches du piedestal qui le porte. *S. le C. f.*

Haut. 3 pou. 9 lig. larg. 2 pou. 4 lig.

18. Vignette gravée en bois, pour la dévotion au Saint-
Sacrement. Elle représente un calice avec une hostie élevée
au-dessus, rayonnans de gloire : des deux côtés deux cassolettes jettant de la fumée.

Haut. 9 lig. long. 2 pou. 1 lig.

Chez M. Jombert, le deſſein original, par le Clerc ; haché à la plume.

19. Vignette gravée en bois, pour la maniere de réciter le roſaire. On y voit un grand chapelet ou roſaire , d'où pend une grande croix.

Même grandeur.

Chez M. Jombert, le deſſein original, par le Clerc ; fait à la plume.

20. Frontiſpice pour les ſept pſeaumes de la pénitence. On y voit Moyſe deſcendant de la montagne de Sinaï, portant les deux tables de la loi. Dans le lointain, une multitude de peuples qui environne la montagne. Plus loin, le camp des Iſraélites.

Haut. 3 pou. 9 lig. larg. 2 pou. 4 lig.

21. Vignette gravée en bois , pour les vêpres des morts. On y voit une urne ſépulchrale , avec deux flambeaux en ſautoir, ſur un cercueil, où l'on voit des larmes. Aux deux extrémités du cercueil, deux lampes ardentes. Au-deſſous, deux têtes de mort.

Haut. 9 lig. long. 2 pou. 1 lig.

Chez M. Jombert, le deſſein original, par le Clerc ; ombré & haché à la plume.

22. On y joint ordinairement un fleuron gravé en bois, qui étoit deſtiné pour le titre de ce livre d'heures, mais qui n'a point ſervi, n'y ayant point eu de titre imprimé. C'eſt un globe terreſtre ſurmonté d'une couronne impériale, avec des palmes, & des branches de laurier. Ce globe eſt ſoutenu par deux cornes d'abondance qui l'embraſſent, & eſt accompagné de drapeaux, étendarts, &c. d'où pendent deux guirlandes de couronnes de toute eſpece.

Haut. de ce fleuron 14 lig. long. 2 pou. 3 lig.

Chez M. Jombert, le deſſein original, ombré & haché à la plume, par le Clerc.

Les autres eſtampes qu'on voit dans ce petit livre ne ſont point de le Clerc, & ne doivent point entrer dans ſon œuvre : le frontiſpice qui eſt vis à vis les litanies des ſaints, & qui repréſente la gloire des ſaints dans le paradis, eſt une copie de l'apothéoſe de la ſainte Vierge, faiſant partie des heures dédiées à Madame la chanceliere, dont on a parlé ci-devant (Nº. 181. Pl. 8).

S ij

1712.

Pour ne point être taxé de négligence ou d'omission, nous ferons feulement mention d'un livre de la compofition de notre artifte, qui parut fous le titre de : Syftéme de la vifion. Par Seb. le Clerc. *In-octavo*. Paris. Florentin de Laulne. 1712 [1].

1714.

313. Traité d'architecture [2], avec des remarques & des obfervations très-utiles, par Seb. le Clerc, chevalier Romain, deffinateur & graveur ord. du Roi. *in-quarto*. Paris. Giffart. 1714.

1. Vignette pour l'avis au lecteur. C'eft un trophée de toutes fortes d'inftrumens de mathématique propres au deffein & à la géométrie pratique fur le terrein.

Haut. du cuivre 2 pou. 4 lig. long. 4 pou. 5 lig.

2. Vignette pour le commencement du livre. Elle repréfente l'Architecture affife, vue en face, tenant une regle de la main gauche, & de la droite un compas ouvert; on voit à fes pieds divers attributs de fon art.

Haut. du cuivre 2 pou. 5 lig. long. 4 pou.

3. Grande lettre initiale L, où l'on voit un rapporteur, une fauffe équerre, & un compas.

Grandeur 13 lig. en quarré.

---

[1] Il n'y a dans cet ouvrage que des figures gravées en bois groffiérement faites, & copiées pour la plupart d'après celles de fon difcours touchant le point de vue, *in-douze*, 1672, dont on a parlé ci-devant (N°. 151). On voit même dans ce fyftéme de la vifion plufieurs planches gravées en bois qui étoient dans l'*in-douze*, & que le Clerc, affoibli par fon grand âge, a inférées dans ce nouvel ouvrage fans fe donner la peine de faire de nouveaux deffeins; ce qui fait que perfonne n'a cru devoir les mettre dans fon œuvre.

[2] M. Le Clerc avoit commencé cet ouvrage dès l'année 1700 ; mais diftrait par d'autres occupations, il fut obligé de le difcontinuer; il a été enfuite arrêté par l'affoibliffement & la perte de fa vue, qu'il recouvra quelque tems après, ce qui lui donna la facilité de l'achever. Il le fit imprimer en 1714, fix mois avant fa mort, après avoir gravé lui-même toutes les planches, dans l'intervalle que lui laiffoient fes autres travaux. Plufieurs de ces planches reftées imparfaites & à moitié achevées, annoncent le grand âge de cet artifte illuftre, & la foibleffe de fes organes ; c'eft fon dernier ouvrage.

1714.

Ces trois pieces font gravées par Giffart, d'après le deffein de le Clerc.

4. Titre gravé pour le commencement du fecond volume, renfermé dans une bordure d'ornement, au haut de
laquelle eft une tête de foleil rayonnant, & au bas les
armes & le chiffre du Roi.

Haut. de cette planche & de toutes les fuivantes, formant le fecond volume, 6 pou. 3 lig. larg. 3 pou. 11 lig.

Chez M. Jombert, le deffein original de ce titre, par
le Clerc, lavé à l'encre de la Chine, par deffus le crayon
rouge.

5. Titre pour les ordres de colonnes, par lefquels le
Clerc commence fon fecond volume.

6. Planche cotée 1. L'ordre Tofcan dans fon entier;
contenant le piedeftal, la colonne, & l'entablement.

7. Pl. 2. Entre-colonne de l'ordre Tofcan.

8. Pl. 3. La colonne Tofcane dans fon entier.

9. Pl. 4. Colonnes Tofcanes avec boffages.

10. Pl. 5. Entablement Tofcan pour un ordre fans pié-
deftal.

11. Pl. 6. Portiques ou arcades de l'ordre Tofcan.

12. Pl. 7. Piedeftal Tofcan.

13. Pl. 8. Entablement Tofcan pour un ordre élevé fur
un piedeftal.

14. Pl. 9. Colonnes Tofcanes enclavées, ou accompagnées d'un pilaftre par derriere.

15. Pl. 10. Proportions d'un fecond ordre Tofcan.

16. Pl. 11. Entre-colonnes & arcades d'un fecond ordre
Tofcan.

17. Pl. 12. Entablement de ce fecond ordre Tofcan;
fans piedeftal.

18. Pl. 13. Colonnes Tofcanes couplées, élevées fur
un même piedeftal.

19. Pl. 14. Entablement pour une colonne du fecond
ordre Tofcan fur un piedeftal.

20. Pl. 15. Piedeftal pour ce fecond ordre Tofcan.

21. Pl. 16. Ordre Dorique dans fon entier.

22. Pl. 17. Entre-colonnes pour l'ordre Dorique.

23. Pl. 18. Canelures de l'ordre Dorique.

S iij

1714.

1714.

117. Pl. 111. Arcade avec pilastres d'ordre Corinthien, sans piedeftal, au-deffus de laquelle font deux figures d'é-vangeliftes en bas-relief: S. Jean & S. Matthieu.

118 Pl. 112. Arcade avec pilastres d'ordre Corinthien élevés fur des piedeftaux : au-deffus de l'impofte font deux anges profternés devant un nom de Jefus.

119. Pl. 113. Profil d'entablement d'ordre de pilastres Corinthien, élevés fur des piedeftaux.

120. Pl. 114. Chapiteau & entablement d'ordre de pilaftres Corinthien.

121. Pl. 115. Plan du plafond de l'entablement d'un ordre de pilaftres Corinthien.

122. Pl. 116. Impoftes & archivoltes pour un ordre de pilaftres Corinthien.

123. Pl. 117. Canelures & ornemens qui fe taillent dans les rudentures des pilaftres.

124. Pl. 118. Ornemens qui fe travaillent fur les moulures.

125. Pl. 119. Colonne torfe, & maniere de la tracer.

126. Pl. 120. Ordre des Cariatides & des Perfiques.

127. Pl. 121. Autre exemple de Cariatides & de Perfiques.

128. Pl. 122. Les termes & leur ufage dans la décoration d'un édifice.

129. Pl. 123. Arcades ou portiques portés par des colonnes.

130. Pl. 124. Entablement coupé & divifé en retraite entre les colonnes, pour laiffer voir des bas-reliefs travaillés dans l'attique qui eft au-deffus.

131. Pl. 125. Affemblage des ordres : le Dorique fur le Tofcan.

132. Pl. 126. L'ordre Ionique fur le Dorique, en portiques.

133. Pl. 127. L'ordre Ionique fur le Dorique, fans arcades ou portiques.

134. Pl. 128. L'ordre Romain fur l'Ionique.

135. Pl. 129. L'ordre Efpagnol fur le Romain.

136. Pl. 130. Maniere de trouver le module pour élever l'ordre Corinthien fur l'Efpagnol.

137 Pl. 131. L'ordre Corinthien fur l'Efpagnol & le Romain.

1714.

gulaire, fervant de couronnement à une ordonnance d'architecture.

155. Pl. 149. Frontons triangulaires, & frontons ronds ou ceintrés, au-deſſus d'une fenêtre.

156. Pl. 150. Manieres d'ajuſter la corniche rampante du fronton avec la cymaiſe de l'entablement de l'édifice, par le moyen des crollettes.

157. Pl. 151. Fronton ceintré au-deſſus d'une ſeule arcade : fronton triangulaire, en peut couronner juſqu'à trois.

158. Pl. 152. Diverſes figures de frontons qu'il ne faut pas imiter.

159. Pl. 153. De la proportion des niches.

160. Pl. 154. Niche placée au-deſſous d'une impoſte, entre deux pilaſtres.

161. Pl. 155. Niche en renfoncement, placée entre deux pilaſtres ou colonnes ſans piedeſtaux.

162. Pl. 156. Niche avec chambranle, corniche, & fronton dans un ordre coloſſal.

163. Pl. 157. Rapport des baluſtrades rampantes avec celles qui ſont horiſontales.

164. Pl. 158. Baluſtrade pour l'ordre Toſcan : autre pour le Dorique.

165. Pl. 159. Baluſtrade pour les ordres Dorique, Ionique, Romain, & Corinthien.

166. Pl. 160. Baluſtres plus riches, pour être exécutés en fonte, ou en argent.

167. Pl. 161. Baluſtrades rampantes pour des eſcaliers.

168. Pl. 162. Baluſtrades pratiquées dans des ordres d'architecture.

169. Pl. 163. Baluſtrades formées par des entrelas.

170. Pl. 164. Balcons en ſaillie, de fer ou de maçonnerie, portés par des conſoles.

171. Pl. 165. Ordre régulier couronné d'un ordre Attique & élevé ſur un ordre ruſtique en forme de ſoubaſſement.

172. Pl. 166. Exemple d'un ordre de pilaſtres qui embraſſe la hauteur de deux étages de portes ou fenêtres.

173. Pl. 167. Diſtribution des ornemens avec intelligence dans l'intérieur d'un édifice.

174. Pl. 168. Aſſujettiſſement des piedeſtaux des colonnes ou pilaſtres avec les appuis des fenêtres.

1714.

175. Pl. 169. Exemple d'un seul piedestal pour porter deux pilaftres couplés.

176. Pl. 170. Exemple de l'accord général de toutes les parties d'un édifice, pour ne former qu'un seul tout.

177. Pl. 171. Plan & élévation d'un dôme foutenu fur des colonnes.

178. Pl. 172. Diverfes compofitions d'architecture à éviter.

179. Pl. 173. Ordre François, avec piedeftal, dans fon entier, de la compofition de le Clerc.

180. Pl. 174. Plan, profil, & élévation de l'entablement d'un ordre François.

181. Pl. 175. Profil de l'entablement de l'ordre François, fans piedeftal.

182. Pl. 176. Autre profil d'un entablement d'ordre François, avec piedeftal.

183. Pl. 177. Deffein du chapiteau & de l'entablement de l'ordre François.

184. Pl. 178. Deffein plus en grand du chapiteau de l'ordre François, mis en perfpective.

185. Pl. 179. Piedeftal de l'ordre François.

186. Pl. cotée 10. Profil plus en grand des moulures du piedeftal & de la bafe de la colonne pour un ordre François.

187. Pl. cotée 11. Impofte, archivolte, & clef en confole, pour les arcades d'ordre François.

Supplément au Traité d'architecture de le Clerc.

188. Planche cotée 1. Exemple de l'ordre François placé fur le Dorique. *S. le Clerc f.* A Paris, chez Olievre, quai de l'école, vis-à-vis la Samaritaine, à la belle Image.

189. Pl. 2. Quatre profils différens d'impofte & archivolte pour l'ordre François. *S. le Clerc f.*

190. Pl. 3. Portiques ou arcades pour l'ordre François, avec ou fans piedeftaux. *S. le Clerc f.*

191. Pl. 4. Chapiteau & entablement pour un pilaftre d'ordre François [1]. *S. le Clerc f.*

[1] Le chapiteau ayant manqué à l'eau-forte, il eft refté imparfait, M. le Clerc n'ayant pu le retoucher au burin : il y a apparence que la mort, ou l'affoiblissement confidérable de fa vue l'en a empêché.

1714.

191. Pl. 5. Profil d'un entablement d'ordre François élevé sur un piedestal. *S. le Clerc f.* [1]

193. Pl. 6. Autre profil d'entablement pour un ordre François sans piedestal. *S. le Clerc f.*

194. Pl. 7. *Rariffime.* On voit ici une arcade d'ordre François, dont un côté du jambage qui accompagne les colonnes eft nud & uni ; c'eft celui qui eft à gauche. L'autre, qui eft à la droite, eft orné de bas-reliefs dans le piedeftal, & de médaillons & trophées dans l'entre-colonne. *S. le Clerc f.*

Cette fuite de planches tirée du livre d'architecture de le Clerc, fe voit communément dans les œuvres de ce maitre qui paffent pour complets, tels que ceux du cabinet des eftampes du Roi, de Madame de Bandeville ; de MM. Paignon, Jombert, &c. mais les fept eftampes du fupplément ci-deffus font beaucoup plus rares, fur-tout la feptieme qui ne fe trouve que dans l'œuvre de le Clerc, du cabinet de Madame de Bandeville ; je ne l'ai vu nulle part ailleurs ; elle n'eft pas même chez M. Paignon, ni dans mon œuvre de ce maitre, qui eft un des plus complets, quoique nous ayons l'un & l'autre les fix premieres planches de ce fupplément.

---

[1] Ces deux profils font différens de ceux que l'on a vus ci-devant aux pl. 181 & 181, cotées dans le livre pl. 175 & 176, lefquels fox d'une plus petite proportion que ceux-ci.

Ici finit le catalogue de l'œuvre de le Clerc, par ordre hiftorique, cet artifte étant mort le 25 octobre 1714.

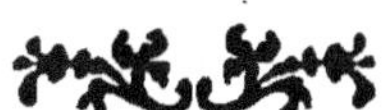

SUPPLÉMENT
AU CATALOGUE
DE L'ŒUVRE DE LE CLERC.

314. Explication des cérémonies de la meſſe, par le pere le Brun. *in-octavo*. Paris, 1716.

Un frontiſpice où l'on voit une meſſe célébrée ſolemnellement, avec le ciel ouvert, & tous les anges en adoration, au moment de l'élévation de l'hoſtie. *Seb. le Clerc del. Giffart f.*

Haut. du cuivre avec les quatre lignes au-deſſous, 6 pou. larg. 3 pou. 6 lig.

Chez MM. Paignon & Jombert.

315. Le jugement de Salomon, moyenne eſtampe en travers.

On lit au bas de cette eſtampe : *dum loquitur Salomon*, &c. & au-deſſous quatre vers françois. Plus bas eſt écrit : inventé par M. le Clerc, le pere. Gravé par N. Tardieu. 1722.

Haut. du cuivre avec la lettre au-deſſous 5 pou. 9 lig. long. 6 pou. 10 lig.

Au cabinet des eſtampes du Roi, & chez M. Jombert

316. Saint Hyppolite converti à la foi en gardant S. Laurent dans la priſon [1].

____

[1] Il y a à Paris une petite égliſe ſituée à l'extrémité du fauxbourg ſaint Marceau, proche la manufacture royale des Gobelins, dont elle eſt la paroiſſe, qui porte le nom de ſaint Hyppolite. Comme M. le Clerc a demeuré toute ſa vie aux Gobelins, & qu'il étoit extrêmement

C'eſt une grande eſtampe en hauteur , où l'on voit
dans la partie d'en haut un Saint-Sacrement rayonnant de
gloire entouré de tetes de chérubins : au-deſſus , Dieu le
pere , & le Saint Eſprit : en bas, on voit S. Hyppolite,
en ſoldat , & S. Laurent en diacre ; au-deſſous une oraiſon
à S. Hyppolite. On lit au bas de l'eſtampe , gravé par
P. Frappier , d'après le deſſein de Seb. le Clerc.

Haut. de l'eſtampe avec l'oraiſon , 15 pou. 4 lig. larg.
10 pou. 10 lig.

Au cabinet des eſtampes du Roi. Chez Madame de Ran-
deville , on a effacé le nom de Frappier , pour y ſubſtituer
à la plume celui de C. Simonneau. Chez M. Paignon, avant
le gril, & avec ces mots : *P. Frappier fecit,* gravés, à droite,
ſur l'eſtampe même. Elle manque chez M. Jombert.

317. Hérodiade apportant à ſa mere la tête
de S. Jean-Baptiſte , qu'Herode avoit fait mourir
à la priere de cette courtiſanne.

Herode paroit dans le fond aſſis à table avec des femmes
& quelques courtiſans. Sur le devant de l'eſtampe , on
voit Herodiade debout devant ſa mere , qui eſt aſſiſe ; à
gauche, le bourreau debout tenant encore le ſabre dont il
s'eſt ſervi pour cette exécution; On lit au bas , à gauche :
le Clerc in. Et à droite : *Gantrel ſc. C. P. R.*

Haut. de l'eſtampe 7 pou. long. 10 pou. 9 lig.

Au cabinet des eſtampes du Roi, & chez M. Jombert.
Chez M. Paignon, deux épreuves , l'une avec les noms
comme ils ſont indiqués ci-deſſus , l'autre avec les noms
de le Clerc & Gantrel , gravés à gauche, non au-deſſous
de la gravure , mais ſur l'eſtampe même.

318. S. Jean l'évangeliſte relégué dans l'iſle
de Pathmos. Petite eſtampe en hauteur.

---

pieux, il n'eſt pas ſurprenant qu'il ait fait le deſſein de cette eſtampe,
pour le ſaint titulaire de ſa paroiſſe ; il eſt vrai que ce deſſein ſe
trouve tellement défiguré par l'ignorance de l'artiſte à qui la gravure
en a été confiée , qu'on eſt en droit de douter ſi le Clerc en eſt
l'auteur.

Elle

Elle est dessinée par Hallé & gravée par Gantrel ; mais la gloire des saints qu'on voit au haut, dans le ciel, est de la main de le Clerc.

Haut. de l'estampe 5 pou. 5 lig. larg. 3 pou. 8 lig.

Chez M. Jombert. Chez M. Paignon, deux épreuves. avec différence dans le triangle où est tracé le mot *Jehovah* en hebreu.

319. Bacchus & Erigone, petit sujet de tabatiere, ovale en travers, dessiné par le Clerc ; gravé par Pierre Aveline.

Haut. de l'estampe 2 pou. 5 lig. long. 3 pou. 4 lig.

Chez M. Paignon. Chez M. Jombert, trois épreuves : une eau-forte pure, une épreuve finie avant la lettre : autre épreuve finie, avec la lettre gravée au bas.

Chez M. Jombert, le dessein original de cette petite estampe, par le Clerc, lavé à l'encre de la Chine, & fini très-précieusement ; les figures sont de l'autre sens que dans la gravure.

320. Passe-partout pour le petit porte-Dieu de Callot.

1. Cette espece de passe-partout est formée par quatre grands anges volans qui portent un dais, avec draperies volantes : ils sont accompagnés de quatre autres petits anges volans, dont les uns encensent, les autres jettent des fleurs, d'autres portent des flambeaux allumés, &c. Au-dessous & au-dessus, vers la gauche, sont des nuages. Toutes ces figures vont de gauche à droite. Cette estampe est assez mal gravée par Huquier le pere, d'après un dessein de le Clerc, & n'est bordée que d'un simple trait.

Haut. de l'estampe 4 pou 10 lig. larg. 3 pou. 11 lig.

Chez Madame de Bandeville. Chez M. Jombert, deux épreuves, eau-forte & finie.

Chez M. Jombert, le dessein original de l'estampe ci-dessus, par le Clerc, au crayon rouge, retouché à la plume, avec un lavis d'encre de la Chine par dessus le crayon. Les figures sont tournées de droite à gauche.

2 & 3. La même estampe gravée deux fois par He-

rillet, d'après deux desseins de le Clerc, tous les deux différens de celui ci-dessus, & différens aussi entr'eux pour
la composition. Dans l'une de ces estampes il n'y a point
de porte-Dieu, & les figures vont de gauche à droite : dans
l'autre le porte-Dieu est gravé, & les figures sont tournées
de droite à gauche. Il y a autour de ces deux estampes
une bordure d'ornement, avec perles & patenôtres.

Haut. de chacune 5 pou. 2 lig. larg. 4 pou. 4 lig.

Chez M. Jombert, une épreuve de chacune de ces
estampes.

321. Diverses études dessinées par le Clerc &
gravées par Huquier le pere.

1. Petite tête de vieillard, avec barbe & cheveux, dont
le dessus manque : elle est vue de profil, tournée vers la
droite, avec de l'ombre, à droite, le long du profil.

Haut. du cadre ou trait qui renferme l'estampe, 3 pou. 6
lig. larg. 2 pou. 3 lig.

2. Petite académie, dessinée par le Clerc, gravée par
Huquier le pere, de la grandeur des 32 académies détaillées ci-devant (N°. 108) : c'est une figure assise, vue
en face, le bras gauche élevé au-dessus de sa tête, le droit
appuyé sur sa cuisse droite.

Haut. du trait ou cadre 3 pou. 8 lig. larg. 2 pou. 4 lig.

3. Petit cul-de-lampe d'ornement, où l'on voit, à droite,
la Religion assise sur des nuages ; vis-à-vis d'elle un sau-
vage à genoux, tenant un grand écusson vuide, dans un
cartel surmonté d'une couronne de comte, gravé par
Huquier.

Haut. 2 pou. 1 lig. long. 2 pou. 11 lig.

Chez M. Jombert les trois pieces ci-dessus:

Chez M. Jombert, le dessein original de ce cul-de-lampe,
par le Clerc, au crayon rouge, retouché à la plume,
avec un petit lavis d'encre de la Chine.

322. Très-grande bordure en forme de passe-
partout, enrichie d'attributs militaires, dans le
goût des bordures de le Clerc pour les tapisseries
du Roi [1].

____

[1] Cette bordure est une espece de passe-partout, dans le vuide du-

Au haut font les armes de France accompagnées de drapeaux. En bas un cartel en forme de foubaffement, derriere lequel eft un trophée de drapeaux, enfeignes, étendarts, canons, &c. Le chiffre du Roi eft aux quatre
angles, dans des médaillons formés par des palmes & des
couronnes de feuilles de chêne. Les deux montans de cette
bordure font ornés dans leur milieu de bas-reliefs en hauteur, où l'on voit, à droite, le fiége d'une ville, à gauche, un combat de cavalerie. Cette bordure a un pouce de
largeur, tant les montans que les traverfes.

Haut. du trait de la bordure, pris en dehors, 11 pou.
11 lig. long. 15 pou. 9 lig. fans compter les ornemens qui
débordent ce trait.

Chez Madame de Bandeville eft écrit au bas de cette
bordure : *S. le Clerc inv. Giffart fculpfit.*

Chez MM. Paignon & Jombert.

323. Grande bordure très-hiftoriée, pour la
grande paffion de J. C. par Callot, enrichie de
figures & d'attributs convenables au fujet.

Au haut, dans le milieu, eft l'agneau pafchal rayonnant
de lumiere, fur une efpece de piedeftal : aux deux côtés
deux petits anges adorateurs : plus loin, à gauche, la loi
ancienne fous la figure de Moyfe : à droite, la loi nouvelle, repréfentée par la Religion chrétienne, tenant une
croix & un calice. Sur les deux montans, à gauche, un
petit ange tenant un fouet ; au-deffous, un autre tenant
trois cloux de la paffion. A droite, un ange tenant une
poignée de verges ; au-deffous, un autre, avec une couronne d'épines. En bas, deux grands anges fervant de fupports aux armes du Roi. Au-deffous eft écrit : dédié au
Roi très-chrétien. *Seb. le Clerc inv. P. Giffart.* A Paris,
chez Fagnani (1), rue du Petit-Lion, près la rue Saint-
Denis. Avec privil. du Roi.

---

quel on tiroit diverfes planches d'évolutions militaires, ou exercices
de troupes, tant cavalerie qu'infanterie, pour l'inftruction du Roi,
actuellement regnant, dans fa jeuneffe : ces planches s'imprimoient
de diverfes couleurs.

(1) Jacques Fagnani étoit un marchand joaillier, qui avoit
acquis le fonds de planches de Callot, la Belle, & Sylveftre, que

Haut. du trait extérieur qui renferme cette eſtampe, 12
pou. 4 lig. long. 15 pou.

Haut. du vuide intérieur, pour l'eſtampe de Callot, 4
pou. 2 lig. long. 8 pou.

Chez Madame de Bandeville. Chez M. Paignon, deux
épreuves, l'une avant, l'autre avec la lettre. Chez M. Jombert, avec une des planches de la paſſion de Callot, tirée
dans le vuide du milieu, & trois petits autres ſujets de
Callot tirés dans les trois ovales, en haut & aux deux
côtés de cette bordure.

324. Deux bordures en travers pour les miſeres
de la guerre, par Callot, avec des attributs militaires.

1. On voit au haut de l'une le dieu Mars aſſis ſur un
grand trophée de drapeaux, d'étendarts, canons, &c:
deux Renommées aſſiſes ſur les deux angles ſupérieurs de
la bordure ſonnent de la trompette. Sur les deux montans,
deux petits cartels ovales, couronnés d'un caſque accompagné d'étendarts. Au bas de la bordure, un moyen cartel
ovale pour metre le titre. Aux deux côtés de ce cartel,
deux lions couchés. On lit au haut de cette planche:
fruꞔus belli. Et au bas: les œuvres de Callot, la Belle, &
Sylveſtre ſe vendent à Paris, chez Jacques Fagnany, marchand Joallier du Roi, rue du Petit-Lion, proche la rue
Saint-Denis. *S. le Clerc inv. P. Giffart f:*

Haut. totale du cuivre 7 pou. 7 lig. long. 10 pou. 7 lig.

2. On voit au haut de l'autre un vaſe ſur un ſoubaſſement : des deux côtés, deux Renommées aſſiſes ſur une
grande draperie, tenant chacune une trompette, ſans en
jouer. En bas un petit cartel entouré de palmes, pour le
titre. Aux deux côtés deux petits cartels, avec deux flambeaux en ſautoir. On lit au haut: *fruꞔus belli.* A gauche:

<hr>

poſſédoit anciennement Iſraël Henriet, & après lui Iſraël Sylveſtre,
ſon neveu, mort en 1691. Comme Fagnani vouloit redonner quelque valeur aux planches de Callot, qui étoient déjà fort uſées, il
pria M. le Clerc de lui faire pluſieurs deſſeins de paſſe-partout,
pour tirer différentes ſuites des ouvrages de cet artiſte, & les préſen-
ter aux amateurs avec ce nouvel ornement, qui n'a pas rendu les
épreuves meilleures.

le Roi montre fa puiſſance. A droite : Louis n'a d'autre objet qu'une juſte dᵉſenſe. Et au bas, le titre, & l'adreſſe de Fagnani. S. *le Clerc inv. P. Giffart f.*

Même grandeur.

Chez Madame de Bandeville. Chez MM. Paignon & Jombert.

325. Petite bordure d'ornement, ou paſſe-partout à deux places vuides pour tirer deux eſtampes de l'hiſtoire ſacrée de Brianville, l'une au-deſſus de l'autre. Deſſinée par le Clerc, gravée par Huquier le pere. Au-deſſus de chaque quarré vuide, il y a un petit cartel pour écrire le ſujet.

Haut. totale du cuivre 6 pou. 9 lig. larg. 4 pou. 1 lig.

Chez M. Jombert, une épreuve : plus le deſſein original de cette bordure, par M. le Clerc, lavé à l'encre de la Chine, & qui paroît avoir été fait pour y graver le titre du livre des ſtatuts de l'ordre du Saint-Eſprit, à en juger par les attributs de cette bordure, & par un petit fleuron des armes du Roi qui devoit ſéparer le titre du livre d'avec le nom & l'adreſſe de l'imprimeur, & l'année qu'on met au-deſſous.

Haut. de ce deſſein, qui eſt un peu plus grand que la gravure, 8 pou. 1 lig. larg. 5 pou.

Chez M. Paignon, deſſein d'un frontiſpice pour un *in-douze* repréſentant un concile d'évéques. On voit au milieu la bible ouverte : au-deſſus, le Saint-Eſprit. Ce deſſein original de le Clerc eſt lavé à l'encre de la Chine, & très-terminé, d'un fini précieux. Le nom de le Clerc eſt écrit au bas. Il n'a pas été gravé.

Haut. 5 pou. 2 lig. larg. 2 pou. 10 lig.

326. Trois vignettes gravées d'après les deſſeins de le Clerc.

1. Vignette pour un *in-quarto* qui paroît deſtinée pour l'hiſtoire des chevaliers de l'ordre du Saint-Eſprit, ou de l'ordre de Malthe.

On y voit dix chevaliers aſſis autour d'une grande table quarrée ſur laquelle eſt un tapis : dans le fond, celui qui préside à l'assemblée ; derriere lui, on voit une carte de l'Italie : sur le devant, le secretaire de l'ordre. *Seb. le Clerc inv. Cl. Duflos f.*

Chez Madame de Bandeville seulement.

2. Autre vignette de même grandeur & qui paroît faite pour le même ouvrage. On voit ici un chevalier à genoux devant le pape, qui est assis dans un fauteuil, au-dessus duquel est un dais, à gauche de l'estampe. Tout le reste est vuide, & représente une grande salle. *Seb. le Clerc inv. Cl. Duflos f.*

Chez Madame de Bandeville.

3. Vignette pour un *in-quarto*, gravée en maniere noire, par Sarrabat, d'après un dessein de le Clerc.

A gauche, dans le fond, une vue du portail du Val-de-Grace, du côté de la rue du fauxbourg Saint-Jacques, à Paris. A droite, sur le devant, trois enfans s'occupent des armes d'un prélat, qui sont écartelées d'une multitude d'autres armes. Sur le tout un écu mi-parti sur la hauteur. On y voit, dans la partie droite, huit points d'hermine : à gauche, neuf lozanges fuzelés, distribués trois à trois. L'écu est dans un grand cartel, d'où pend une croix d'évêque, sur une grande draperie d'hermine.

Haut. 2 pou. long. 4 pou. 10 lig.

Au cabinet des estampes de la bibliotheque du séminaire de Saint-Sulpice, à Paris.

327. Diverses lettres grises dont les sujets sont inconnus, & qui n'ont pu trouver place dans le catalogue.

-1. Grand A fleuronné pour un *In-quarto*.

Chez M. Paignon.

2. Lettre B, pour un *In-quarto* : on y voit une Minerve assise, tenant d'une main un tableau & de l'autre une regle : elle est entourée d'attributs des arts.

Grandeur 13 lign. en quarré.

Au cabinet des estampes du Roi.

-3. Lettre B pour un *in-quarto*. On voit à gauche le roi David debout, jouant de la harpe & dansant devant l'arche, que deux Lévites portent derriere lui sur leurs épaules.

Chez Madame de Bandeville.

4. Lettre D pour un *in-quarto*. On y voit le roi David assis, jouant de la harpe, & regardant à droite : au-dessus de lui une grande draperie [1].

Grandeur 14 lig.

Au cabinet des estampes du Roi.

5. Grande lettre C pour un *in-folio*. On y voit les armes de Colbert, un serpent tortillé, le tout dans un rond : le fond est sablé.

Chez M. Paignon.

6. Petit cartel aux armes de Colbert, où l'on voit pareillement un serpent d'azur, tortillé, sur un fond d'or : au-dessus une couronne de marquis. Autour de l'écu, les colliers des ordres du Roi.

Ces armes paroissent avoir été gravées au-dessus de quelque passeport, elles ont 2 pou. 2 lig. de haut sur 1 pou. 6 lig. de large.

Chez M. Jombert.

7. Grande lettre F pour un *in-folio*, dont le fond est un paysage. A gauche une arcade percée dans un mur ombré : à droite, des maisons dans le lointain. Elle est entourée d'une petite bordure.

Grandeur 1 pou. 7 lig. en quarré.

Au cabinet des estampes du Roi. Chez Madame de Bandeville. Chez MM. Jombert, le Normant, à Orléans, &c.

8. Petite lettre I, où l'on voit deux satyres se tournant le dos, à mi-corps, sortant de deux enroulemens, & tenant chacun en l'air une branche d'arbre. Le fond est ombré d'une taille, & cette petite estampe est entourée d'une bordure. Le nom de le Clerc est écrit à la plume.

Grandeur 10 lig.

Chez M. Jombert, *douteuse*.

9. Très-petite lettre L ombrée à deux tailles : on voit derriere un Saint-Esprit qui vole, rayonnant de gloire.

Chez Madame de Bandeville.

10. Grande lettre M pour un *in-folio*. On voit derriere, le médaillon de Cesar Auguste [2], soutenu par deux cor-

____

[1] Ces deux vignettes paroissent faites pour un pseautier de David, & des premiers tems de le Clerc.

[2] Cette petite estampe est fort bien gravée, & paroit faite pour la dédicace de Vitruve à M. Colbert ; elle n'a point servi, M. Per-

nes d'abondance : le fond eſt ombré d'une taille. Le tout entouré d'une bordure d'ornement.

Grandeur 1 pou. 10 lig.

Chez Madame de Bandeville. Chez MM. Paignon, Jombert, le Normant à Orléans, &c.

+11. Grande lettre M pour un *in-folio*, derriere laquelle eſt une place publique, ſemblable à la place Vendôme ou de Louis le Grand, à Paris, avec une ſtatue équeſtre au milieu.

Grandeur 1 pou. 9 lig.

Au cabinet des eſtampes du Roi. Chez M. Jombert.

Chez M. Paignon, deſſein original de cette petite eſtampe ſans lettre, fait par le Clerc, lavé à l'encre de la Chine. Il repréſente une place publique, entourée de bâtimens d'une architecture réguliere, dont le fond eſt à demi conſtruit : au milieu de la place, une ſtatue équeſtre.

Grandeur 2 pou. 8 lig. en quarré.

+12. Grande lettre M pour un *in-folio* : on y voit quatre dauphins au milieu de la mer, qui forment les quatre jambages de la lettre. Elle eſt entourée d'une petite bordure ornée de perles & de patenôtres.

Grandeur 1 pou. 9 lig.

Chez M. Jombert ſeulement.

13. Grande lettre M dont les jambages ſont portés ſur les têtes de deux dauphins au milieu de la mer. Dans le lointain, à droite, une ville ſur le bord de la mer : à gauche, un ſoleil levant. Au bas eſt écrit : *J. Langlois fecit* [1].

Haut. 1 pou. 10 lig. larg. 1 pou. 8 lig.

Au cabinet des eſtampes du Roi.

— 14. Grande lettre M pour un *in-folio* : on y voit un ſerpent qui s'éleve contre le ſoleil, avec cette deviſe : *arduus ad ſolem*.

Chez M. Paignon.

---

rault ayant dédié ſon livre au Roi, & le même ſujet ſe trouvant repréſenté au commencement du livre.

[1] Cette petite eſtampe ſe trouve dans l'œuvre de le Clerc, qui eſt au cabinet des eſtampes du Roi ; elle paroît en effet aſſez dans ſa maniere : cependant le nom de Langlois gravé au bas, paroît faire naître des doutes bien fondés à ſon ſujet.

15. Lettre M pour un *in-quarto*. On voit au bas des palmes & deux très petits enfans au haut d'un bouquet de fleurs & d'ornement : il y a autour une petite bordure & le fond est ombré d'une seule taille.

Chez M. le N. D. C. à Orléans, deux épreuves avec différences, dont une avant la bordure & avant que le fond soit ombré.

16. Petite lettre N dont le fond est ombré d'une seule taille, avec une bordure d'ornement, sans aucun sujet de figures.

Grandeur 10 lig.

Chez M. Jombert.

17. Petite lettre N pour un *in-octavo* ou un *in-douze*. On voit des troupes sur le devant, & dans le fond une ville assiégée.

Au cabinet des estampes du Roi.

18. Lettre O pour un *in-quarto*. On y voit deux enfans à genoux l'un devant l'autre sur un petit piedestal, se tenant par la main : l'un des deux tient une branche d'arbre élevée au-dessus de la tête de son camarade. Le tout entouré d'une petite bordure. Au bas est écrit : *le Clerc*.

Grandeur 1 pou. 5 lig.

Chez M. Jombert.

19. Grande lettre S fleuronnée, très-belle. Dans le fond on voit le soleil dans son char sur des nuages, tiré par quatre chevaux attelés deux à deux [1].

Grandeur 2 pou. 3 lig.

Au cabinet des estampes du Roi. Chez M. Paignon.

20. Grande lettre S sur un globe, avec un soleil rayonnant, derriere la lettre.

Chez M. Paignon.

21. Lettre T pour un *in-quarto*. Il y a un chiffre fleuronné entrelassé autour du jambage de cette lettre, & dans le fond, un paysage.

Chez Madame de Bandeville.

---

[1] Au cabinet des estampes du Roi, page 118 de l'œuvre de le Clerc, on a écrit au bas de cette petite estampe, qu'elle n'est point de le Clerc. Je penserois au contraire qu'il n'y avoit que cet artiste qui pouvoit rendre ce sujet si en petit avec autant d'ame & d'expression qu'on en voit ici : cependant elle pourroit bien être gravée par le Pautre. C'est aux maitres de l'art à en décider.

+ 22. Petite lettre T pour un *in-octavo*. Le fond est un paysage : à gauche, sur le devant, de grands arbres dans l'ombre : dans le lointain, à droite, un soleil, ou une pleine lune, qui se leve derriere une montagne, sans aucuns rayons. Une petite bordure autour ornée de perles & de patenôtres.

Grandeur 1 pou.

Chez MM. Paignon & Jombert.

Desseins attribués à le Clerc, que l'on voit chez M. Paignon.

Dessein haché à la plume & très-fini d'un fort joli paysage, sur le devant duquel on voit une suite en Egypte.

Haut. 3 pou. 3 lig. long. 7 pou.

Dessein au crayon rouge, peu terminé, où l'on voit une marche de soldats à pied & à cheval, au milieu desquels est un carrosse.

Haut. 6 pou. long. 10 pou. 4 lig.

Dessein lavé à l'encre de la Chine, allégorique à l'éducation de quelque prince, extremement intéressant, très-savamment composé, & d'un fini précieux. On voit, à droite, un grouppe des sciences avec leurs attributs. A gauche, l'Eloquence, & d'autres sciences & arts. Dans le fond, un vieillard ou philosophe ayant sur ses genoux un enfant à qui il enseigne à lire : il tient à la main une poignée de verges.

Haut. 6 pou. 9 lig. long. 9 pou. 2 lig.

Dessein sur papier bleu rehaussé de blanc, représentant un ange assis sur des nuages. Au-dessus est écrit : *Gloria in excelsis Deo.* Ce dessein paroit l'ouvrage d'un peintre plutôt que d'un graveur, & l'on n'y reconnoit point la maniere de dessiner de le Clerc.

Haut. 5 pou. 10 lig. larg. 4 pou. 3 lig.

Dessein d'un cartel au crayon rouge, en hauteur, avec deux génies ailés assis dans le milieu de chaque côté du cartel.

Haut. 5 pou. larg. 3 pou. 1 lig.

Deux desseins de pareille grandeur, lavés à l'encre de la Chine, l'un de la poupe, l'autre de la proue d'un vaisseau de guerre nommé le Foudroyant.

Haut. de chacun 18 pou. larg. 13 pou. 10 lig.

Je ne réponds point de l'originalité de ces desseins ;
c'est aux amateurs qui les examineront, à juger s'ils sont
véritablement faits par le Clerc : aucun d'eux, que je sache,
n'a été gravé.

318. Diverses estampes gravées en bois d'après
les desseins de le Clerc.

1. Vignette des quatre évangélistes, avec les animaux
qui les caractérisent : au-dessus d'eux vole un Saint-Esprit
rayonnant de gloire & écartant des nuages. Au bas, on lit
sur une pancarte : *unus atque idem Spiritus.* Plus bas : *Seb.
le Clerc in. Le Sueur le jeune f.*

Haut. 2 pou. 3 lig. long. 5 pou.

Au cabinet des estampes du Roi. Chez Madame de Bandeville, & chez M. Jombert.

Chez M. Paignon, dessein original de cette vignette, par
le Clerc, haché à la plume pour être gravé en bois.

2. Cette même vignette a été copiée & assez mal gravée
en cuivre, avec des doubles tailles croisées partout ; au
lieu que dans celle qui est gravée en bois, les ombres les
plus fortes ne sont qu'à une simple taille, conformément
au dessein original.

Haut. 2 pou. 4 lig. long. 4 pou. 11 lig.

Chez MM. Paignon & Jombert, la copie gravée en
cuivre.

3. Vignette de la Religion assise sur des nuages, tenant
une croix de la main gauche & une couronne de lauriers
de la droite. Tout le fond est rempli par des rayons qui
partent de sa tête. Cette estampe n'est renfermée par aucun trait, & la partie du double cercle de lumiere qui est
au-dessus de la tête déborde un peu le haut. *L. S. le jeune.*

Haut. à l'endroit qui excede le reste de l'estampe 1 pou.
10 lig. long. 4 pou.

Chez Madame de Bandeville.

Cette vignette se trouve à la tête des sermons du P. Bourdaloue. *In-quarto.*

4. La même vignette copiée, en bois, avec un simple
trait qui en renferme le sujet, mais plus mal gravée, quoique portant le même nom de le Sueur le jeune.

Haut. 1 pou. 11 lig. long. 4 pou.

Chez M. Jombert, deux épreuves, l'une de l'original,
l'autre de la copie.

5. Petite vignette *in-octavo* : au milieu est la Religion assise, vue de côté, regardant vers la droite, tenant une croix & un livre ouvert : aux deux extrémités deux cassolettes fumantes montées sur un pied en ornement. V. L. S.

Haut. 1 pou. long. 2 pou. 8 lig.

Chez Madame de Bandeville.

6. La même vignette réduite & gravée plus en petit, pour un *in-douze*.

Haut. 8 lig. long. 2 pou. 3 lig.

Chez M. Jombert, épreuve de la grande & de la petite.

7. Vignette *in-quarto* d'une espece d'escarpolette ou de balançoire : c'est un enfant couché sur une draperie attachée en haut par les deux bouts, avec deux autres enfans qui la mettent en mouvement. V. L. S.

Chez Madame de Bandeville, & M. Paignon.

8. Copie de la même vignette, dont la gravure est beaucoup plus dure. L. S. le jeune.

Même grandeur.

Chez M. Jombert, épreuve de l'original & de la copie.

9. Vignette *in-quarto* pour les mémoires de l'académie des sciences, ayant pour armes un soleil & trois fleurs-de-lys, avec cette devise : *invenit & perficit.* Aux deux côtés, six enfans avec les attributs des sciences.

Haut. 2 pou. 5 lig. long. 4 pou. 10 lig.

10. Vignette *in-quarto* pour les mémoires de l'académie des inscriptions, ayant pour armes un portrait en médaillon, accompagné de trois fleurs-de-lys. Aux deux côtés, deux figures assises ; l'une à gauche représente Apollon ayant sa lyre à terre à côté de lui, l'autre Mercure tenant son caducée. V. L. S. La bordure est ceintrée par le haut.

Haut. 2 pou. 7 lig. long. 4 pou. 8 lig.

11. Vignette *in-quarto* où l'on voit une femme assise, vue en face, & regardant vers la gauche, ayant un œil sur la poitrine, répandant des pieces de monnoie qu'elle tire de deux cornes d'abondance qui sont à ses côtés. V. L. S.

Haut. 2 pou. 3 lig. long. 4 pou. 8 lig.

12. Vignette *in-quarto*, où l'on voit au milieu un portrait en médaillon suspendu, avec une grande draperie derriere : au-dessous deux enfans assis sur des sacs renversés pleins d'écus qui se répandent à terre. Ces deux enfans regardent & montrent le portrait.

Haut. 2 pou. 1 lig. long. 4 pou. 8 lig.

13. Vignette *in-quarto* pour les mémoires de l'académie des sciences, où l'on voit au milieu une sphere céleste fer son pied, élevée sur un piedeftal. A droite & à gauche des globes célefte & terreftre, & divers attributs des sciences & des arts. Cette vignette n'a point de trait qui la termine par en haut.

Haut. 2 pou. 3 lig. long. 4 pou. 8 lig.

Chez Madame de Bandeville.

14. Vignette *in-quarto* de deux grandes palmes & de deux branches d'olivier, grouppées avec une couronne de lauriers V. L. S.

Haut. 2 pou. 5 lig. long. 4 pou. 8 lig.

Cette vignette a fervi aux fermons du pere Bourdaloue, édition *in-quarto*.

15. Copie plus en petit de la même vignette, au bas de laquelle on lit : *le Sueur le jeune f.*

Haut. de cette copie 1 pou. 10 lig. long. 4 pou.

Au cabinet des eftampes du Roi.

16. Vignette *in-folio* pour les ordonnaces du Roi fur la guerre & fur l'artillerie, qui s'impriment à l'imprimerie royale. Au milieu on voit un trophée d'étendarts & de drapeaux, tambours, &c. de chaque côté une piece de canon & un mortier, avec leurs armes ou inftrun.ens.

Haut. 2 pou. 6 lig. long. 5 pou. 4 lig.

17. Vignette *in-quarto* d'attributs de marine. On voit au milieu un fallot de vaiffeau, avec deux tridens, monté fur une ancre pofée dans un mortier, avec des canons en fautoir ; aux deux côtés des mâts, des rames, banderoles, vergues, &. En bas deux cornes d'abondance jettant des richeffes & des croix de chevalier.

Haut. 2 pou. 3 lig. long. 5 pou.

Chez M. Paignon.

18. Autre vignette *in-quarto* d'attributs de marine. On voit ici au milieu, un mât debout, avec des tridens, des étendarts, des banderolles, des rames, &c, aux deux côtés. En bas, de chaque côté, un baril à poudre, un canon & une trompette.

Haut. 2 pou. long. 4 pou. 6 lig.

Chez M. Paignon.

19. Cul-de-lampe d'attributs de marine, formé par une

bouſſole grouppée avec deux rames & deux tridens : aux deux extremités, deux vents qui ſoufflent des nuages. Gravé à l'eau-forte par Huquier le pere. *Seb. le Clerc.*

Haut. 2 pou. 5 lig. long. 3 pou. 8 lig.

Chez M. l'aignon.

Le même cul-de-lampe gravé en bois pour l'imprimerie royale.

Haut. 1 pou. 10 lig. long. 3 pou.

Chez M. Jombert, deſſein original de ce cul-de-lampe, par le Clerc, fait à la plume, avec un léger lavis d'encre de la Chine : au bas on voit, vers la droite, un commencement de ville au crayon rouge qui a été contr'épreuvé ſur la gauche.

Haut. de ce deſſein 2 pou. 6 lig. long. 3 pou. 10 lig.

20. Autre cul-de-lampe d'attributs de marine, gravé en bois : au milieu eſt un trident debout ; des deux côtés, des trompettes, des pavillons, des rames, des ancres, & des cordages.

Haut. 2 pou. 2 lig. long. 3 pou. 2 lig.

21. Fleuron pour le titre des mémoires de l'académie des ſciences. Au milieu les armes de France ſur un bou-clier, une couronne au-deſſus : au-deſſous une draperie : des deux côtés, une pendule & une ſphere céleſte. V. L. S.

Haut. 3 pou. 2 lig. long. 3 pou. 9 lig.

22. Cul-de-lampe d'attributs de marine. Au milieu les armes du Roi ſur un globe, avec une couronne & un ſoleil rayonnant au-deſſus. Des deux côtés, des tridens, des pavillons ou étendarts, des rames : plus bas, deux canons montés ſur des affûts marins. Au-deſſous, un fallot de poupe, avec deux ancres.

Haut. 2 pou. 11 lig. long. 3 pou. 8 lig.

23. Cul-de-lampe où l'on voit au milieu les armes du Roi dans un médaillon dont le fond eſt ombré d'une ſeule taille. Aux deux côtés des palmes & des branches de lau-rier : au-deſſous quatre ſacs pleins d'argent, ouverts & répandant leurs richeſſes.

Haut. 2 pou. 9 lig. long. 3 pou. 3 lig.

24. Cul-de-lampe où l'on voit les armes de France couronnées, ſur un écu ovale, au-deſſous un œil rayon-nant : des deux côtés deux cornes d'abondance répandant des pieces de monnoie.

Haut. 2 pou. 10 lig. long. 3 pou.

25. Cul-de-lampe pour l'imprimerie royale, formé par deux cornes d'abondance pleines de fruits & de raisins, grouppées avec l'épée, la balance, le sceptre, la main de justice, & deux grandes palmes.

Haut. 2 pou. long. 3 pou. 2 lig.

26. Petit cul-de-lampe gravé en bois très-proprement : on voit au haut un livre ouvert ; au-dessous, un casque avec panache, grouppé avec une épée & un caducée.

Haut. 1 pou. 7 lig. long. 1 pou. 9 lig.

Chez Madame de Bandeville.

27. Petit cul-de-lampe formé par une fleur-de-lys d'où pendent des guirlandes : au-dessus un soubassement d'ornement d'où sortent des palmes, terminé en haut par une couronne murale.

Haut. 1 pou. 6 lig. long. 2 pou.

28. Petit cul-de-lampe d'ornement, où l'on voit un soleil rayonnant, avec un baldaquin au-dessus, & une branche d'arbre de chaque côté.

Haut. 2 pou. 9 lig. long. 2 pou. 10 lig.

29. Cul-de-lampe d'une couronne de laurier grouppée avec deux branches du même arbre qui en remplissent le vuide.

Haut. 1 pou. 6 lig. long. 2 pou.

Outre les cabinets que l'on a indiqués à plusieurs de ces articles, toutes les vignettes, fleurons, & culs-de-lampe ci-dessus, gravés sur bois, se trouvent dans l'œuvre de le Clerc appartenant au sieur Jombert. On n'oseroit assurer que toutes ces pieces sont de l'invention de notre artiste ; cependant si l'on se rappelle qu'il a fait les desseins des vignettes & culs-de-lampe des heures espagnoles, gravés en bois (N°. 312), & que sous le ministere de M. de Louvois, qui avoit une pleine confiance dans les talens supérieurs de le Clerc, cet homme célebre a eu la direction de toutes les gravures qui se faisoient tant à la monnoie des médailles, qu'à l'imprimerie royale, on ne fera aucune difficulté de croire que ces gravures en bois, dont la plus grande partie a été faite pour l'imprimerie royale, sont pareillement d'après ses desseins [1].

---

[1] Je pourrois citer pour confirmation de ce que j'avance, qu'à la vente du cabinet de M. le Clerc fils, faite en décembre 1764, il s'est trouvé *sept feuilles de vignettes gravées en bois*, qui ont été ache-

LES DU RONDRAY.

*Diverses suites d'ornemens, trophées, cartels, &
sujets de figures gravées au simple trait pour le
sieur du Rondray, d'après des desseins ou des
estampes de le Clerc.*

329. Livre de grands cartels en travers, au
simple trait.

1. Grand cartel en travers dont le milieu est vuide. Au
haut sont les armes de France, dans un cartel, entouré de
palmes & de branches de laurier : aux deux côtés des
armes, deux Renommées assises, se tournant le dos,
sonnant de la trompette, avec quantité de drapeaux &
étendarts. Sur les deux côtés de la bordure, deux cornes
d'abondance, d'où sortent des fruits, des raisins, des
colliers de perles, des croix de chevalier, &c. Au-dessous, deux trophées des sciences & des arts. En bas, un
trophée d'attributs militaires. *Seb. le Clerc in. Huquier
sculp. & exc.*

Haut. du cadre qui renferme ce cartel, 6 pou. 10 lig.
long. 9 pou. 5 lig.

Ce cartel a d'abord été gravé au trait pour du Rondray;
il a été ensuite ombré par Huquier le pere, qui avoit
acheté une grande partie de ces planches. Il se proposoit
d'en faire autant aux autres, & de les ombrer d'après les
desseins de le Clerc qu'il possédoit, mais il s'en est tenu à
l'intention.

Chez M. Jombert, trois épreuves de ce cartel, l'une
au trait, l'autre ombrée à l'eau-forte, la troisieme retouchée au burin.

2. Cartel en travers, quarré long au dehors, ovale au
dedans, dont le mileu est vuide. L'intérieur du quarré est
rempli par de la mosaïque. Il est orné en dessus d'un

tées pour M. Paignon d'Ijonval, & qui se voient dans son œuvre de
le Clerc. Catalogue du cabinet de M. le Clerc fils, page 30, à la fin
de l'article 168.

casque

casque vu en face, de trompettes, étendarts, drapeaux,
&c. En bas, on voit une bombe suspendue, des canons,
hallebardes, &c.

Haut. totale du cuivre 5 pou. 7 lig. long. 7 pou. 8 lig.

Chez M. Jombert, le dessein original de cette estampe,
par le Clerc, tracé à la plume, ombré, & lavé à l'encre
de la Chine. Les figures reviennent de l'autre sens que dans
la gravure.

3. Cartel en travers, quarré-long en dehors, ovale en
dedans, le milieu est vuide. Le reste du quarré est rempli
par de la mosaïque. Au haut du cartel, est un casque vu
en face, avec deux ailes, des lances, des massues avec
piquans, &c. En bas, des timballes, un chiffre de deux
L, accompagné de deux autres chiffres formés par des C.

Haut. du cuivre 5 pou. 9 lig. long. 8 pou. 2 lig.

Chez M. Jombert, le dessein original par le Clerc,
lavé à l'encre de la Chine & ombré.

4. Cartel en travers, de forme quarrée longue au dehors, ovale en dedans, dont le milieu est vuide : le reste du
quarré est orné d'une espece de mosaïque. Au haut, on voit
une pouppe de vaisseau, surmontée d'une grande couronne
navale, & accompagnée de divers attributs de marine. En
bas, un trident, des ancres, des canons, &c.

Haut. totale du cuivre 5 pou. 7 lig. long. 8 pou.

Chez M. Jombert le dessein original, par le Clerc,
lavé & ombré à l'encre de la Chine.

5. Cartel en travers, quarré-long en dehors, ovale au
dedans, dont le milieu est vuide. Le reste du quarré-long
est occupé par de la mosaïque. Au haut se voit un globe
monté sur son pied : il est accompagné à gauche, par les
attributs de la peinture, à droite, par ceux des mathématiques. En bas, un autre globe sans pied, des figures de
géométrie, des livres de musique, & deux branches de
laurier.

Haut. totale du cuivre 5 pou. 7 lig. long. 8 pou.

Chez M. Jombert, le dessein original, par le Clerc,
lavé & ombré à l'encre de la Chine. Les figures y sont de
l'autre sens que la gravure.

6. Cartel en travers, quarré-long au dehors, ovale au
dedans, dont le milieu est vuide : le restant du quarré-long
est rempli par de la mosaïque. Au haut, sous un pavillon,

on voit deux cœurs enflammés liés par un collier de perles, posés sur un soubassement revêtu d'hermine. Aux deux côtés du pavillon, des pâtés, des coupes, & des verres à boire. Au bas du cartel, deux couronnes qui se joignent, un panier de fruit suspendu, des paquets de gibier, &c.

Haut. du cuivre 5 pou. 9 lig. long. 8 pou. 2 lig.

Chez M. Jombert, dessein original, par le Clerc, lavé à l'encre de la Chine, ombré & tres-fini.

7. Cartel en travers, quarré-long en dehors, ovale en dedans, le milieu vuide : le reste de ce quarré extérieur est orné de mosaïque. Au haut est un grand parasol étendu accompagné de deux guittares : sous le parasol, un casque, un turban, & un tambour de basque. Aux deux côtés, deux flambeaux jettant de la fumée, deux dragons jettant une flamme, des trophées de musettes & autres instrumens. Plus bas, deux paquets de masques pour le bal. Tout au bas une corbeille suspendue pleine de fruits : au-dessus de la corbeille, un médaillon dans lequel est un foudre de Jupiter.

Haut. du cuivre 5 pou. 9 lig. long. 8 pou. 2 lig.

Chez M. Jombert, dessein original, par le Clerc, lavé & ombré à l'encre de la Chine, dont les figures sont tournées de droite à gauche.

8. Cartel en travers, quarré-long au dehors, ovale au dedans, dont le milieu est vuide : le reste du quarré est orné de mosaïque. Au haut, un vase posé sur un coffret, avec des burettes, des chandeliers & autres ornemens d'église. Au bas, une thiarre papale, grouppée avec deux couronnes impériales ; le tout soutenu sur deux cornes d'abondance d'où se répandent des colliers de perles, des ordres de chevalerie, des bijoux précieux, &c.

Haut. totale du cuivre 5 pou. 8 lig. long. 8 pou.

Chez M. Jombert, le dessein original, par le Clerc, lavé à l'encre de la Chine & ombré.

9. Cartel en travers, quarré-long au dehors, ovale en dedans, dont le milieu est vuide : le restant du quarré est rempli par des larmes & des pyramides de lumiere. Ce cartel est allégorique aux pompes funebres, comme il est aisé de le voir par les attributs qui y sont représentés.

Haut. du cuivre 5 pou. 7 lig. long. 8 pou.

Chez M. Jombert, dessein original, par le Clerc, lavé

à l'encre de la Chine, & ombré, dont les figures reviennent de l'autre sens.

Chez MM. Paignon & Jombert, les huit derniers cartels quarrés-longs ci-dessus, au simple trait.

330. Livre de trophées de guerre, de marine, &c, d'après Seb. le Clerc. A Paris, chez Joullain, quai de la Mégifferie, à la ville de Rome. En treize planches au trait.

1. Trophée formé par un médaillon où l'on voit un chiffre de deux L : aux deux côtés deux Renommées affifes, se tournant le dos, sonnant de la trompette, &c. c'est la copie en grand d'un des culs-de-lampe de l'histoire de Charles V, duc de Lorraine (N°. 288. Pl. 37).

Haut. totale du cuivre, y compris le titre qui est au-dessous du trophée, 5 pou. 8 lig. larg. 5 pou. 7 lig.

2. Trophée de canons, mortiers, tambours, enseignes turques, paquets de fleches, &c, grouppés avec des soldats Turcs effrayés, d'autres renversés, &c. Au-dessus, on voit, à droite, la Renommée sonnant de la trompette, & à gauche, la Victoire tenant un portrait en médaillon, & une couronne. Ces deux figures sont sur des nuages. C'est la copie du bas d'un des culs-de-lampe de la même histoire (N°. 288. Pl. 32).

Haut. du cuivre 5 pou. 8 lig. larg. 5 pou. 7 lig.

3. Trophée d'une Victoire affife au haut d'un grouppe de tambours, drapeaux, & étendarts, & de deux esclaves Turcs attachés au soubaffement qui la porte. C'est la copie plus en grand d'un des fleurons de la même histoire (N°. 288. Pl. 33).

Haut. totale du cuivre 5 pou. 8 lig. larg. 5 pou. 6 lig.

4. Trophée d'un canon vu en face, monté sur son affût, avec tous les instrumens qui servent à le charger : aux deux côtés, deux lions, & des drapeaux : au dessous, un tambour, des boucliers, boulets, carcasses, &c.

Haut. du cuivre 5 pou. 7 lig. larg. *idem.*

5. Trophée de plusieurs pouppes de vaiffeaux, grouppées très-ingénieusement ; au-dessus est une Victoire debout, tenant une palme & une couronne. C'est une copie plus

en grand d'une des médailles de l'histoire du Roi (N°.
280. Pl. 189).

Haut. du cuivre 5 pou. 9 lig. larg. 5 pou. 8 lig.

6. Trophée d'une urne funéraire élevée sur un piédestal au bas duquel on voit deux Renommées assises, se
tournant le dos, sonnant de la trompette, ayant derriere
elles deux branches de cyprès. C'est une copie d'un cul-
de-lampe de l'abbaye de Saint Denis (N°. 294. Pl. 4).

Haut. du cuivre 5 pou. 8 lig. larg. 5 pou. 7 lig.

7. Trophée de palmes, étendarts & branches de laurier,
noués au bas d'une longue épée dans laquelle sont passées
quatre couronnes de différente espece, l'une au-dessus de
l'autre. C'est la copie plus en grand d'un des culs-de-
lampe de l'histoire de Charles V (N°. 288. Pl. 36).

Haut. totale du cuivre 5 pou. 7 lig. long. 5 pou. 8 lig.

8. Trophée d'un grand écusson vuide, avec deux palmes
aux deux côtés, & des étendarts, &c, le tout porté sur
un piedestal. On voit au-dessous un grouppe d'attributs des
sciences & des arts. Ce trophée est copié en partie du fleuron qui est sur le titre de l'histoire du Roi par médailles
(N°. 280. Pl. 1).

Haut. du cuivre 5 pou. 7 lig. larg 5 pou. 6 lig.

9. Trophée formé par un cartel vuide, au haut duquel est
un fanal de pouppe d'un vaisseau accompagné des deux
côtés de trompettes, de tridens, rames, pavillons, banderoles, & autres attributs de marine.

Haut. totale du cuivre 5 pou. 10 lig. long. 6 pou. 6 lig.

Chez M. Jombert, le dessein original, par le Clerc,
dont une moitié à l'encre de la Chine, l'autre moitié au
crayon rouge.

10. Trophée de drapeaux & enseignes autour d'un cartel
circulaire dont le milieu est vuide. Au bas, un tambour,
deux canons sans affûts, & deux paquets de piques liées ensemble. Au dessous sont suspendues deux bombes & une
carcasse au milieu.

Haut. du cuivre 5 pou. 11 lig. long. 6 pou. 10 lig.

Chez M. Jombert, le dessein original, par le Clerc;
dont une moitié lavée à l'encre de la Chine, l'autre tracée
au crayon rouge.

11. Trophée d'une lyre debout, un soleil rayonnant au-
dessus; des deux côtés, une massue d'Hercule & un ca-

ducée; au-deſſous, des palmes & des branches de laurier:
En bas, le chiffre du Roi, deux fleurs-de-lys, & une couronne. C'eſt la copie en grand d'un des fleurons du recueil des panégyriques du Roi (N°. 161. Pl. 16).

Haut. du cuivre 5 pou. 8 lig. long. 6 pou. 8 lig.

12. Trophée d'un bouclier antique ſurmonté d'un caſque
porté ſur une maſſue debout, avec deux épées en ſautoir.
Sur le bouclier on voit le chiffre du Roi. C'eſt une copie
en grand d'un des deux culs-de-lampe de la deſcription de
la galerie de Verſailles (N°. 215. Pl. 9).

Haut. du cuivre 5 pou. 9 lig. long. 6 pou. 8 lig.

13. Le même trophée gravé plus en petit, auſſi au ſimple
trait, entouré d'une bordure d'un ſeul trait.

Haut. de la bordure 2 pou. 3 long. 3 pou. 3 lig.

14. Autre trophée d'un bouclier antique aux armes de
France, ſurmonté d'une couronne royale accompagnée
de deux palmes. C'eſt une copie en grand d'un des culs-
de-lampe de la deſcription de la galerie de Verſailles (N°.
215. Pl. 10).

Haut. totale du cuivre 5 pou. 6 lig. long. 6 pou. 8 lig.

15. Le même trophée gravé auſſi au ſimple trait, plus
en petit, entouré d'une bordure d'un ſeul trait.

Haut. de la bordure 2 pou. 4 lig. long. 3 pou. 4 lig.

Chez MM. Paignon & Jombert, les 13 trophées ci-
deſſus, & les deux petites copies.

331. Suite de grandes vignettes & bordures,
au ſimple trait.

1. Grande vignette in-folio au milieu de laquelle eſt un
médaillon avec la tête de Louis XIV vue de profil, tournée vers la gauche: autour du médaillon, des palmes, &
des branches de laurier: au-deſſus, une couronne royale;
Le reſte de la vignette eſt rempli par une moſaïque.

Haut. y compris la couronne & les queues des palmes,
4 pou. 9 lig. long. 7 pou. 3 lig.

2. Grande vignette in folio des armes de France ſoutenues par deux ailes déployées, entre-mêlées de palmes
& de branches de laurier : le reſte eſt rempli par une mo-
ſaique.

Haut. 2 pou. 8 lig. long. 7 pou. 3 lig.

V iij

3. Vignette *in-folio* des armes de France fur un globe couronné, élevé fur un piedeftal d'où pendent les coliers des ordres du Roi : aux deux côtés deux Renommées affifes, fe tournant le dos & fonnant de la trompette. Le refte de la vignette eft rempli d'une efpece de mofaique à demi-finie. C'eft une copie en grand d'un des fleurons du recueil des panégyriques du Roi (N°. 161. Pl. 15).

Haut. du cadre de la vignette 2 pou. 8 lig, long. 7 pou, 2 lig.

4. Vignette *in-folio* des armes du Roi fur un globe couronné, accompagné de drapeaux & enfeignes militaires. Aux deux côtés, deux Renommées affifes fonnnant de la trompette : à leurs pieds divers attributs des fciences & des arts. Le refte de la vignette eft rempli par un deffein de mofaique. C'eft une copie de la vignette de l'hiftoire Byzantine (N°. 178. Pl. 1).

Haut. du cadre de la vignette 2 pou. 7 lig. long. 7 pou, 2 lig.

5. Cartel en travers, en forme de cadre de vignette, avec couronnement de deux écus accollés, accompagné d'un aigle à gauche, & d'un lion à droite, avec quelques palmes, & une couronne de comte au-deffus des deux écus.

Haut, y compris les armes 2 pou. 7 lig. long. 7 pou, 5 lig.

6. Autre cartel en travers de même forme, avec une tête de Flore au milieu, fervant de couronnement, & un fleuron en cul-de-lampe, au bas.

Haut. totale 2 pou. 9 lig, long. 7 pou. 10 lig.

7. Bordure quarrée, haute & étroite, terminée en haut par un écuffon vuide, avec une couronne au-deffus furmontée d'un cafque, & deux lions pour fupports. Au-deffous, une draperie pendante, feftonnée par le bas.

Haut. totale 7 pou, 11 lig. larg. 3 pou.

8. Autre bordure en hauteur, terminée en haut par un écuffon vuide ayant pour fupport deux aigles.

Haut. 7 pou. 7 lig. larg. 3 pou. 1 lig.

9. Bordure quarrée en hauteur, avec écuffon en haut pour mettre des armes, & un mafcaron orné de feftops par en bas. Le dedans eft vuide.

Haut. 5 pou. 5 lig, larg. 3 pou. 5 lig.

10. Autre bordure en hauteur , quarrée en dedans , avec ornemens en dehors. Au-dessus de la bordure est un musse de lion d'où sort une peau de cet animal grouppée avec des drapeaux , un faisceau de piques , &c.

Haut. 4 pou. 7 lig. largeur par le bas 3 pou. 6 lig.

11. Autre bordure quarrée , avec quelques ornemens en haut & en bas : au haut de la bordure est un musse de lion soutenant deux enroulemens.

Haut. 4 pou. 2 lig. larg. 3 pou. 1 lig.

332. Livre de petits cartels, & de desseins de mosaïque, au trait.

1. Cartel circulaire en forme de médaillon : la moitié d'en bas consiste en deux cornes d'abondance d'où sortent deux palmes qui achevent le rond par en haut.

Haut. 4 pou larg. *idem.*

2. Cartel d'ornement formant un vuide circulaire dans son milieu , terminé par en haut par un casque ouvert vu en face, accompagné de deux gardes d'épée , de deux trompettes , & de deux ailes déployées. Le reste du cartel est environné de palmes.

Haut. 4 pou. 6 lig. larg. 3 pou. 7 lig.

3. Cartel d'ornement , terminé en haut par une tête de guerrier avec casque & panache : des deux côtés deux têtes de coq avec les ailes. Au bas, deux branches de laurier.

Haut. 4 pou. 1 lig. larg. 3 pou. 6 lig.

4. Autre cartel terminé en haut par une tête de dauphin , avec deux rames : du bas & des côtés sortent des roseaux.

Haut. 3 pou. 9 lig. larg *idem.*

5 - 10. Six petites planches quarrées remplies de diffé-rens desseins de mosaïque , encadrés dans une bordure d'ornement,

Grandeur de chacune 3 pou. en quarré.

333. Suite de cartels en hauteur & autres , en-richis de divers sujets du nouveau Testament.

1. Cartel en hauteur , dont le vuide est ovale : il est

terminé en haut par trois tetes de chérubins sur des nuages
rayonnans , avec deux couronnes d'étoiles, l'une au-
deilus de l'autre. Des deux côtés , des vases jettant de la
fumée : au-deffous , une palme , à gauche, & une branche
de laurier à droite. Au bas , une draperie pendante dé-
coupée par feftons.

Haut. totale 6 pou. larg. 3 pou. 9 lig.

2. Cartel en hauteur, au haut duquel eft une croix, un
calice , & un ciboire , en fautoir : des deux côtés des épis
de bled & des raifins. Au-deffous , deux livres ouverts :
plus bas , deux encenfoirs fumans, un de chaque côté.
Au bas , un trophée de flambeaux , & des chandeliers
d'églife , avec un bénitier. Le milieu eft vuide.

Haut. 5 pou. 9 lig. larg. 3 pou. 10 lig.

3. Cartel en hauteur, dont le milieu eft vuide. Au haut
deux écus d'armes accollés & couronnés, accompagnés
d'un grand ange tenant une palme , & d'un petit ange, l'un
& l'autre fur des nuages. Aux deux côtés , vers le bas,
deux cornes d'abondance , où font attachés deux chapelets.

Haut. 6 pou. larg. 3 pou. 6 lig.

4. Petite bordure légere , en hauteur , formée de deux
fimples traits : au haut eft un encenfoir fufpendu : en bas
une tête de chérubin , & deux petites guirlandes.

Haut. 5 pou. 9 lig. larg. par le haut 3 pou. 7 lig.

Chez M. Jombert ,deffein ou efquiffe de cette bordure,
par le Clerc , feulement au crayon rouge.

5. Page *in-octavo* , renfermée dans une bordure avec
une vignette au haut, placée dans un cartel , au-deffus
duquel eft un pélican fe faignant pour nourrir fes petits :
le fujet de la vignette eft N. S. faifant la céne avec fes
apôtres.

Au bas , une lettre A renfermée dans une bordure quarrée , au dedans de laquelle il y a un calice , & au-deffus une
hoftie rayonnante.

Haut. totale 5 pou. 9 lig. larg. du cartel 3 pou. 10 lig.

6. Autre page *in-octavo* renfermée auffi dans une bordure , avec une vignette placée dans un cartel : au deffus
deux petits anges à genoux devant une croix. Le fujet de
la vignette eft N. S. priant dans le jardin des oliviers, &
un ange à genoux fur des nuages qui lui préfente le calice.

Au bas une lettre I, où l'on voit Abraham précédé de

son fils Ifaac qui porte le bois & le feu pour le facrifice.

Haut. totale 6 pou. larg. au cartel 3 pou. 9 lig.

7. Grand cartel en hauteur, renfermant dans un cadre quarré un des fujets de la paffion de N. S: c'eft le moment où l'on plante en terre la croix de N. S. après fon élévation. *Voyez ci-devant* (N°. 232. Pl. 23).

Haut. de tout le cartel & fes dépendances 5 pou. 4 lig. larg. 3 pou. 3 lig.

8. Grand cartel d'ornement en hauteur, dans le vuide duquel on voit la defcente de croix d'après le tableau de M. le Brun.

Haut. totale 5 pou. 9 lig. larg. par en bas 3 pou. 10 lig.

9. Grand cartel d'ornement en hauteur, renfermant un grand fujet de la gloire des faints dans le paradis, copié d'une des eftampes des heures à Madame la Dauphine (N°. 181. Pl. 8).

Haut. totale 4 pou. 9 lig. larg. 3 pou.

10. Petit fujet d'hiftoire dans une efpece de cartel formé en bas par des nuages avec des têtes de chérubins, & en haut par une draperie foutenue par des anges. Le fujet du milieu eft N. S. interrogé par le grand pretre. (N°. 232. Pl. 9).

Haut. 3 pou. long. 5 pou. 8 lig.

11. Petit fujet renfermé dans un cartel de forme finguliere & d'affez mauvais goût : on voit au dedans N. S. fouetté par fes bourreaux (N°. 232. Pl. 14).

Haut. 2 pou. 9 lig. long. 3 pou. 3 lig.

12. Cartel d'ornement dans le milieu duquel on voit J. C. livré au peuple par Pilate pour être crucifié (N°. 232. Pl. 18).

Haut. 3 pou. long. 3 pou. 6 lig.

13. Cartel d'ornement où l'on voit dans le milieu N. S. portant la croix & fuccombant fous le poids (N°. 232. Pl. 19).

Même grandeur.

14. Cartel d'ornement dans le milieu duquel eft repréfenté N. S. enfeveli par Jofeph d'Arimathie, & mis dans le fépulchre. (N°. 232. Pl. 30).

Haut. 3 pou. long. 3 pou. 7 lig.

15. Cartel d'ornement dans le vuide duquel on voit la defcente de J. C. aux limbes (N°. 232. Pl. 28).

Haut. 2 pou. 6 lig. long. 3 pou. 9 lig.

16. Cartel d'ornement dans le milieu duquel est représenté la descente du Saint-Esprit sur les apôtres (N°. 232. Pl. 26).

Haut. 3 pou. long. 3 pou. 6 lig.

17. Petite vignette *in octavo*, au milieu de laquelle on voit l'agneau paschal sur un livre fermé de sept sceaux, entouré d'une gloire de chérubins. C'est une copie de la vignette du commencement des heures espagnoles (N°. 312. Pl. 3).

Haut. de la gloire 2 pou. 3 lig. long. du cadre de la vignette 2 pou. 8 lig.

18. Cartel d'ornement en hauteur, où l'on voit un Saint-Sacrement porté par deux anges debout, montés sur un piedestal, avec trois marches sur lesquelles il y a deux anges adorateurs à genoux. C'est une copie d'une des estampes des heures espagnoles (N°. 312. pl. 17).

Haut. 5 pou. 3 lig. larg. 3 pou. 4 lig.

19. Grand cartel ovale, en hauteur, au-dedans duquel on voit la transfiguration de N. S. J. C. sur le mont Tabor.

Haut. totale du cartel 5 pou. 3 lig. larg. 3 pou. 5 lig.

Chez M. Paignon, dessein original de le Clerc lavé à l'encre de la Chine, où l'on voit N. S. élevé sur des nuages, rayonnant de lumiere, dans l'instant de sa transfiguration.

Haut. 2 pou. 4 lig. larg. 2 pou.

334. Suite de petits fleurons & culs-de-lampe avec sujets d'histoire.

1. Petit fleuron des armes de France entourées des colliers des ordres du Roi, avec une couronne, & un soleil rayonnant au-dessus. C'est la copie d'un des culs-de-lampe des statuts de l'ordre du Saint-Esprit (N°. 283. Pl. 3).

Haut. 2 pou. 7 lig. larg. 2 pou. 5 lig.

2. Petit fleuron d'un cartel vuide, avec une couronne au-dessus, & deux figures assises, une de chaque côté; l'une tenant une croix, l'autre un calice. C'est une copie en petit du fleuron du titre pour l'oraison funebre de la Reine de France, par Fléchier (N°. 186. Pl. 2).

Haut. 1 pou. 9 lig. long. 2 pou. 6 lig.

3. Petit fleuron en forme de cartel, au-dessus duquel

font deux grands anges adorateurs proſt rnés devant une
hoſtie rayonnante au-deſſus d'un calice. Le ſujet du cartel
eſt N. S. qui ſe fait connoître aux diſciples d'Emmaus , au
moment de la fraction du pain.

Haut, 2 pou. 7 lig. larg. *idem*.

Ces trois fleurons au trait ſont gravés ſur le même cuivre,
& il reſte à gauche , par le bas , une place vuide pour un
quatrieme morceau.

4. Vignette de deux grands anges volans ſur des nuages,
recevant ſur une draperie un cœur rayonnant. C'eſt une
copie en petit de la vignette pour l'oraiſon funebre de la
Reine de France , par Fléchier (N°. 186. Pl. 1).

Haut. 1 pou. 7 lig. long. 2 pou. 8 lig

5. Fleuron de la Religion aſſiſe ſur des nuages , rayonnante de lumiere , tenant ſur ſes genoux un écu aux armes
de France. C'eſt la copie en petit du fleuron du titre pour
l'oraiſon funebre du prince de Condé (N°. 188. Pl. 1).

Haut 1 pou. 10 lig. long. 2 pou. 8 lig.

6. Cul-de-lampe du triomphe de la croix ſur toutes les
religions. C'eſt une copie en petit du cul-de-lampe pour la
fin de la vie de J. C. par M. de Saint-Real (N°. 209,
Pl. 2).

Haut. 2 pou. 2 lig. long. 2 pou. 8 lig.

Ces trois petites eſtampes au trait ſont gravées l'une au-
deſſus de l'autre , ſur un même cuivre.

7. Fleuron d'un grand ange volant par les airs , portant
un médaillon rond dans lequel eſt un portrait de femme.
C'eſt une copie en petit du fleuron du titre pour l'oraiſon
funebre de la Reine, par l'abbé de la Chambre (N°. 187.
Pl. 1), avec un trait tout autour.

Haut. du trait qui renferme ce fleuron , 2 pou. 4 lig.
long. 3 pou. 3 lig.

Chez M. Jombert, le deſſein de ce fleuron réduit en
petit, lavé au biſtre, d'après lequel cette gravure a été
faite.

8. Fleuron de quatre Renommées ſur des nuages ſonnant de la trompette & volant par les airs vers les quatre
parties du monde. C'eſt la copie en petit du fleuron pour
le titre du tome premier des hommes illuſtres de Perrault
(N°. 255. Pl. 1) : il y a un trait autour.

Haut. du trait qui termine cette eſtampe , 2 pou. 4 lig.
long. 3 pou. 3 lig.

9. Petite figure de femme à genoux fur des nuages, accompagnée de quelques petits enfans. C'eft une copie de la figure d'Ifis dans l'eftampe de fon apothéofe (Nᵒ. 236): il y a un trait autour de cette figure.

Haut. du trait qui forme la bordure, 2 pou. 2 lig. long. 3 pou 3 lig.

10. Petit fleuron du foleil dans fon char emporté par quatre chevaux attelés de front, le tout fur des nuages: l'eftampe eft entourée d'un fimple trait.

Haut. de la bordure 2 pou. 2 lig. long. 3 pou. 3 lig.

335. **Livre de cartouches, ornemens, & grouppes de figures inventés & deffinés par Sebaftien le Clerc. Titre en hauteur, renfermé par des ornemens très-légers, au fimple trait.**

Haut. 4 pou larg. 2 pou. 6 lig.

1. Petit cartel en travers terminé au bas par un collier de l'ordre de Saint Michel, & deux dauphins aux extrémités. Au-deffus du cartel, une couronne royale dont les branches font formées avec des dauphins. C'eft une copie de la vignette de l'abrégé de l'hiftoire de France, par Brionville (Nᵒ. 72. Pl. 2).

Haut. du trait qui forme la bordure, 2 pou. 2 lig. long. 3 pou. 3 lig.

2. Petit cartel ovale en travers. On voit au haut une tête de dieu fleuve entourée de quantité de rofeaux, avec deux rames ou gouvernails antiques.

Haut. de la bordure 2 pou. 2 lig. long. 3 pou. 3 lig.

3. Petit cartel d'un écuffon entouré des colliers des ordres du Roi, avec une couronne au-deffus : aux deux côtés, des palmes, des rames, des gouvernails, &c.

Même grandeur.

4. Petit fleuron formé par un bouclier fur lequel eft une tête de lion : il eft accompagné de deux palmes & de deux gouvernails antiques paffés en fautoir.

Haut. du cadre 2 pou. 2 lig. long. 3 pou. 4 lig.

5. Petit fleuron aux armes de France couronnées & entourées des colliers des ordres du Roi, ayant pour fupports deux dauphins, avec drapeaux par derriere les armes. *Seb. le Clerc inv.*

Haut. du cadre 2 pou. 4 lig. long. 3 pou. 4 lig.

6. Petit fleuron aux armes de France portées sur un sou-bassement, ayant pour supports deux figures assises, qui se tournent le dos. A gauche, Minerve appuyée sur son bouclier : à droite, Hercule se reposant sur sa massue. *S. le Clerc inv.*

Haut. du cadre 2 pou. 2 lig. long. 3 pou. 4 lig.

7. Petit amortissement pour être placé au-dessus d'une porte. On voit au-dessus un buste de profil, regardant vers la gauche : aux deux côtés, deux Renommées assises, se tournant le dos, & sonnant de la trompette.

Haut. du cadre 2 pou. 4 lig. long. 3 pou. 4 lig.

8. Très-petit fleuron d'une tête de vieillard, avec barbe, couronnée d'une espece de coquille, avec des cornes de bélier & des rubans liés autour, pendans par les deux ex-trémités.

Haut. 1 pou. 8 lig. larg. 1 pou. 6 lig.

9. Très-petite coquille ornée de fleurs & de roseaux : au bas, une petite tête, avec barbe & cheveux, un trident, & un gouvernail ; en haut deux dauphins. Cette derniere est un peu douteuse.

Haut. 15 lig. long. 18 lig.

336. Livre de principes au trait représentant les batailles d'Alexandre, & autres sujets choisis d'après le Brun : dessinés par le Clerc & gravés au trait pour du Rondray. A Paris, chez Joullain, quai de la Mégisserie, à la ville de Rome. En 32 planches.

Ces 32 planches font partie de celles de la suite des du Rondray : elles sont toutes renfermées dans des cadres qui ont près de 5 pouces de haut sur 4 pouces de large. Dans les seize premieres, qui sont faites d'après les pe-tites batailles d'Alexandre, gravées par le Clerc (N°. 157), les actions sont du même sens que dans les gra-vures de cet artiste, & les figures sont de la même gran-deur, étant calquées d'après ces mêmes estampes.

1. Cavalier tout seul, dont le cheval se cabre, tourné de gauche à droite ; le cavalier tient sa pique des deux mains. *Passage du Granique.* (N°. 157. Pl. 2).

2. Grouppe de deux cavaliers qui se battent l'un à l'é-
pée, l'autre au sabre, dont les chevaux se cabrent, &
marchent sur un monceau de soldats morts ou renverfés.
Ibid. (N°. 257. Pl. 2.)

3, cotée 9. Cavalier l'épée à la main, qui frappe sur un
grouppe d'esclaves vaincus & liés ensemble. *Porus vaincu.*
(N°. 257. Pl. 3.)

4. Cavalier traînant après lui un soldat désarmé, attaché
à la queue de son cheval. *Ibid.* (N°. 257. Pl. 3.)

5, cotée 7. Grouppe de soldats à pied portant Porus
vaincu devant Alexandre qui est à cheval, accompagné
d'un autre cavalier. *Ibid.* (N°. 257. Pl. 3.)

6, cotée 4. Soldat à cheval, tournant le dos, portant
une enseigne déployée. *Ibid.* (N°. 257. Pl. 3.)

7, cotée 5. Cavalier qui va frapper de son sabre un
autre cavalier qu'il tient par les cheveux, dont le cheval
est abattu, à côté d'un char renverfé & brifé. *Bataille
d'Arbelle.* (N°. 257. Pl 4.)

8. Grouppe d'un soldat à pied qui se bat contre un cavalier, & qui tient la bride de son cheval. A leurs pieds
on voit une roue détachée d'un char & renverfée. *Ibid.*
(N°. 257. Pl. 4.)

9. Grouppe de soldats à pied qui se battent près d'un
cheval tué & d'un char renverfé. *Ibid.* (N°. 257. Pl. 4.)

10. Grand seigneur de la suite de Darius, qui s'enfuit à
pied, ayant jetté par terre son bouclier, & qui paroît fort
effrayé. *Ibid.* (N°. 257. Pl. 4.)

11. Cheval échappé, qui s'élance, ayant encore sur le
dos une grande draperie & le bouclier de son maître. On
voit à ses pieds un cavalier mort, étendu par terre. *Ibid.*
(N°. 257. Pl. 4.)

12. Alexandre suivi de son favori Epheftion, tous deux
debout, devant la mere, la femme, & la fille de Darius,
proflernées à leurs pieds. *Famille de Darius.* (N°. 257.
Pl. 5.)

13, cotée 3. Autre grouppe des esclaves à la suite de la
famille de Darius, à genoux & proflernés le visage contre
terre. *Ibid* (N°. 257. Pl. 5.)

14, cotée 6. Grouppe de peuple au pied de la statue
d'une déesse, élevée sur un piédestal quarré. Ce grouppe
est composé de joueurs d'instrumens, de femmes, &

d'enfans. *Triomphe d'Alexandre.* (N°. 257. Pl. 6.)

15 , cotée 2. Soldat à cheval avec un casque ailé & un manteau qui voltige derriere lui. *Ibid.* (N°. 257. Pl. 6.)

16. Vase précieux servant aux sacrifices, porté sur un brancard par deux esclaves nuds, qui vont de droite à gauche. *Ibid.* (N°. 257. Pl. 6.)

17 , cotée 10. Grouppe d'un cavalier le casque en tête, prêt à lancer son javelot sur un autre cavalier qui s'enfuit la tête nue & le sabre à la main : on voit un soldat renversé sous les pieds du cheval du premier cavalier.

18 , marquée 11. Grouppe d'un soldat à pied tenant avec les dents par les cheveux une tête d'homme coupée, prêt à couper celle d'un cavalier renversé par terre avec son cheval.

19 , marquée 12. Grouppe de trois figures assises sur des nuages. A droite, la France couronnée, tenant un sceptre & une couronne : à gauche, la Victoire ailée, armée d'une pique : au-dessus de ces deux figures, un soldat habillé à la romaine, appuyé sur un faisceau de drapeaux & étendarts.

20, cotée 13. Grouppe de deux cavaliers qui se battent & dont les chevaux se mordent.

21 , cotée 14. Arbre triomphal. C'est un palmier chargé de faisceaux d'armes, au haut duquel la Victoire attache des couronnes de laurier : il y a au bas de l'arbre un autre faisceau d'armes.

22 , marquée 15. Louis XIV debout, habillé à la romaine, le casque en tête. On voit à ses pieds un dieu fleuve effrayé, renversé par terre, & abandonnant ses urnes.

23 , marquée 16. Grouppe de Neptune dans son char, trainé par deux chevaux marins; ce dieu est vu par le dos, & il est suivi d'un triton qui sonne de la conque marine.

24 , marquée 17. Grouppe de trois figures. Sur le devant, Louis XIV dans sa jeunesse, debout, vu en face, la tête nue, avec de longs cheveux frisés. A sa droite, la Géométrie assise sur des nuées, tenant un compas & un livre ouvert. Au-dessus de ce héros une déesse qui descend sur des nuages pour lui mettre un casque sur la tête.

25. Grouppe d'un cavalier prêt à en sabrer un autre;

celui-ci, en s'enfuyant, enfonce fa pique dans le poitrail du cheval de fon ennemi.

26. Grouppe d'un roi à cheval, la pique à la main, qui s'élance fur un monceau d'ennemis terraffés, au milieu d'un pont.

27. Grouppe d'un roi & autres gens à cheval qui tombent dans un fleuve du haut d'un pont.

28. Guerrier la pique à la main, dans un char traîné par deux chevaux fougueux fur le haut d'une montagne. A côté de lui un foldat à pied, armé pareillement d'une pique.

29. Un jeune héros (Louis XIV) affis fur fon trône, tenant à la main le timon de l'état, environné de Minerve & de plufieurs autres déeffes qui lui forment des guirlandes avec des fleurs : un amour porte fur fa tête une corbeille qui en eft remplie.

30. Soldat debout l'épée à la main, trainant après lui un grouppe de villes conquifes, fous la figure de femmes captives renverfées par terre : une d'entr'elles eft appuyée fur un ballot au devant duquel eft une chouette.

31. La Renommée fur des nuages, fonnant de la trompette, & tenant un écuffon fur lequel eft un foleil rayonnant.

32. Soldat l'épée à la main prêt à percer un autre foldat terraffé qui fe couvre de fon bouclier, au pied d'un arbre fur lequel eft un aigle qui crie.

Toutes ces fuites d'eftampes au trait, connues fous le titre général des du Rondray, fe trouvent raffemblées dans ce même ordre chez M. Jombert, à la fin du troifieme volume de fon œuvre de le Clerc, & forment une collection confidérable au nombre de 115 pieces différentes.

Fin du catalogue de l'œuvre de le Clerc.

ESTAMPES

ESTAMPES gravées d'après les tableaux ou les desseins de M. le Clerc fils, attribuées mal-à-propos à Seb. le Clerc pere [1].

FRONTISPICE de l'histoire Byzantine. *In-folio.* Paris, 1702. Cette estampe en hauteur représente plusieurs philosophes & antiquaires occupés de recherches d'après des médailles, statues, vases, pyramides, & autres monumens de l'antiquité. Sur la gauche, un double portique avec colonnes d'ordre Corinthien, bâti au-devant d'un grand édifice. On lit au bas : *Seb. le Clerc inv. & pinxit. Giffart sculps.*

Haut. du cadre 11 pou. 9 lig. larg. 8 pou. 3 lig.

Frontispice pour un *in-folio*, où l'on voit plusieurs philosophes & savans qui écrivent & qui conversent ensemble dans un grand sallon ou vestibule ouvert de tous les côtés. On lit au bas : *le Clerc filius invent. P. F. Giffart sculp.*

Haut. 11 pou. larg. 7 pou. 3 lig.

Très-longue vignette de plusieurs enfans avec divers attributs de l'architecture & de la maçonnerie. Elle se trouve tirée au haut de la liste des maîtres généraux des bâtimens de Sa Majesté, ponts & chaussées de France. Cette grande vignette a été gravée en 1724, par Jeaurat, gendre de M. le Clerc pere, d'après le dessein de Seb. le Clerc, fils.

Long. 19 pou. haut. 6 pou.

Histoire généalogique & chronologique de la maison royale de France, par le pere Anselme, Augustin déchaussé, &c. En 9 volumes *in folio.* Paris. 1716. & suiv.

____

[1] Nous ne prétendons pas donner ici un catalogue des ouvrages de M. le Clerc fils, nous en laissons le soin à M. Joullain le fils, son gendre, qui est capable de remplir cette tâche avec autant de connoissance que de goût & de discernement, nous nous proposons seulement d'indiquer ici quelques-unes de ses compositions, que plusieurs amateurs peu instruits, ou induits en erreur par la ressemblance du nom, inserent dans l'œuvre de Seb. le Clerc pere.

Il y a sept grandes vignettes inventées & dessinées par Seb. le Clerc fils, & gravées par S. Thomassin, savoir:

1. Vignette des armes de France, dans un cartel porté sur un soubassement, accompagnées de drapeaux, de palmes, & de branches d'olivier. Il y a sept écussons des diverses branches de la maison royale, les uns posés à terre, les autres suspendus autour du soubassement.

2. Autre vignette où l'on voit, à droite, l'Histoire qui écrit, assise devant une grande table, dans un sallon en forme de bibliotheque.

3. Autre vignette où l'on voit la Justice assise sur un trône élevé de plusieurs marches, qui distribue aux principaux ministres leur emploi dans l'état.

4. Vignette où l'on voit un roi de France recevant le serment de fidélité d'un de ses vassaux, en présence des différens ordres de son royaume.

5. Autre vignette qui représente la maniere dont les anciens François proclamoient roi un guerrier d'entre eux, au milieu d'un camp, en l'élevant sur un bouclier en présence de l'armée.

6. Autre vignette où l'on voit un homme à genoux devant un évêque assisté de tout son clergé, prêt à subir l'épreuve du fer chaud.

7. Autre vignette représentant un évêque qui sacre un roi de France dans une église, au pied du maitre-autel.

Grandeur de chacune de ces vignettes: haut. 4 pou. à 3 lig. long. 6 pou. 10 à 11 lig.

Vignette *in-folio* où l'on voit S. Irenée, évêque de Lyon, prêchant devant le peuple, & convertissant à la foi chrétienne un grand nombre d'infideles. Dessinée par le Clerc fils, & gravée par P. F. Giffart, pour l'édition des œuvres de ce pere de l'église latine, donnée au public par le pere Massuet, Bénédictin. *In-folio.* Paris. 1710.

Haut. de la vignette 3 pou. 9 lig. larg. 7 pou. 8 lig.

Vignette *in-folio* représentant la transfiguration de N. S. sur le mont Tabor, entre Moyse & Elie. *S. le Clerc inv. J. Audran sc.*

Haut. 2 pou. 10 lig. long. 7 pou. 1 lig.

Autre vignette *in folio* qui représente le sermon de N. S. sur la montagne. Au bas est écrit: *ascendit Jesus in montem*, &c. *P. F. Giffart fecit.*

Vignette *in-folio* où l'on voit plusieurs philosophes qui lisent sur des rouleaux d'écriture à l'antique, & sur des tablettes, dans un sallon ouvert, où sont d'autres livres en forme de rouleaux, dans des armoires. Au bas est écrit *S. le Clerc inv. J. Audran sc.*

Haut. de la vignette 2 pou. 10 lig. long. 7 pou. 2 lig.

Estampe allégorique où l'on voit plusieurs philosophes qui regardent dans le ciel la Vérité dont la clarté perce les nuages de l'obscurité qui l'environnoient. A leurs pieds l'Erreur & l'Ignorance confondues & terrassées. L'estampe est entourée d'une petite bordure d'ornement. Au bas est écrit : *S. le Clerc in. Cl. Duflos sculp.* 1712.

Haut. avec la bordure 3 pou. 6 lig. long. 5 pou. 8 lig.

La transfiguration de N. S. J. C. sur le haut de la montagne, avec le Père éternel au-dessus de lui dans le ciel, de la bouche duquel sortent ces mots : *ipsum audite.* A côté de Jesus on voit Moyse & Elie qui sortent d'un nuage. De l'autre côté les faux prophetes & les prêtres des divinités du paganisme, dans l'obscurité, & renversés avec leurs autels. Au-dessous de l'estampe est écrit : *hic est filius meus dilectus,* &c. Cette estampe en hauteur paroît gravée par Giffart, d'après le dessein de le Clerc fils.

Haut. 5 pou. 4 lig. larg. 3 pou. 6 lig.

Danse d'une bergere au son du haut-bois de son berger ; petite estampe en hauteur. Il y a au bas quatre vers françois dans un cartel. On lit au-dessous : *S. le Clerc le fils inv. J. Audran sculp.*

Fleuron composé de trois médaillons pour le titre du dictionnaire historique & chronologique de la bible, par Dom Calmet. *In-folio.* Paris. Tome I, 1711.

Ce fleuron est un assemblage des enseignes des trois libraires associés pour l'impression de cet ouvrage, savoir : Emery, à Saint-Benoît : Saugrain, à la Fleur-de-Lys : & Martin, à l'écu de France. Au bas est écrit : *S. le Clerc inv. J. Audran scul.*

Haut. du cuivre de ce fleuron 3 pou. 9 lig. long. 5 pou. 4 lig.

Continuation, par le Clerc fils, des vignettes pour l'histoire ecclésiastique de M. l'abbé Fleury. In-quarto.

Vignette pour le tome XVIII de cet ouvrage. Arrivée du

moine S. Augustin en Angleterre. *Seb. le Clerc del. M. Bacquoy sculp.*

Vignette pour le tome XX. *Romano lo volemo. Seb. le Clerc inv. M. Bacquoy scul.*

Vignette pour le tome XXII. Installation du patriarche de Constantinople par Mahomet II *S. le Clerc inv. Baquoy scul.*

Vignette pour le tome XXIII. Un général d'armée prosterné devant un saint moine. *Seb. le Clerc delin.*

Vignette pour le tome XXIV. Un seigneur debout & la tête découverte donne à laver à un évêque assis dans une espece de trône & revêtu de ses habits pontificaux. *Seb. le Clerc inv.*

Vignette pour le tome XXVI. Henri VIII, roi d'Angleterre, fait présenter au pape Leon X le livre qu'il a composé contre Luther *S. le Clerc inv. M. Baquoy sculp.*

Vignette pour le tome XXVII. Couronnement de l'empereur Charles V à Bologne. *Seb. le Clerc inv. Baquoy sculp.*

Vignette pour le tome XXVIII. S. François Xavier annonce la foi aux infideles. *Seb. le Clerc inv. Bacquoy sculp.*

Vignette pour le tome XXIX. Ouverture du concile de Trente. *Seb. le Clerc inv. M. Baquoy sculp.*

Vignette pour le tome XXX. L'Angleterre réconciliée au saint-siége sous le regne de la reine Marie. *Seb. le Clerc inv. M. Baquoy sculp.*

Vignette pour le tome XXXI. Le cardinal Caraffe présente à Henri II, au nom du pape, l'épée & la toque bénites. *Seb. le Clerc inv. J. P. le Bas sculp.*

Vignette pour le tome XXXII. Colloque de Poissy. *Seb. le Clerc inv. J. P. le Bas sculpsit.*

Vignette pour le tome XXXIII. Les Calvinistes pillent l'église de S. Martin de Tours & brûle le corps du saint. *Seb. le Clerc inv. J. P. le Bas sculp.*

Vignette pour le tome XXXIV. Un religieux de l'ordre des Humiliés attente à la vie de S. Charles Borromée. *Seb. le Clerc inv.*

Vignette pour le tome XXXV. S. Charles console les malades & leur administre les sacremens. *P. Mignard pinxit.*

Vignette pour le tome XXXVI & dernier de l'histoire

eccléfiaftique. Abjuration du Roi Henri IV à S. Denys. *Seb. le Clerc inv.*

Vignette *in-quarto* d'un évéque affis fur une chaife au milieu de fon clergé, qui montre à des prétres à genoux devant lui le livre des évangiles & leur ordonne de le prêcher. Au-deffous eft écrit : *ecce ego mitto vos, ite, prædicate evangelium.* Sur l'eftampe même on lit, à gauche : *S. le Clerc in.* Et à droite : *J. Audran fc.*

<hr>

ESTAMPES fauffement attribuées à Seb. le Clerc, qui ne font ni du pere ni du fils.

Petite eftampe en hauteur d'un arc de triomphe à la gloire de Louis XIV, vainqueur de l'héréfie. C'eft le frontifpice d'un livre intitulé : le triomphe de la religion fous Louis-le-Grand. *In douze.* Paris. Nicolas Langlois. 1687.

Vignette pour l'épitre au Roi dans le même livre, repréfentant le portrait du Roi dans un médaillon porté fur le mont Parnaffe par la Valeur & l'Abondance : au deffus on voit la Renommée.

Au-deffous de cette vignette, il y a une lettre grife S, derriere laquelle eft une tete de foleil rayonnante.

Ces trois pieces ne paroiffent ni deffinées ni gravées par le Clerc, je les crois plutôt de le Pautre.

Vignette entourée d'une large bordure remplie par des ornemens entre-mêlés avec divers inftrumens de mathématique & attributs de la géométrie. Le fujet de la vignette eft un philofophe en longue robe, debout, au milieu de fon cabinet, prenant des mefures fur un globe terreftre : dans le fond une bibliotheque.

Cette eftampe paroit une copie ou une imitation de quelque compofition de le Clerc.

Haut. avec la bordure 2 pou. 8 lig. long. 5 pou. 9 lig.

Grande vignette qui ne paroit qu'un croquis informe, où l'on voit en haut, vers la gauche, le foleil dans fon char lumineux attelé de deux méchans chevaux, fur des nuages : la Géométrie eft à fa droite. En bas on voit l'Architecture infultée par un diable & par un ouvrier maçon, tenant chacun une truelle. Autour de cette vignette est une bordure avec un large couronnement composé d'une lyre couronnée, & de divers attributs des sciences & des arts. Au bas est écrit mal-à-propos : *S. le Clerc fecit.*

Cette vignette est une mauvaise copie faite d'après un cul-de-lampe qui se trouve à la fin de la seconde partie du grand cours d'architecture de François Blondel, *in-folio*, divisé en cinq parties, imprimé à Paris vers l'an 1680 : de l'imprimerie de François le Cointe. Ce cul-de-lampe original, ainsi qu'une partie des vignettes qu'on voit dans ce livre, est dessiné & gravé par Jean-Baptiste Borchel ; ainsi notre artiste n'y a aucune part.

Haut. de cette esquisse 5 pou. 2 lig. long. 7 pou. 6 lig.

Petite estampe en travers d'un Hercule très-gros & très-court, assis sur une bute de terre, & dormant le coude droit appuyé sur son genou droit, tenant sa massue de la main gauche. Le reste de l'estampe est un paysage aride & très-montagneux. On lit au bas écrit en capitales : HERCULE, Et plus loin, vers la droite : *le Clerc fecit.*

Malgré ce nom de le Clerc gravé au bas de l'estampe, il y a grande apparence qu'elle n'est point de cet artiste, mais plutôt de l'ancien Cochin, contemporain de la Belle.

Haut. 3 pou. long. 3 pou. 11 lig.

Petit jeune homme debout & vu en face, en perruque & en haut-de-chausses, avec une croix de l'ordre du Saint-Esprit pendante à son côté gauche. Il tient de la doite un bâton fort court qui fait du feu, comme s'il tiroit un pistolet. On lit au bas, à droite : *S. le Clerc f.*

Cette méchante petite estampe n'est point de le Clerc : on la trouve comme apocryphe dans l'œuvre de cet artiste chez Madame de Bandeville, & l'on auroit aussi bien fait de ne l'y point mettre du tout.

Haut. 3 pou. 5 lig. larg. 2 pou. 8 lig.

Grande estampe au simple trait représentant très en grand un jeune homme sous la figure de Neptune, debout, tenant son trident, monté dans un char formé d'une coquille trainé sur la mer par quatre chevaux marins.

Ce morceau paroit de la composition de le Brun, & pourroit se joindre à la suite des du Rondray.

Haut. du cuivre, dont une partie est vuide en haut & en bas, 15 pou. 3 lig. larg. 11 pou. 8 lig.

Divers chapiteaux Corinthiens deſſinés en grand, &
très bien gravés.

Dans l'œuvre de le Clerc, chez M. le Normant D. C.
à Orléans, on voit pluſieurs de ces chapiteaux découpés
du reſte de l'eſtampe, que l'on ſeroit tenté d'attribuer à
le Clerc, parce qu'ils ſont gravés très-proprement, & avec
goût, mais ils ſont tirés du livre des édifices antiques, par
De godetz, pages 91, 221, &c. & ces planches ſont
gravées par le Pautre, Chatillon, & autres excellens graveurs de ce tems ; ainſi ils ne doivent point entrer dans
l'œuvre de le Clerc.

Eſtampe en longueur qui repréſente un combat naval
donné en 1645 entre ſix galeres de Malthe & pluſieurs
vaiſſeaux Turcs. C'eſt dans un de ces vaiſſeaux que fut
pris le fils du ſultan Ibrahim & la ſultane ſa mere, &c.
Voyez le catalogue de la Belle, page 103.

Haut. avec la lettre 6 pou. long. 18 pou. 6 lig.

Je n'aurois point fait mention de cette derniere piece,
ſi je ne l'avois trouvé inſérée dans pluſieurs œuvres de
le Clerc très-authentiques, tel que celui de M. le Normant du Coudray à Orléans, amateur très-éclairé, celui de M. Paignon recueilli par MM. Joullain pere &
fils, celui de la bibliotheque du ſéminaire de Saint-Sulpice,
qui vient de M. l'abbé le Clerc, fils de notre artiſte, &
dans celui de Madame de Bandeville, provenant du cabinet de M. Dargenville, formé par cet amateur du tems
même de le Clerc. On voit au bas de cette eſtampe, à
gauche, dans la partie ombrée de la mer, le nom de S. le
Clerc gravé. Au-deſſous de la deſcription de ce combat
on lit : à Paris, chez Rouſſel, rue Saint-Jacques, au
Mecenas. Malgré tant d'autorités, qui pourroient etre pré-
pondérantes pour un amateur moins inſtruit, je ſoutiens
que cette eſtampe n'eſt point de le Clerc & qu'elle ne doit
point entrer dans ſon œuvre, puiſquelle eſt gravée en
1645 par l'ancien Cochin, d'après le deſſein de la Belle,
& qu'elle fait partie des plans, cartes & vues de villes &
de batailles du grand Beaulieu. Voyez mon *eſſai d'un cata-*
logue de l'œuvre de la Belle, page 201.

F I N.

X iv

TABLE
DES ESTAMPES

Contenues en ce catalogue, disposées par ordre alphabétique.

A

A

A

B

B

B

C

C

C

C

Cul-de-lampe du globe terreftre furmonté d'une lyre. I. 137.

Cul-de-lampe du miroir ardent. I. 166.

Cul-de-lampe d'un ange affis; des annales de Touloufe II. 54.

Cul-de-lampe d'un bouclier antique au chiffre du Roi. II. 50.

Cul-de-lampe d'un bouclier aux armes de France. II. 50.

Cul-de-lampe d'un combat naval. II. 53.

Cul-de-lampe du panégyrique de S. Louis. I. 278.

Cul-de-lampe du foleil dans fon char. I. 153, 154.

Cul-de-lampe du fquelette humain. I. 153.

Cul-de-lampe du triomphe de la croix. II. 30.

Cul-de-lampe du Vitruve *in-folio*. I. 185.

Cul-de-lampe de l'hift. de la maifon d'Auvergne. II. 256 & 257.

Culs-de-lampe de l'hift. du cardinal Ximenès. II. 90.

Culs-de-lampe des panégyriques du Roi. I. 268.

Culs-de-lampe des quatre problêmes d'architecture. I. 178 & fuiv.

Culs-de-lampe des tapifferies du Roi. I. 136 & fuiv.

Culs-de-lampe & fleurons gravés en bois pour les mémoires de diverfes académies. II. 301 & fuiv.

Culs-de-lampe gravés en bois pour l'édit. *in-quarto* des médailles du regne de Louis XIV. II. 150.

Culs-de-lampe pour l'hift. des animaux, I. partie. I. 152 & fuiv. Seconde partie. I. 211.

D

Dame (la) à l'éventail. Pl. rariffime de la pet. géométrie de le Clerc. I. 124.

David (le roi), des fept offices : rare. I. 11.

David jouant de la harpe, de l'office de la V. Marie. I. 55.

David jouant de la harpe, des pet. heures de Venife : rare, II. 20.

David pénitent, de l'hift. facrée, par Brianville. II. 129.

David profterné dans le temple, des heures à la chancelliere. I. 315.

Décorations des pavillons de Marly. I. 263.

Défaite des Turcs près de Vienne. II. 232, 233.

D

E

E

Part. II.   Y

E

F

F

F

G

G

H

H

I

I

L

L

M

M

M

Médaillon des jeux Floraux de Toulouse. II. 57, 58.
Médée, énigme. I. 116.
Ménagerie, de l hist. gen. des Antilles. I. 88.
Mendiant (le), des modes de Metz. I. 64, 65.
Messe (premiere), de le Clerc, en 39 pl. y compris les
   4 frontisp. I. 36 & suiv.
Messe (seconde) de le Clerc, en 36 pl. y comp. le fron-
   tisp. I. 51 & suiv.
Messe (la troisieme) de le Clerc, en 35 pl. Il n'y a point
   de frontisp. I. 169, 270.
Messine secourue. II. 45. Autre. Ibid. 147.
Mesure de la terre, par Picart. 5 pl. I. 163 & suiv.
Métamorphoses d'Ovide. 39 pl. y comp. le frontisp. I. 214
   & suiv.
Metz, son plan. I. 74. Son profil. I. 3.
Metz, vue d'un village aux environs de cette ville. I. 32.
Modes de Metz (les anciennes) au nombre de 7 est.
   I. 33.
Modes de Metz, les modernes, ou les états & conditions
   de la vie, en 18 pl. y compris le titre, les 4 rares, & les
   3 rarissimes. I. 58 & suiv.
Monnoies anciennes de France, appellées improprement
   les médailles de sainte Genevieve. I. 284 & suiv.
Mons, capitale du Haynault, pris par le Roi. II. 101.
Mont-Joye S. George. I. 72, 73.
Montmélian, représentation de sa forteresse en relief. II.
   102.
Monument érigé à Troyes par Girardon, en l'honneur de
   Louis XIV. II, 47.
Multiplication miraculeuse des pains dans le désert, par
   N. S. II. 105, 106.

N

Namur assiégé par le Roi. II. 148.
Nantes (les tireurs de) à l'arquebuse. Rarissime. I. 89, 90.
Nativité de N. S. des petites heures de Venise. II. 20.
Nimegue assiégé & pris. II. 44.
Nom de Jesus. I. 40.
Notre-Dame de bon Remede, pour l'ordre des Mathu-
   rins I. 16. Autre N. D. de bon Remede. Ibid. 18, 19.

N

O

O

P

P

P

P

Q

R

Réfurrection

R

Réfurrection (la), des heures à la chancéliere. I. 325.

Rhinberg, affiégé & pris. II. 43.

Robe (la) de Notre Seigneur. I. 12, 13.

Rochus (S.). I. 8.

Rofas (le bienheureux Simon), de la fuite des Mathu-
rins. I. 29.

Roffignol (le préfident); morceaux rariffimes en 7 pieces;
I. 198 & *fuiv.*

Roi (le), des modes de Metz : rare. I. 65.

Roi (le) David profterné : des heures à la chanceliere. I.
325.

S

S

V

V

V

V

X

Y

F I N.

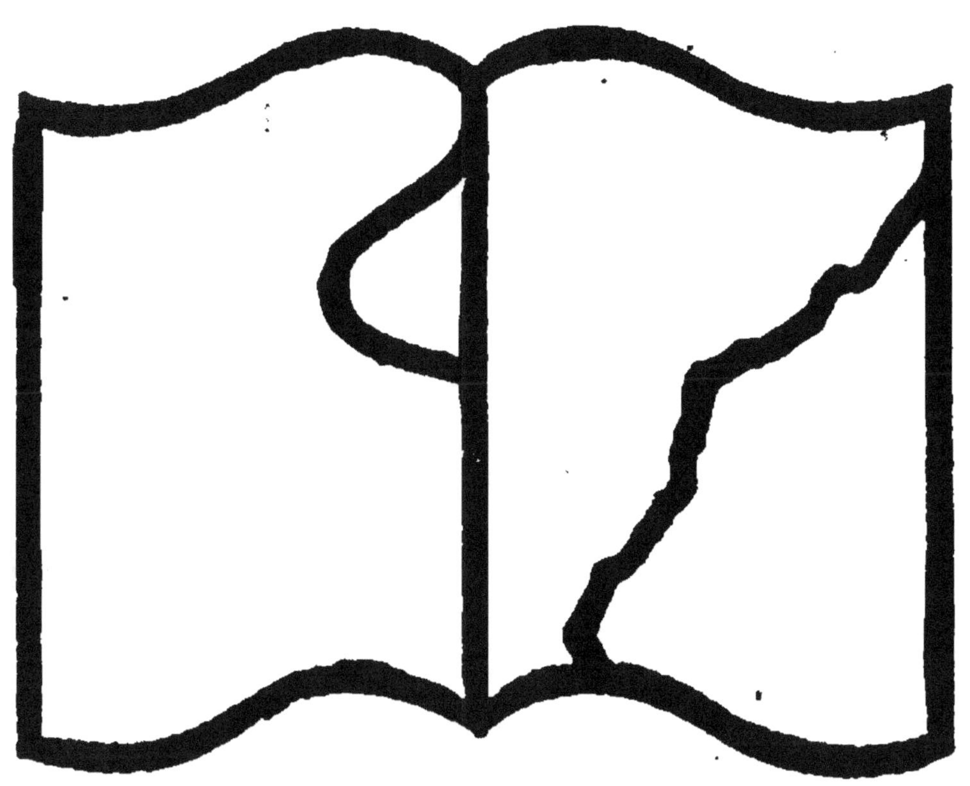

Texte détérioré — reliure défectueuse
NF Z 43-120-11